本书获得江苏高校哲学社会科学研究重大项目（项目编号：2020SJZDA065）资助

社交商务时代的在线互动与消费者行为

Online Interaction and Consumer Behavior
in the Era of Social Commerce

刁雅静　卢　健／著

图书在版编目（CIP）数据

社交商务时代的在线互动与消费者行为/刁雅静，卢健著 . —北京：经济管理出版社，2020.9
ISBN 978-7-5096-7257-0

Ⅰ. ①社… Ⅱ. ①刁… ②卢… Ⅲ. ①电子商务—网络营销—消费者行为论—研究 Ⅳ. ①F713.55②F713.365.2

中国版本图书馆 CIP 数据核字（2020）第 128539 号

组稿编辑：王　洋
责任编辑：王　洋
责任印制：黄章平
责任校对：陈晓霞

出版发行：经济管理出版社
　　　　　（北京市海淀区北蜂窝 8 号中雅大厦 A 座 11 层　100038）
网　　址：www.E-mp.com.cn
电　　话：(010) 51915602
印　　刷：北京玺诚印务有限公司
经　　销：新华书店
开　　本：720mm×1000mm/16
印　　张：15
字　　数：286 千字
版　　次：2020 年 9 月第 1 版　2020 年 9 月第 1 次印刷
书　　号：ISBN 978-7-5096-7257-0
定　　价：88.00 元

·版权所有　翻印必究·
凡购本社图书，如有印装错误，由本社读者服务部负责调换。
联系地址：北京阜外月坛北小街 2 号
电话：(010) 68022974　邮编：100836

前　言

与传统的电子商务模式不同,社交商务将社交媒体与电子商务相结合,将推荐、分享、关注等社会化元素融入到在线购物过程中,改变了消费者之间的交流方式。在这种新兴的模式中,消费者之间的社交互动是成功开展商务活动的基础,它代替传统媒体广告成为了商家和平台最重要的战略资源。相关学术研究也纷纷表明社交商务平台的社交互动是影响消费者行为的关键推动力。然而,消费者间广泛的社交互动更多的是商家和社交商务平台期许的行为,并不是消费者的现实行为。因此,商家往往通过激励的方式来促成商品或服务信息在消费者社交关系中的分享和推荐,进而促进商品购买行为的发生。然而令人遗憾的是,在社交商务实践中,屡见不鲜的"朋友圈拉黑或屏蔽"的尴尬现象印证了消费者社交互动并未达到预期的效果。已有相关研究理论并不能很好地解释这一问题,为了弥补当前的研究不足,挖掘消费者社交互动促进商务行为的驱动机制和过程机理,本书从多维度特征视角对消费者社交互动展开了系统研究,通过剖析微观层面上社交互动内容特征、关系特征、网络特征对消费者行为的作用机理以及宏观层面上社交互动的动态影响机制,全面地探讨了社交商务环境下在线社交互动影响消费者行为的内在机制,以期为社交商务理论研究与实践提供借鉴和参考。

本书将社交商务环境下在线社交互动对消费者购买行为的影响研究划分为四个子问题,分别基于消费者行为理论、理性选择理论、社会影响理论以及扩散动力学理论构建了理论模型,并设计了具体的研究方案。本书主要内容和具体研究结论如下:

(1) 关于强关系社交商务平台下社交互动影响消费者购买意愿的内在机制。本研究基于修订的社会影响理论对强关系社交互动影响购买意愿的中介机制进行了分析,证实了社交互动并不必然促进消费者购买,认同机制与内化机制在强关系社交互动对购买意愿的关系中起到了完全中介作用;以性别为调节变量验证了女性人群中认同机制和内化机制发挥着中介作用,而男性人群中内化机制不具有中介效应,且性别在内化对认同的影响关系中具有调节效应。

(2) 关于弱关系社交商务平台下基于内容的社交互动（在线评论）形式影响消费者购买意愿的作用机制。为了明确消费者在弱关系社交商务平台上对含有图片评论和纯文字评论是否存在有用性认知差异的问题，本研究基于模式一致性理论和消费者行为理论构建了研究模型，采用眼动实验的方法进一步验证了消费者对纯文字评论和含有图片的评论存在认知差异，商品类型显著影响了消费者评论认知行为，且验证了性别在商品类型影响评论认知的关系中起到了调节作用，并给出了多因素间更为复杂的交互关系。

(3) 关于弱关系社交商务平台下基于行动的社交互动（观察学习）对商品销量影响的作用机制。为了进一步识别商品页面上多种观察学习信息对商品销量的影响机理，本研究基于社会影响理论构建了研究模型，并通过面板数据实证检验了累计销量、收藏人数、商家服务质量对商品销量的影响作用，研究结论揭示出多种观察学习信息与商品销量之间的复杂交互关系，以及市场年龄和商品类型对这一关系的调节作用。

(4) 关于强弱关系社交商务环境下社交互动对消费者购买行为动态影响的建模与仿真研究。在前三个研究结论的基础之上，本研究首先从社会影响的动态过程出发，将实证研究和基于行动主体的建模研究联系起来。其次运用科尔曼的理性选择理论和扩散动力学理论构建不同类型的网络特征对消费者购买行为影响的两阶段模型，并实证分析了不同类型社交商务平台用户网络结构的差异化特征。最后通过多主体仿真实验发现，在产品意识的形成阶段，异质性程度高的弱关系用户网络扩散效果显著优于异质性程度低的强关系用户网络；而在购买决策转换阶段，异质性较低的强关系用户网络扩散效果优于异质性程度高的弱关系用户网络。

(5) 关于弱关系社交媒体环境下弹幕互动对消费者选择行为的影响研究。弹幕是近年来一种新兴的在线互动形式，为了探讨弹幕互动的影响力，本研究爬取了在线视频网站的弹幕信息，采用实证研究方法分别研究了弹幕热度对用户视频选择行为的影响，以及从情感分析的视角探究弹幕互动的参与动机及弹幕文化受到年轻人青睐的深层次原因。研究结论揭示了弹幕数量与传统评论数量存在正相关关系。当视频播放量较高时，弹幕数量对用户视频选择行为没有影响，当视频播放量较低时，弹幕数量与视频播放量正相关。用户对视频创作者存在情感依赖，并且从数据分析中可以看出弹幕内容以中立和正面情绪为主，用户在不同类型视频中的参与度和弹幕贡献量存在较大的差异。

本书所得结论丰富了社交商务与消费者行为的理论体系，为商家和社交商务运营商高效管理和开展有效的营销活动提供了理论基础和参考依据。本书研究结论有助于社交商务运营商优化平台信息服务模式，提供更好的信息服务质量，提高用户使用平台的满意度以及扩大平台的影响力,保障了社交商务实现高效稳定的发展。对于商家而言,有助于了解消费者搜索行为规律,对于商品页面信息设计和开展促销策略具有实际的指导意义。同时,本书将问卷调查、实验研究、多主体仿真建模等多种方法相结合,基于微观—宏观视角的研究框架为消费者行为研究提供了新的视角。

由于时间仓促,作者才疏,书中难免有错误和不足之处,敬请广大读者批评指正。

目 录

第一章 绪论 ·· 1

一、研究背景 ··· 1
 （一）现实背景 ·· 1
 （二）理论背景 ·· 3
二、研究问题 ··· 5
 （一）社交互动的概念 ······································ 5
 （二）社交互动的特征 ······································ 7
 （三）提出研究问题 ·· 8
三、研究意义 ·· 11
 （一）理论意义 ··· 12
 （二）实践意义 ··· 12
四、国内外研究现状 ··· 13
 （一）社交商务平台消费者行为研究 ························· 13
 （二）社交商务平台在线社交互动研究 ······················· 16
 （三）现有研究述评 ······································· 28
五、研究内容与思路及方法 ····································· 30
 （一）研究内容 ··· 30
 （二）研究思路 ··· 32
 （三）研究方法 ··· 33
六、研究的创新与特色 ··· 34

第二章 理论基础与研究框架 ··································· 36

一、社交商务的概念与演变 ····································· 36
二、基础理论的选取 ··· 41

（一）消费者行为理论 ………………………………………… 41
　　（二）理性选择理论 ……………………………………………… 46
　　（三）社会影响理论 ……………………………………………… 47
　　（四）社会影响的动态过程与扩散动力学 …………………… 49
三、商品类型与消费者行为 …………………………………………… 51
四、理论研究框架 ……………………………………………………… 52
　　（一）强关系社交商务平台下消费者社交互动对购买行为的影响
　　　　　机理 …………………………………………………… 52
　　（二）弱关系社交商务平台下在线评论内容对消费者评论认知的
　　　　　影响机理 ……………………………………………… 53
　　（三）弱关系社交商务平台下观察学习对消费者购买行为的
　　　　　影响机理 ……………………………………………… 53
　　（四）弹幕互动对用户选择行为的影响研究 ………………… 54
　　（五）社交互动对消费者行为的动态影响机理分析 ………… 54
五、本章小结 …………………………………………………………… 55

第三章　朋友圈社交互动对消费者购买行为的影响 …………… 56
一、研究目的 …………………………………………………………… 56
二、研究模型与研究假设 ……………………………………………… 57
　　（一）研究模型 …………………………………………………… 57
　　（二）社交互动与认同机制 …………………………………… 58
　　（三）社交互动与内化机制 …………………………………… 59
　　（四）认同与内化的中介作用 ………………………………… 59
　　（五）性别的调节作用 ………………………………………… 60
三、数据分析与假设检验 ……………………………………………… 62
　　（一）研究量表与样本收集 …………………………………… 62
　　（二）数据分析方法 …………………………………………… 63
四、结论与讨论 ………………………………………………………… 72
五、本章小结 …………………………………………………………… 73

第四章　在线评论内容对消费者认知行为的影响 ………………… 75
一、研究目的 …………………………………………………………… 75
二、相关研究评述 ……………………………………………………… 76
　　（一）文字与图片效果的相关研究 …………………………… 76

（二）在线评论有用性的相关研究 ·················· 76
　三、理论基础与研究假设 ·························· 78
　　（一）模式一致性理论 ·························· 78
　　（二）眼动与认知过程 ·························· 78
　　（三）性别对消费者信息处理方式的影响 ············ 79
　四、研究设计与数据分析 ·························· 80
　　（一）问卷调查 ································ 80
　　（二）眼动实验 ································ 82
　五、结论与讨论 ·································· 93
　六、本章小结 ···································· 94

第五章　观察学习对消费者购买行为的影响 ············ 96
　一、研究目的与相关研究评述 ······················ 96
　二、理论基础与研究假设 ·························· 97
　　（一）历史销量的效价对产品销量的影响 ············ 98
　　（二）商家服务信息效价对产品销量的影响 ·········· 99
　　（三）商品类型的调节作用 ······················ 100
　　（四）市场年龄的调节作用 ······················ 100
　三、研究设计与数据采集 ·························· 101
　　（一）变量测量 ································ 101
　　（二）数据采集 ································ 103
　四、数据分析与假设检验 ·························· 103
　　（一）回归模型 ································ 104
　　（二）平稳性和协整检验 ························ 105
　　（三）回归结果分析 ···························· 106
　五、结论与讨论 ·································· 115
　六、本章小结 ···································· 116

第六章　用户网络特征对信息分享意愿的影响：搜索与迁移的
　　　　双重过程视角 ···························· 118
　一、研究目的 ···································· 118
　二、相关研究评述 ································ 119
　　（一）搜索和迁移 ······························ 119
　　（二）偏好异质性 ······························ 120

三、研究假设与研究模型 120
　　（一）网络特征对双重行为倾向的影响 120
　　（二）双重行为倾向对信息共享的影响 121
四、研究设计 122
　　（一）用户群体大数据特征 122
　　（二）研究量表与样本收集 123
五、数据分析 124
　　（一）描述性统计分析 124
　　（二）方差分析 124
　　（三）回归分析 125
六、结论与讨论 129
七、本章小结 129

第七章　社交互动对消费者购买行为动态影响的建模与仿真 131

一、社交互动的动态影响过程机理分析 131
二、社交互动的动态影响过程模型构建 133
　　（一）网络的形成机制与社会影响的动态情景描述 133
　　（二）构建两阶段模型 134
三、社交商务网络的特征差异 138
　　（一）用户网络特征主要指标 138
　　（二）基于主题的社交商务用户网络结构特征 139
四、数值仿真及讨论 141
　　（一）第一阶段：产品意识的形成阶段 142
　　（二）第二阶段：购买决策的转化阶段 142
　　（三）考虑决策外部性 144
五、结论与讨论 146
六、本章小结 147

第八章　弹幕互动对用户选择行为的影响研究 148

一、研究目的 148
二、弹幕文化及其影响力 149
三、弹幕数据抓取和介绍 150
　　（一）爬虫程序设计 151
　　（二）数据清洗 155

四、基于弹幕热度的用户选择行为分析 ·················· 157
　　　　（一）弹幕数量和传统评论数量的对比分析 ············ 157
　　　　（二）视频弹幕数量和播放量对比分析 ··············· 159
　　　　（三）弹幕数量与播放量、传统评论数量回归分析 ······ 162
　　五、基于弹幕内容的用户情感体验分析 ·················· 164
　　　　（一）弹幕内容关键词分析 ······················· 165
　　　　（二）弹幕内容情感分析 ························· 167
　　六、结论与讨论 ······································ 176

第九章　结论与展望 ····································· 178
　　一、主要研究结论 ···································· 178
　　二、理论贡献 ······································· 181
　　三、管理启示 ······································· 183
　　四、研究展望 ······································· 184

参考文献 ·· 186

附录A ·· 220

附录B ·· 222

附录C ·· 224

附录D ·· 226

第一章 绪论

一、研究背景

（一）现实背景

随着互联网技术和社交网络的迅猛发展，人类社会快速迈入了社交媒体时代，众多社交媒体平台的深入发展与普及，使人们的在线交互能力不断加强与完善。最初人们通过这些社交媒体进行信息获取、信息传播、交友和娱乐等活动，随后商家利用社交媒体进行商品信息销售和推广，人们则可以通过这些媒体发现商品、发布点评或者完成购物。社交媒体的功效从生活娱乐领域逐渐渗透到了消费领域，社交商务（Social Commerce）应运而生，它将社交媒体与电子商务相结合，将推荐、关注、分享等社会化元素融入到在线购物过程中，改变了消费者之间、消费者与商家之间的交流方式，以引导消费者完成购物行为，从而促进商务行为[1,2]。许多商家都开始利用这种消费者参与互动的方式增加商业活动的价值。移动互联以及电子商务的快速发展使社交网购的用户规模与使用时长和频率不断增加，这一阶段的新的技术和模式应用丰富了电商业态，社交商务发展迅猛。国外出现了 Facebook、Twitter、Friendster、Pinterest 和 MySpace 等社交商务网站，国内从微信、微博、豆瓣等社交网站为电子商务平台提供营销服务到电商网站自家开设社交平台以此来活跃用户，再到堆糖、蘑菇街、美丽说等专门定位于在线购物推荐社区的出现，社交商务的形式更加多样化。2015 年京东与腾讯微信合作，宣布开启"京腾计划"促进社交商务的发展。电商巨头淘宝推出了自己的移动社会化购物分享平台"微淘"。2017 年淘宝与微博深度合作，希望更好地实现传统的电商模式向社交商务模式的转型。

在美国，截至 2017 年已经有将近 87% 的商业组织利用社交媒体来促进他们的商业行为。一些社交网络，如 Facebook 和 Pinterest 也开始寻求商务契机来进一步盈利。2017 年美国市场研究报告中指出商务公司在社交媒体上的投入达 84 亿美元，比 2016 年增长了 32%①。著名的咨询公司 Boozy 早在 2015 年就预计 2019 年人们通过社交商务的消费将达到 300 亿美元②。在中国，艾媒咨询 2018 年第一季度社交商务市场报告显示，2017 年社交零售用户规模为 2.23 亿人，预计 2018 年将增至 3.10 亿人，网购交易额达 5.7 万亿元，并推算 2020 年我国社交商务用户将达 5.73 亿人③。2016 年底，发改委、中央网信办和商务部联合发布了《电子商务"十三五"发展规划》④，该规划中明确提出支持健康规范的微商发展模式，鼓励社交商务的运营模式，为消费者提供个性化电子商务服务以促进网络消费持续增长；并规范和鼓励社交网络创新；鼓励电子商务企业依托新兴的视频、直播等多样化的营销方式开展粉丝互动，建立和谐健康的网络营销方式。同年，阿里巴巴创始人马云在"云栖大会"上也指出⑤："纯电商时代已经过去，未来是新零售的时代，当下正在发生或者未来将要发生的是以大平台为代表的去中介化向基于社交和兴趣爱好的去中心化的共享经济过渡。"可以看出"去中心化"是电商的发展趋势，人人都可能成为商家。社交商务通过"社交+电商"的模式让更多的消费者享受到了购物的愉快体验，它不仅克服了电子商务传统模式发展过程中出现的信息过载和消费者有限精力的问题，如在线评论太多，消费者在购买时不可能去查看所有的评论信息；而且解决了众多同质化商品无法满足用户个性化需求和追求品位的问题。因此，不管是从消费者、商家还是网络平台的视角来看，社交商务都是大势所趋，市场空间巨大。

社交商务兼具了社交网站和传统电子商务模式的特点，是电子商务与社交网络相融合的一种商务模式，其创新模式分为两类：一是传统电子商务平台的社会化模式。此类模式主要是电子商务企业利用社交媒体进行业务和服务创新，如京东尝试与微信合作以期取得销售的成功；淘宝网增加了分享与推荐功能，同时开发了"微淘"社区，期望实现电子商务到社交商务的转型。这类模式主要是电商平台利用社交媒体进行目标客户的精准定位，建立虚拟社区以聚集人气，传播与分享口碑。二是社会化媒体的商务化模式，此类模式主要是利用社交媒体的用户黏性和资本提供增值服务。例如，微信商城、豆瓣东西等，通过朋友和兴趣引

---

① 数据来源：https://www.businessinsider.com/social-commerce-report-2018-1.
② 数据来源：https://www.businessinsider.com/social-commerce-2015-report-2015-6.
③ 数据来源：http://www.199it.com/archives/753691.html.
④ 数据来源：http://images.mofcom.gov.cn/dzsws/201612/20161229191628547.pdf.
⑤ 数据来源：https://www.ithome.com/html/it/264333.htm.

导用户购买，最终成功将社交媒体成员转化为最终的购买者。与传统电子商务模式相比较，社交商务具有以下特点：①社交商务模式下的消费者具有更强的社交性。用户可以选择发布评论、点赞、发布图片或视频等多种社交手段，同时可以在产品首页中观察到陌生人或朋友的购买情况和收藏情况。另外，多种社交商务平台，如微信和微博等，为消费者提供了个人主页功能，消费者创建个人主页后分享自己购买的、喜欢的或关注的内容及评论，其中包含了个人偏好或品位、信任、忠诚等隐性信息。而传统的电子商务模式主要是依赖技术系统特征实现商品的分类、搜索引擎、个人偏好的推荐系统等。②社交商务模式下消费者的购物过程发生了变化，由主动消费需求变为被动消费需求。传统的在线购物模式下，购买意图的发生首先是由于有了需求，即"我需要买东西"，然后到电商平台搜索该商品，多个商家或品牌间比较，最后做出购买决定。由于社交商务兼具了社交网络的用户体验性和娱乐性，使消费者的购买行为渗透到碎片化的社交场景中。用户信息的获取更多来自于社交圈中的朋友或相同兴趣群体的推荐。通过消费者社交互动来助力商品信息的传播与购买，因此消费者的社交互动是社交商务实现的核心要素，是决定平台发展和企业盈利的关键。③社交商务购物平台更加多样化。人们在社交生活中基于强关系社交商务平台的朋友社交和基于弱关系社交商务平台的陌生人社交相融合，形成了弹性社交的概念，它为用户提供了更加丰富的、多层次的社交体验，同时社交关系的裂变传播，又降低了营销成本。

综上所述，诸多现象都说明了商家和市场都越来越关注社交商务的力量。多种形式的社交互动丰富了消费者的体验感和平台的娱乐性，成为推动商品传播和商品购买的关键因素。强弱关系相融合的弹性社交为消费者提供了多层次的社交体验，更为商家提供了多角度的推广和促销的平台。

（二）理论背景

结群交互是人类生活的基本特征。社会成员在沟通和接触过程中，通过行为和语言等表达思想和态度，相互学习和影响，进而产生了共同的信念、态度和规范，这些态度和规范对消费者的决策行为将产生潜移默化的影响。Liang 和 Turban[1]等提出了社交商务的三大特征：社交媒体（Social Media）、社区交互（Community Interaction）和商务活动（Commerce Activity）。社交商务环境下的社交互动（Social Interaction）在广义上被定义为由用户产生的，能够影响其他人对待某产品或服务购买或选择态度的任何行为[3]。Wiener[4]最早提出了社交互动的概念，他认为交互是信息接收者与信息源之间的双向沟通。哈贝马斯交往行为理论认为社交互动有助于知识理解、个体合作、社会规范与价值取向的形成[5]。李旭军[6]认为社交互动行为是在对自身情感需求和社交影响力综合评判的基础之上，用户利用碎片化时间决定是否对其他用户发布的信息进行评论或转发。学者们普遍认为社交商务成功的先决条件是在消费者购买决策过程的每个阶段嵌入有效的社交互动[7,8]。研究社交商务成功实现的驱动因素亦成为营销领域和信息系统领域学者们关注的热点问题。社交媒体为大量的用户参与和在线商务交互提供了基础，在此基础上的社交互动又对消费者购买态度和决策起了很重要的作用。

已有的研究结果基于社会学和心理学视角证实了广义的社交互动使得消费者产生了社会认同[9,10]和社会支持[11-13]，消费者增强了自尊心和社会资本[14-16]，活跃的用户行为使用户得到更多的社会支持，减少了自我对压力和孤独的感知，最终导致高的心理幸福感[11,12,17]。还有研究从传播学视角研究了广义社交互动的特征和效果。李旭军[6]研究了交互行为的时间分布和关系强度对信息传播效果的影响。一些学者基于 SIS 模型验证了在有限规模的社交网络中随机网络的临界值比节点间的感染率临界值大得多[18]。然而，随着社交平台的多样化和互动形式更加丰富（消费者不仅可以对商品信息发表评论，还可以"点赞""收藏"或选择"分享"，并看到其他人的购买和收藏行为），社交商务环境下的社交互动对消费者购买行为的积极正面影响并不尽如人意。以微信为例，2015 年艾媒咨询发布的《微信朋友圈用户感知调查报告》①显示：超过 60%的微信活跃用户每天都会收到朋友的广告推送，但近一个月内购买过朋友推荐商品的用户仅占 4.2%，不少消费者还会选择拉黑发布产品信息的朋友。这一现象与商家对社交商务的热衷相矛盾，也与上述学者们的研究结论不一致，现有研究理论并不能对这一现象做出科学合理的解释，也说明了笼统的研究社交互动并不能清晰地剖析社交互动的影响作用和机理，因此针对具体商品页面交互信息的研究是当前的研究主流。

社交商务平台上强弱关系融合的弹性社交增加了社交互动行为的复杂性。Granovetter[19]在对社会网络的研究中指出，人与人之间的关系可以划分为强连接关系（Strong Ties，以下简称强关系）和弱连接关系（Weak Ties，以下简称弱关系）。他认为人们之间的关系强度体现在他们的接触频率和亲密程度上。强关系包括家人和朋友，相对于弱关系而言，这些人更了解你的性格特征和兴趣爱好，因此可能容易影响你的决策[20]。弱关系是指与那些不熟悉或不认识的人的交流，相对于强关系而言，他们数量众多，会接触到更加广泛的不同类型的群体，因此可能更易于传播各种类型的信息。随着社交网络的兴起，学者们从社交网络的关系视角和结构视角出发提出了一系列交互行为的关系强度测量标准。关系视角下，冯娇等研究了用户间的关系强度对信息接收的影响以及对购买意愿的影响。Liang[21]和 Stanko[22]等通过接触频率、关系时长、亲密程度和关系质量来测量关

---

① 数据来源：http://www.didown.com/news/29040.html。

系强度。关系时长是指朋友认识的时间，认识时间越久，关系强度可能越强。频繁的接触是关系强度增强的重要途径，亲密程度是关系强度的直接体现，也是接触频率和关系时长的情感结果[22]。研究关系强度是对社交互动行为影响作用研究的重要因素。结构视角下，一个社交网络成员表示一个节点，"关注"与"被关注"的交互行为表示节点之间的边。如果两个节点间的关系强度越大，那么在信息的扩散传播过程中节点间彼此的影响作用也就越大[23]。方文侃和周涛探讨了人人互动和人机互动对消费者购买意愿和分享意愿的影响[24]。上述研究得到了一系列有价值的研究成果，然而面对复杂多变的强弱关系融合的社交商务环境，设计一种理论和方法来研究社交互动影响消费者购买行为的内在机理，是信息系统学者们面临的挑战之一。同时，从研究设计和研究方法来看，已有研究将个体层面的社交互动与社会层面的社交互动影响分开来研究，忽视了微观机理与宏观现象的联系。为了弥补传统实证研究的缺陷以及微观机理与宏观研究的割裂，利用实证关系数据驱动多主体仿真，揭示社会系统中系统宏观行为和个体微观行为之间的动力学机制，考察微观机理涌现出的宏观现象是新的研究趋势。

综上所述，众多学者的研究成果为本书的研究奠定了坚实的基础。在社交商务的背景下，无论是商家和平台的管理实践还是学术界的理论研究，对新的商业模式下消费者社交互动行为的研究都应该是研究重点。社交网络是一个复杂的系统，社交互动行为的诸多特征，如内容特征、关系强度等都会对商品购买和推荐产生影响。此外，宏观层面上强关系的朋友社交和弱关系的陌生人社交产生了不同的网络结构，这些网络结构也显著影响了商品的采纳与扩散。然而，过于简单的研究设计和理论模型，难以准确刻画社交商务情景下丰富多样的社交互动对消费者认知、购买以及推荐过程产生的重要影响。因此，本书将综合考虑这些特征因素，研究社交商务背景下在线社交互动对消费者购买行为的影响机理问题，为社交互动的理论研究提供了新视角。

二、研究问题

（一）社交互动的概念

社交互动（Social Interaction）是指社会交往行为或社会互动行为，它是从动态角度分析社会现象的基本概念，来自哈贝马斯的交往行为理论。他提出社会交往是人们在生产及其他社会活动中发生的相互联系、交流和交换。社会交往行为的三个功能是：①理解的功能，有助于把握知识。②合作的功能，使社会成为一个有机的整体，以实现社会目标。③社会化功能，即能够使个体认同社会规范和价值取向从而有助于某种价值的导向。由于用户参与创造内容以及多元化的社会化媒体，交互形式更加广泛，社交网络的传播途径也更加丰富。Wiener[25]在文献中指出交互是信息接收者与信息源之间的双向沟通。Haeckel[26]则将社交互动分为了人与人之间的交互和人与科技之间的交互，他认为这些交互活动可以影响他人的知识和行为。社交互动反映了借助信息流动达到成员间相互依存目的的动态过程。Massey和Levy[27]将交互行为分为内容交互和人际交互。Hoffman和Novar[28]的研究中将交互活动分为人机交互和人人交互两种形式。Godes等[3]将社交互动分为基于观点内容的社交互动和基于行为的社交互动。他们认为消费者在网络购物时容易被其他人的社交互动影响，从其他人的观点或实际的购买行为中学习。例如，当一个人要从两家餐馆中做出选择时，他会从自己的经验或者其他朋友的观点那里做出判断，又或者他会根据饭店的就餐人数来做出选择[29]。前者为基于观点的社交互动，即口碑（WOM），体现在在线购物中网络口碑是指在线评论（Online Review），后者为基于行动的社交互动，即观察学习（Observational Learning）。消费者行为会受到互动内容呈现方式的影响，也会受到用户参与程度的影响。

（1）在线评论。社交媒体和移动互联技术的发展使在线购物成为人们生活中不可缺少的部分，其因方便快捷深受人们的青睐，但由于地域的限制，人们在购买前不可能去亲自体验产品性能，因此查看商品页面的在线评论就成为了消费者购买产品或服务的重要信息来源。在线评论信息的产生与传播方式发生了巨大的改变，互联网普通人群可以发布自己对于产品和服务的体验和感受，并分享自己的经验，形成了难以估量的口碑信息[30,31]。

（2）观察学习。观察其他人真实发生的购买行为也可以为自己的购买决策提供参考。例如，在某个商家的首页上会提供产品销量的排序，或是在亚马逊某个产品的主页上，我们会看到"看过这个产品的顾客最终买了什么"等信息，这些信息都属于观察学习的范畴。Chen等[32]在对社交互动的研究中将"点赞"行为也归属于观察学习行为。社交商务情景下，人们会直接看到朋友推荐的商品信息，这些商品信息可能是朋友自己经营的商品，也可能是他们购买体验过后觉得很好，希望与朋友分享的产品，朋友的推荐和分享也成为了一种社交活动融入到人们的生活。包括了网页信息中的"累计销量""朋友推荐""点赞""喜欢或收藏人数"和"商家服务信息"等。

（3）弹幕互动。弹幕是一种新兴的用户评论形式，以一种拟同步的形式伴随内容呈现，它传递的内容与浏览内容更为密切相关，用户可以直接以内容作为社交媒介，突破时间和空间的限制进行交流。并且弹幕功能通过缩短用户之间的时间和空间距离形成独立的社交空间，为用户的沟通交流提供便利，从而催化用户参与的积极性。据国内知名视频网站统计，基于PC端的视频应用人均弹幕发送数量已经超过评论数量的百余倍，由此可见弹幕功能对于调动用户参与的价值非同一般。

（二）社交互动的特征

影响消费者在复杂的商业环境中做出购买决定的因素有很多，如商品的价格、质量、品牌、广告效果、他人或朋友的推荐，以及消费者之前的购买经验，前四种因素属于商家渠道提供信息的范畴，家人或朋友的推荐属于非商业渠道的社会因素。由于互联网打破了物理地域的限制，社会因素的影响不仅是线下社交的线上反映，朋友的概念也更多地扩展到了在网络中与自己兴趣相投的一些人。Boyd[33]提出内容和关系是社交网络的两个主要元素。由于社交商务是基于社交媒体来进行商务活动的新兴商业模式，因此它兼具商务行为和社交媒体的属性，即商务属性、媒体属性和社交属性。其中，媒体属性产生了大量的用户生成内容（UGC），社交属性提高了消费者之间的沟通效率，促成了社交商务平台上用户之间的关系，从宏观层面来看这一关系形成了庞大的用户网络，因此社交互动的特征可以从微观和宏观视角归纳为三个方面：内容特征、关系特征和网络特征。

（1）内容特征：社交媒体技术和互联网技术的发展，促进了新技术的出现和融合，它改变了人们的生活方式。人们主动地创建个人社交平台，在其上发布评论、分享信息并对他人的信息进行评价和标签等个性化创建，不再是被动地接收信息和知识，这就是用户生成内容（UGC）。用户生成内容（UGC）是社交商务得以实现的基础和核心。用户生成内容的形式有多种，如在线评论、论坛中发布的内容、朋友的点赞等，社交商务平台根据消费者行为的用户推荐和数据统计提供的信息内容，如"浏览了该商品的用户最终购买了……""……排行榜""累计销售量"等信息也都属于UGC的范畴。尽管消费者购买商品时的选择在互联网技术的帮助下变得更为便捷，但面对规模庞大的网络信息时，消费者在做出决策时要比传统电商平台下的商品选择更为重要。消费者行为会受到互动内容本身和内容呈现方式的影响，也会受到用户参与程度的影响。

（2）关系特征：在社交商务实践过程中形成的人与人之间的关系对于分享、交流以及购物决策都起到重要作用。网络社交互动使人们之间形成了社会关系，人们可以从这些社会关系中获得值得信赖的、感兴趣的商品信息，从而影响其购买态度和行为，因此具有关系特征的社交商务比包含大量媒体广告的传统电商在解决信息过量问题、提高信息质量、促进商品购买方面更具竞争力。社交商务的本质是通过社会关系进行商务活动。Granovetter在对社会关系的研究中发现人与人之间的关系强度体现在他们的接触频率和亲密程度上，并在此基础上提出了强关系理论和弱关系理论[19]，即不同程度的强弱关系对组织和个人产生不同的影响。Carol等[34]在研究在线购物沟通的文献中提出了快关系（Swift Guanxi）的概念，并通过研究发现这类关系能够预测消费者的购买意愿并影响他们的再次购买行为。与传统的关系相比，快关系是指消费者为了某笔交易与商家或其他消费者建立的关系，本研究将这种快关系归为弱关系概念范畴。社交互动的关系强度体现在社交商务平台模式的多样化方面，强关系的社交商务平台如微信朋友圈、QQ空间和豆瓣圈子等，弱关系的社交商务平台如淘宝、京东、微博等。

（3）网络特征：宏观视角下社交网络上的交互行为是信息得以快速传播的主要途径。从用户之间"关注"和"被关注"的交互活动出发形成了社交网络。社交网络包含如下基本功能：允许用户创建和维护朋友关系；允许用户上传和分享内容信息；允许朋友对上传和分享的内容进行评论与转发。在社交网络的基础上，任何用户所发布的内容借助其朋友的转发和评论行为都有可能获得广泛传播。用户形成的社交网络结构对网络营销的绩效至关重要[35-37]。朋友间共同参与交互活动的频繁程度与网络的规模等因素显著影响了用户信息的传播效果[38]，如网络中心度、网络连通性等势必影响消费者的购买和分享行为。因此宏观视角下，社交互动的网络特征体现在信息传播和扩散方面，不同关系强度社交商务平台下的社交互动行为会产生不同的用户网络特征，这些特征必然影响产品信息的传播和消费者对产品的认知和采纳。社交互动的特征汇总如图1-1所示。

（三）提出研究问题

本书针对现有研究的不足和社交互动的特征，深入研究在不同关系特征的社交商务平台中社交互动的内容特征对消费者购买行为影响的过程机理，分别探讨微观层面上在线评论、观察学习和弹幕评论等社交互动对消费者购买或选择意愿的驱动机制，并在此基础上构建动力学传染病模型从宏观层面上研究社交互动形成不同的网络特征对消费者购买行为影响的过程机理。科尔曼的微观—宏观理论可以用来描述定量研究与基于行动主体的模型仿真是如何互为补充的问题[39]，其他人的社交互动影响了个人的观点、态度和行动，每个人的具体行动又将导致群体层面新的社会现象产生。科尔曼认为社会科学关注的焦点是行动主体大规模的社会现象，但解释这些社会现象的过程机理必须与个体的行动相关联，本书基于该理论绘制出本研究的微观—宏观图，如图1-2所示，可以看出要解决箭头4的问题，实际上需要依次解决箭头1~3的问题。解决箭头1、箭头2的问题采用实证研究模型，解决箭头3的问题采用基于行动主体的模型。

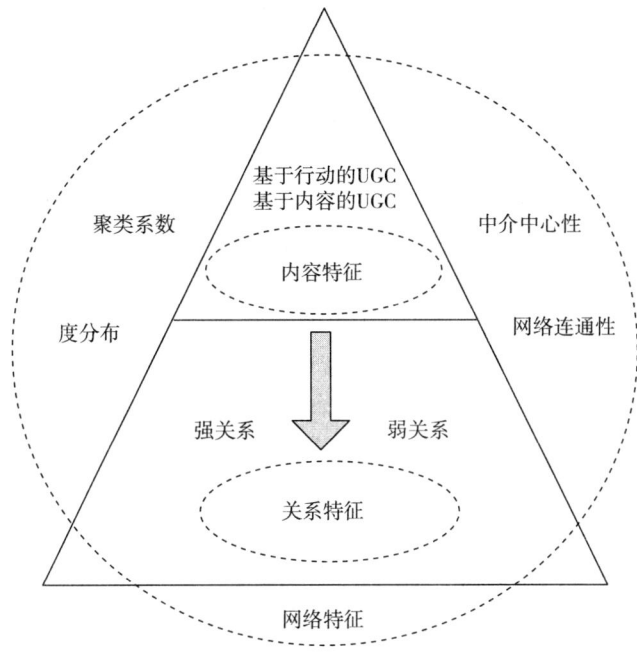

图1-1 社交互动的特征

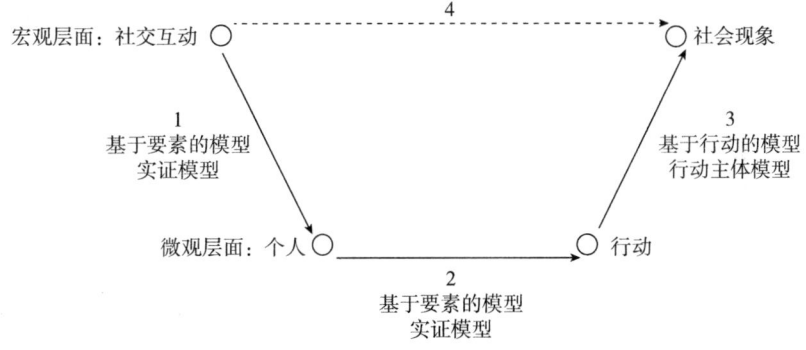

图1-2 本研究的微观—宏观图

（1）第一个研究焦点：研究强关系社交商务平台多种社交互动影响消费者购买行为的发生机制，即研究强关系社交互动如何影响消费者的购买意愿？以及认同机制和内化机制是否具有中介效应？

当消费者感觉到购买风险不确定性较大时，社交互动信息对消费者的购买决策起到更重要的作用[40]；人们又常常会根据别人的行动和态度来做出决策[41,42]，人际影响理论方面的研究也证明了消费者之间的交互会影响到消费者的购买决策[43,44]。然而 2015 年艾媒咨询发布的《微信朋友圈用户感知调查报告》中的数据显示多数用户并未购买朋友推荐的商品，且不少用户对推荐行为表示厌恶。也就是说强关系社交商务平台中的社交互动影响商务活动的效果与众多学者的研究结论不一致，而现有理论研究成果尚未对这一矛盾做出科学合理的解释。

（2）第二个研究焦点：探讨弱关系社交商务平台中不同的社交互动对消费者决策的影响，具体研究问题可以细化为：①探讨在线评论形式对消费者评论认知的影响，为现有在线评论影响购买决策的理论提供有力的补充；②探讨多种在线观察学习信息对商品销量的影响以及商品类型和市场年龄的调节作用。

与强关系社交商务平台的社交互动相比，电商网站销售商品种类日益增多，且同质化竞争严重，消费者面对众多商品感觉无从选择，因此大型在线购物商城（如淘宝和京东商城）都在商品展示页面上增加了更多的社交元素，如在线评论、关注和分享等，形成了陌生人之间的弱关系社交商务平台。由于消费者时间和精力是有限的，为了降低购买风险和节约选购时间，消费者会比较依赖页面呈现的在线评论和观察学习信息，他们经常会参考其他人在线评论的内容来消除购买的不确定性，或是简单地依据商品销量来做出购买决策。观察学习与在线评论两种社交互动的差异主要体现在提供的信息数量和可信度上，在线评论与观察学习相比较包含了更多的信息量[44]，且在线评论信息包含了评价内容及背后的理由[45]；而观察学习信息则具有一定的统计属性，它并不提供导致该结果的理由，仅展示出所有消费者行为的综合数据，如该商品累计售出数量和销量排行榜。近年来，学者们对在线评论影响消费者购买或产品销量进行了广泛研究。学者们将在线评论的不同特征作为研究视角，探讨了它们对消费者评论认知及购买行为的影响，研究主要集中在以下几个方面：在线评论的文本质量和评论数量的影响[46-48]、在线评论效价的影响[31,49]、在线评论等级[50]的影响，鲜有从评论内容形式（含有图片评论和纯文字评论）角度关注评论内容本身的影响效果。对于观察学习的研究主要集中在单一的历史销量对商品销量的影响，然而社交商务环境下的观察学习信息更加丰富，如增加了"收藏人数""喜欢人数"等社交元素，已有研究缺少了对这类信息影响的探讨以及考虑商品类型、市场年龄等众多因素的调节作用。

（3）第三个研究焦点：探讨基于弹幕热度信息的消费者选择行为羊群效应机制，以及弹幕评论内容的情感分析。

弹幕是一种用户参与感强的实时交流方式，使得用户能够产生共同观影的实时体验，通过对其热度信息分析。弹幕功能可以调用用户互动积极性，刺激消费者参与行为，因此充分理解弹幕对用户媒体内容选择非常重要。近年来，弹幕广泛地应用于在线视频和在线购物领域，用户面对众多的商品和动辄上千万的视频资源，视频的相关浏览量、弹幕数量、评论数量等指标代表了历史用户的互动参与水平，这些指标是否会在一定程度上影响消费者的选择。本研究旨在解决以下研究问题：弹幕是否会影响用户对在线视频的选择行为？弹幕互动、传统评论与视频播放量之间有无交互影响？以及从情感分析视角探究用户发送弹幕的动机和弹幕受到年轻人青睐的深层原因。

（4）第四个研究焦点：强关系社交互动形成的用户网络特征和弱关系社交互动形成的用户网络特征对消费者购买行为影响的差异性问题，即不同网络特征的社交互动如何动态影响消费者的购买行为？

社交网络具有强大的用户聚合能力和信息传播能力，使信息快速扩散和传播。社交商务平台由于增加了关注和转发等社会化元素，因此也拥有这样的扩散传播能力。用户可以随时关注他人和转发信息给他人，无论是朋友还是陌生人，通过这种发表评论和关注转发机制，用户之间通过共同的兴趣和爱好组成一个复杂网络。这个网络是社交媒体信息传播的主要途径，其中网络特征和用户规模影响了消费者购买决策的产生。很多社交商务平台如微博和微信朋友圈都利用关注和转发机制更有效地传播新产品信息。就现有研究成果而言，朋友间的社交互动对消费者购买意愿的影响是毋庸置疑的。朋友间的信息分享是社交商务中最具代表性的特征，通过与朋友交流商品信息影响他们的购买决策[51]；Kim 和 Ahmad[52]的研究指出朋友间的同质性和信任关系使朋友推荐和分享的商品信息更可信，从而影响购物决策。Stanko 等[22]针对消费者和商家的关系强度分析了亲密程度和关系质量直接和间接的对传统购买行为的积极影响。冯娇、姚忠[20]基于强弱关系理论研究得出朋友间的强关系与弱关系相比对购买决策有更积极的影响。Zhang 等[38]关注了朋友圈网络和陌生人网络的社会学习效果的差异。然而已有研究缺少了考虑社交商务平台下社交互动的关系特征和网络特征对消费者购买行为的影响研究。

三、研究意义

在线社交互动影响消费者决策的内在机制和影响效果，一直以来是信息系统和市场营销领域的研究热点。本书根据社交商务发展背景及存在的实践问题分析了在线社交互动的三大特征及其对购买决策的影响。在此基础上，本书提出了四个研究焦点，五个研究问题，并针对这五个研究问题进行了深入研究。本书的研究对国内外该领域的理论探索具有重要意义，从实践角度来看，其研究结论能够帮助商家更好地利用消费者社交互动行为并将其转化为商业价值。

（一）理论意义

（1）本书从内容特征、关系特征和网络特征三个维度深入探究社交商务背景下在线社交互动对消费者购买行为的影响，拓宽了现有的研究视野，完善了社交商务的研究及相应理论的发展。本书关注两类社交平台（弱关系特征平台和强关系特征平台）上两种主要的社交互动行为（基于内容的社交和基于行动的社交），基于多种基础理论研究社交互动对消费者购买和认知影响的内在机理，融合了认同机制与内化机制的系统研究不仅增加了现有理论的解释力度，而且有助于解读不同类型社交商务平台下的社交互动向购买意愿转变的根源和程度。

（2）本书在社会影响理论和模式一致性理论的基础上，构建在线评论内容与商品类型一致性理论，有助于揭示弱关系社交商务平台中消费者在线购物搜索行为规律，是对已有在线社交互动价值实现理论的有力补充。如何从消费者认知层面解释含有图片评论和纯文字评论对消费者内在认知的影响是一个复杂的研究主题，单纯采用问卷调查的方法不能很好地解决这一问题，心理学导向的在线评论认知机制需要更好的理论支撑，因此本书希望借助心理学与消费者认知理论的融合，更好地开展弱关系平台中在线评论内容的设计与研究。跨学科的研究会对基于内容的社交互动（在线评论）的价值实现机理有较大的促进作用。

（3）研究不同情景中的社交互动影响消费者决策的过程机制有助于指导社交商务平台下弹性社交的策略设计。基于强关系社交商务平台的朋友社交和基于弱关系社交商务平台的陌生人社交融合形成了弹性社交，不同类型的社交互动形成了不同的用户网络特征，基于此，本书从社会层面的社交互动出发进行实证研究，探讨了微观层面消费者的购买决策及认知机制，同时众多消费者行动形成不同类型的社交网络，又会进一步影响宏观层面行为主体决策的发生。本书将微观层面的实证模型和宏观层面多主体行为模型相结合以期能更准确、全面地分析社交商务情景中社交互动影响消费者购买行为的问题，这也是研究社交互动对消费者购买决策影响的一次理论创新。

（二）实践意义

（1）本研究有助于商家和学者加深对在线社交互动影响购买行为的过程机理和驱动机制的解读和理解。消费者购买行为可以表现为：购买或传播，结果有"是"或"否"两种情况，但受社交因素的影响，消费者决策行为的过程机制远非"是"或"否"能够简单概括，而是有着复杂又微妙的机理。本书应用多种经典理论构建的社交商务环境下在线社交互动影响消费者购买行为的理论模型，有助于社交商务实践者和理论研究者更好地解读社交商务环境下消费者个体层面和社会层面决策行为发生的全貌,以加深他们对消费者决策行为发生机制的理解。

(2)设计不同情景中消费者购买行为的内在认知机制,有助于指导社会化商务实践的发生。本书综合运用了社会学、心理学、认知神经科学的经典理论,探究社交互动对消费者购买行为的作用机理,能够运用多种实证研究方法深层次地挖掘消费者的内在认知,进而促进了消费者购买决策的形成和促进传播行为的发生,商家可以据此促进产品的销售活动,增加客户忠诚度以及新产品的推广,具有较强的应用价值。同时,从弹性社交的视角研究不同社交商务平台下的多种社交互动对消费者购买行为和传播行为影响机理的差异性。研究结论可以指导商家针对不同类型的社交商务平台开展相应的策略,因此有着重要的现实意义。

四、国内外研究现状

(一)社交商务平台消费者行为研究

消费者的选择行为直接影响着产品需求,进一步作用于商家收益。狭义的消费者行为是指消费者的购买行动以及对消费资料的实际消费。广义的消费者行为是指消费者为索取、使用和处置商品所采取的各种行动以及先于这些行动的决策过程[53]。消费者行为是动态的,它涉及了感知、行动以及与环境因素的交互作用[54]。本书首先对社交商务环境中消费者行为的相关文献研究进行充分的梳理。

1. 文献检索与筛选

步骤1:检索文献。本书采用两种方法来进行文献检索。第一,选择学术数据库进行文献检索,这些数据库包括了Web of Science、Science Direct、ABI/INFORM Global(ProQuest)、Emerald和Wiley Online Library。使用social commerce、facebook commerce、social shopping、consumer behavior等关键词检索这些数据库。第二,检索信息系统领域、电子商务领域以及市场营销领域的重要期刊,以确保不错过相关文章。本书选取的相关领域期刊有9个(MISQ、Information Systems Research、Journal of Management Information Systems、Decision Support Systems、Information & Management、International Journal of Electronic Commerce、Journal of Marketing、Journal of Marketing Research、Journal of Consumer Research),同样采用第一种方法的关键词以篇名、关键词和主题等途径进行检索。

步骤2：标题、摘要与关键词分析。我们遵循传统的文献综述方法来交叉检查和验证最初的一组文章[55]的相关性。为了选择相关文章，我们通过以下三个标准手动检查文章的标题、摘要和内容：①关注社交商务，②关注消费者行为，③检查上下文。最终从文献中筛选出145篇文献。图1-3给出了自2010年以来关于消费者行为的文章数量，可以看出社交商务平台消费者行为的相关研究逐年增加。表1-1给出了自2010年以来相关文献的期刊分布。

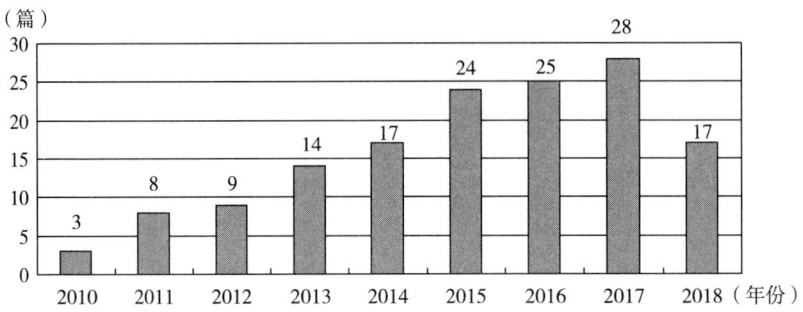

图1-3 社交商务平台消费者行为的相关文献时间分布

表1-1 2010年以来相关文献的期刊分布

期刊	文献	数量（篇）
Computers in Human Behavior	[56-70]	15
Decision Support Systems	[32, 71-73]	4
Electronic Commerce Research and Application	[74-79]	6
Global Economic Review	[80-84]	5
Information and Management	[85-96]	12
Information Syetems Research	[97, 98]	2
Information Journal of Advertising	[99-108]	10
Information Journal of Electronic Commerce	[21, 78, 109-114]	8
International Journal of Hosipital Management	[115-120]	6
International Journal of Information Management	[121-126]	6
International Journal of Market Research	[127-134]	9
Journal of Bussiness Research	[135-141]	7
Journal of Consumer Behaviour	[142-148]	7
Journal of Global Marketing	[149-157]	9
Journal of Interactive Marketing	[158-166]	9

续表

期刊	文献	数量（篇）
Journal of Marketing Communications	[167-173]	7
Journal of Retailing and Consumer Services	[174-182]	9
Technological Forecasting and Social Change	[183-187]	5
Tourism Management	[188-196]	9

2. 主要文献分析

从社交商务环境下消费者行为的研究综述中可以看出，已有的所有关于社交商务的研究均强调社交网站的重要作用，进一步的研究揭示了已有研究的重点主要聚焦在以下两个方面：第一类研究探讨消费者行为的认知过程，即关注购买前信息是否被消费者采纳。此类研究中消费者对网站的认知[21]以及对其他消费者创造内容的感知[162]均被认为是影响消费者行为的重要方面。这些研究大部分通过信息搜索行为[127,149,197]、购买态度[58]和购买意愿[80,86,162]来研究消费者行为。这也进一步反映了社交网络可以作为刺激消费者购买手段的观点。第二类研究探讨了商品信息的扩散和产品销售问题，即购买以及购买的后续行为。此类研究更多地关注了社交网络上具体的商品页面信息。这些信息被商家展示出来，为了进一步促进信息扩散和商品销售，以及方便顾客与其他消费者交流互动。因此，这些信息扮演着对商家和品牌最重要的角色。例如Pentina等[109]验证了消费者在Facebook和Twitter上的感知品牌关系对消费者的影响；De Vries等[158]验证了商品页面上发布的关于交互、信息性内容信息、娱乐内容、评论数量和信息在页面中的位置等内容的影响。Labrecque[160]认为准社交（Parasocial Interaction）能够促进消费者的参与性和增加品牌或商家的忠诚度。这类文献侧重研究消费者参与性、口碑的扩散意愿以及品牌忠诚度。与第一类研究相比，第二类研究更加强调购买以及购买的后续行为，它将影响到购买后的品牌策略。图1-4描述了两个主流研究的趋势，我们可以看到两类研究均有增加趋势。第一类研究侧重于将社交网络作为刺激工具的内在驱动机制研究，探讨了对广泛的社交网络内容的感知如何影响消费者购买以及与购买相关的行为。第二类研究更加重视具体的商品页面信息内容的影响机制，以及这一影响的动态过程机理。两类研究都有明显的增加趋势，但第二类研究的文献量增加更多，说明第二类研究为近年来学术界更加关注的热点问题。

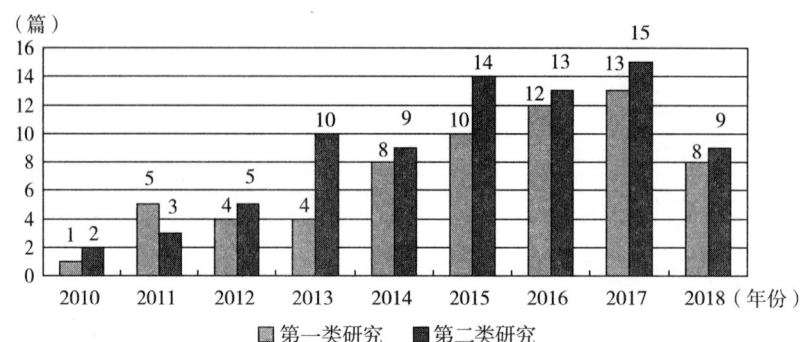

图 1-4　2010 年以来两类研究数量分布对比

(二) 社交商务平台在线社交互动研究

有关在线社交互动的研究一直以来都是信息系统领域和营销领域的热点。传统的有关社交互动的探讨集中在宽泛的用户互动，如在线沟通、网络交互、社区交互等对社交媒体用户的影响。而如今，随着社交商务的不断深入，关注商品页面信息上具体的社交互动的影响机理成为学者们研究的新趋势。通过对国内外相关文献的梳理，发现已有研究主要从以下几个方面展开：从动机理论视角研究了消费者社交网络使用动机以及发布内容动机；从行为理论视角研究了消费者使用社交商务平台的影响因素和内在机制；从社交相关理论视角研究了消费者社交互动的影响机理；从传播扩散理论视角探讨了在线社交互动的影响程度和影响范围以及互动行为对购买意愿的影响。

(1) 动机理论视角下消费者社交网络使用动机与社交内容发布动机的相关研究 (为什么进行社交互动)。社交商务的发展离不开用户的积极参与，因此必须先明确用户参与平台活动发布信息的需求和动机，才能更好地引导用户行为。已有的关于社交互动的研究主要关注消费者的动机，即消费者为什么会在社交网络上发布信息。解决这一问题的相关理论模型主要有消费者价值理论、使用与满足理论和动机理论。消费者价值理论指出消费者可以在社交网站上与品牌页面交互时，识别功能价值、情感价值、自我导向价值、社会价值和关系价值[198]。动机理论则认为在社交商务背景下消费者的分享意愿、购买意愿和传播网络口碑的意愿由消费者的实用性动机 (感知使用社交网站的有效性) 和享乐动机 (感知使用网站的乐趣) 决定[199]。使用与满足理论是基于消费者视角提出的，通过分析消费者对媒介的使用动机和获得需求满足来考察大众传播给人们带来的心理和行为上的效用。它是在动机理论基础上的延伸与发展，这一理论可以用来解释消费者更倾向于在品牌页面上寻求娱乐、信息和报酬[200]。目前为止，不同学者针对这一问题提出了不同的使用动机。根据现有研究结论，本研究总结归纳主要使用动机如表 1-2 所示。Raacke 和 Bonds[201]的研究探讨了用户为何要使用 Myspace 和 Facebook，研究结果发现与朋友保持联络和寻求信息是用户使用社交网络的主要动机。Youn 和 June 等[202]通过研究社交平台 Cyworld，识别了娱乐、自我表达、职业发展、打发时间、与家人和朋友沟通以及流行趋势六个社交媒体的使用动机。同样以 Cyworld 作为研究对象，Chung 和 Koo[203]则认为网络外部性、社会互动、享受帮助他人的快乐以及个人形象表达是使用社交网络的主要动机。Kim 等[204]从不同文化国家社交网络用户的使用动机出发，对寻找朋友、社会支持、娱乐、信息和便利性五个方面进行了探讨和比较，研究结果显示影响美国用户使用的主要动机是寻找朋友和便利性，影响韩国用户使用的主要动机是社会支持、便利性和寻找朋友。徐建和赵新蕊[205]利用焦点座谈会和深入访谈分析得出中国用户使用社交网络的六个主要动机分别是：社会联系动机、社会强化动机、审美动机、信息性动机、娱乐动机和追求时尚。常亚平等[206]的研究显示社交网络用户的使用动机主要包括联系老朋友、信息、娱乐和从众等方面。

表 1-2　社交商务平台用户使用动机与内容生成动机研究汇总

年份	研究者	主要动机
社交商务平台用户使用动机		
2007	Boyd	联系老朋友、结识新朋友、约会、其他专业功能
2007	Jung 等	娱乐、信息、社会交互、自我表现、打发时间、职业提升、从众
2007	Chung 等	网络外部性、社会互动、享受帮助他人的快乐以及个人形象表达
2009	Barker[46]	社会身份认同、娱乐、社会补偿、与同龄人交流、学习
2009	Brandtzeg 等	信息、娱乐、社会交互、个人空间冲浪
2009	Zhao Y 等	易用性、新鲜感、用户体验、互动程度、社会身份认知
2011	Kim 等	寻找朋友、社会支持、娱乐、信息、便利
2011	常亚平等	信息、娱乐、联系朋友、从众
2011	Zhao Y	技术驱动（感知有用、易用）、个体驱动（好奇、乐趣、自我形象、归属感）、社会驱动（信任、认同感、共同愿景、感知响应）
社交内容生成动机		
2011	Oum 等	社会信任、感知娱乐性、声誉、娱乐和分享
2014	谢佳琳等	感知娱乐性、预期互惠以及主观规范
2006	Trammell[211]	自我表达、社会交互、娱乐性、消磨时间、积累信息
2007	Ralph 等	娱乐、传播信息、个人日志和社会联系

续表

年份	研究者	主要动机
社交内容生成动机		
2013	张辉等	社区参与、情感交流、娱乐和消磨时间
2014	柳瑶等[212]	社会提升、感知易用性、安全以及表达记录
2015	孟健等[209]	社会交往、社会信任、感知有用性和感知易用性

还有学者研究了用户生成内容（UGC）的动机。Oum 和 Han[207]利用技术接受模型研究了 186 名学生使用用户生成内容的情况，通过对远程使用、社会认同、感知娱乐、利他主义以及社会信任等因素进行深入分析，发现感知娱乐性和社会信任是创造和使用用户生成内容的重要驱动因素。还有学者研究发现德国视频分享网站的 UGC 生成动机是声誉、娱乐和分享，经济利益并不是基本动机。用户生成内容和社交互动的动机主要是社会交往、社区形成发展和自我实现。人们记录博客的动机是为了表达情感、记录生活、维持社会关系和评价他人等[208]。还有学者从技术因素、媒介因素、内容因素、人际关系因素和个人因素等方面来阐述发表博客的动机，结果显示娱乐、社会联结、个人展示以及信息传播是用户生成内容的主要动机[209]。谢佳琳等[210]以微博用户为研究对象，发现预期互惠、主观规范以及感知娱乐性对用户创造内容的意愿有显著影响。

（2）行为理论视角下消费者使用行为的影响因素及内在机制的相关研究（什么因素影响了用户使用社交平台进行交互）。除不同的内容发布动机外，目前已有许多学者对消费者使用社交网络的影响因素和机理进行了研究。他们从多个理论视角出发，对社交网络使用意愿和使用行为进行了解释。

计划行为理论（Theory of Planned Behavior，TPB）是由 Ajzen 提出的，是对理性行为理论（Theory of Reasoned Action，TRA）的扩充[213]。理性行为理论认为个人的意愿决定了行为的发生，然而实际行为的发生不仅取决于个人行为意愿，还受到众多其他因素的影响，如个人能力、机会和情感，鉴于理性行为理论（TRA）对个体行为发生与否的解释力不足，计划行为理论（TPB）在理性行为理论的基础上增加了感知行为控制变量，计划行为理论认为个体的行为意愿同时受到主观规范、感知行为控制和态度的影响。其中主观规范是指个体认为某个重要的人认为他是否应该实施某行为的感知，感知行为控制是指个体对实施某种行为难易程度的感知，态度是指个体对实施某种行为的积极或消极感受，行为意愿是指个体为了实施某种行为而愿意付出努力的程度大小。因此，计划行为理论认为对于实施某种行为的主观规范和态度越正面，感知行为控制越强，在控制条件下实施行为的意愿也就越强。TRA 和 TPB 为理解个体行为提供了一个"信念—态度—意图"框架。TPB 框架用于解释用户社交网络使用行为的研究较多，如，Pavlou 等[214]扩展了计划行为理论，从获取信息和完成购买任务两方面构建了在线购物采纳模型，如图 1－5 所示。Pelling 等[215]将自我认同和归属感以及性别、年龄和过去的行为作为补充变量，对社交网络用户使用意愿和使用行为进行研究。研究结果显示，除计划行为理论中的标准变量可以预测社交网络使用意愿和使用行为外，自我认同和归属感等也显著影响了用户的使用行为。Horng 等[216]基于计划行为理论分析了用户付费订阅社交网站节目的意愿和行为，研究发现计划行为理论的路径关系在该研究情景中也得到了支持。

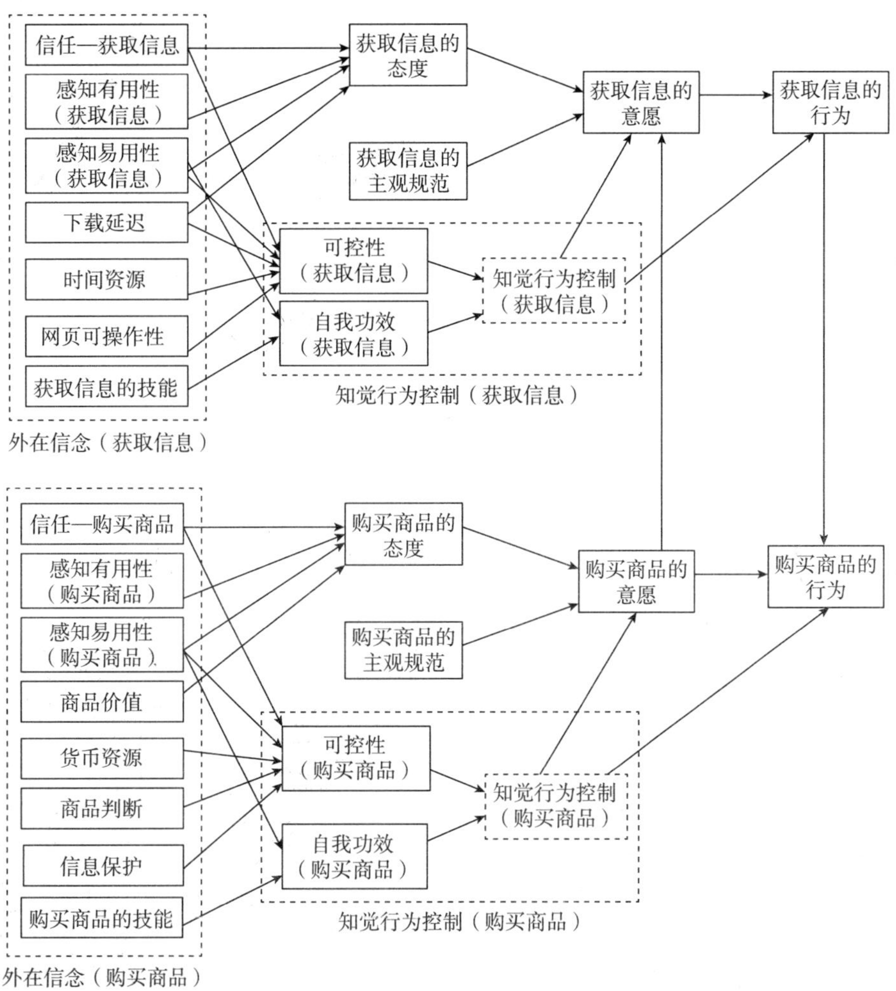

图 1－5　基于 TPB 的用户在线购物采纳模型

技术接受模型（Technology Acceptance Model，TAM）也是以理性行为理论（TRA）为基础，由 Davis 提出用来解释工作情景中信息技术的使用问题[217]。与理性行为理论和计划行为理论不同的是，技术接受模型主要聚焦于信息技术的应用领域。TAM 模型认为感知易用性和感知有用性是信息技术接受的关键前因变量，并分析了其对信息技术实际使用行为的影响。其中感知易用性是指个体对使用某种信息技术难易程度的感知。感知有用性是指个体对使用某种信息技术能够使其工作绩效提升的感知。TAM 模型强调感知有用性和感知易用性的重要作用，很好地解释了使用某种新技术的研究框架，因此其扩展模型一直被诸多研究所采用，如网上购物行为研究[218]。有学者试图通过实证研究的方法来检验这些理论是否也适用于新兴的社交商务背景。例如，Chen 等[32]发现 Facebook 上品牌页面的有用性和易用性可以吸引消费者推广网络口碑。Shin[219]应用 TAM 和 TPB 框架来解释使用社交商务行为的内在机制，研究了感知有用性和感知娱乐性影响消费者购买行为的过程机制，并揭示了购买态度和购买意愿的完全中介作用，如图 1-6 所示。

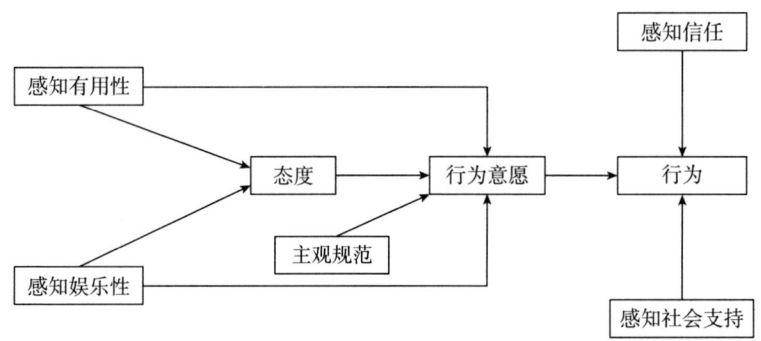

图 1-6 基于 TAM 的社交商务用户体验的内在机制模型

（3）社交相关理论视角下社交商务消费者社交互动影响机理研究（基于微观视角研究如何进行互动，以及这些社交互动的影响）。目前已有学者对消费者社交互动的影响机理进行了研究。他们从多个理论视角出发，对消费者在网络上的交互行为进行了解释，这些理论包括：社会资本理论、社会认同理论、刺激机体响应理论和社会影响理论。

法国学者 Bourdieu 最早将社会资本引入社会学领域，他认为社会资本并不是自然形成的，而是通过个人积极参与到集体活动中而得到的一种资源。在互联网环境下这种资源存在于社交网络中，代表了个体之间的信任、承诺和相互支持[220]。科尔曼（Coleman）也认为社会资本是个体的一种资源，他指出人与人之间通过交流而产生信息互换，从而在群体形成共同的目标和期望。不同的个体拥有不同的社会资本,因此社会资本的差异影响了个体在社会网络中的地位[221]。社会资本(Social Capital)是指个人在一种组织结构中所处位置的价值,价值越大,个人的社会资本就越大。从宏观视角来看,社会资本是指群体成员之间互相支持的那些行为和准则的积累。社会资本视角认为人们的社交行为会形成社会关系,这些关系对组织成员具有重要的影响,比较典型的研究有:Ellison 等[14]通过对 Facebook 的研究,实证发现了社交网络的使用强度与成员间社会资本的形成正相关,用户使用社交媒体越频繁,成员间社会资本的形成就越牢固。Steinfield 等[15]通过实证研究证实了 Facebook 的使用对桥接性社会资本具有长期的正面影响,这些异质性个人关系对消费者社交网络的满意度和忠诚度有显著正向影响,并且自尊心和心理福利具有调节作用。Chang 和 Zhu[16]的研究则发现用户的交互能够同时获得桥接型社会资本和粘结型社会资本,其中粘结型社会资本显著影响着用户对社交媒体的持续使用态度。社会资本理论表明了消费者可以利用社会资本来促进购买行为[222]。左文明等[220]将消费者发布的网络口碑激发消费者购买意愿作为研究焦点,引入社会资本理论,以蘑菇街和美丽说为例构建了社会资本视角下的网络口碑与购买意愿的关系模型。该研究从结构维度、认知维度和关系维度三个方面研究了社交联结、共享意愿、社区认可等因素影响口碑数量、质量和购买意愿的内在机制,研究发现社交商务环境下信任、互惠、共享语言等虚拟的社会资本对网络口碑的数量和质量均存在影响,社会资本通过网络口碑的中介作用影响着购买意愿,如图 1-7 所示。

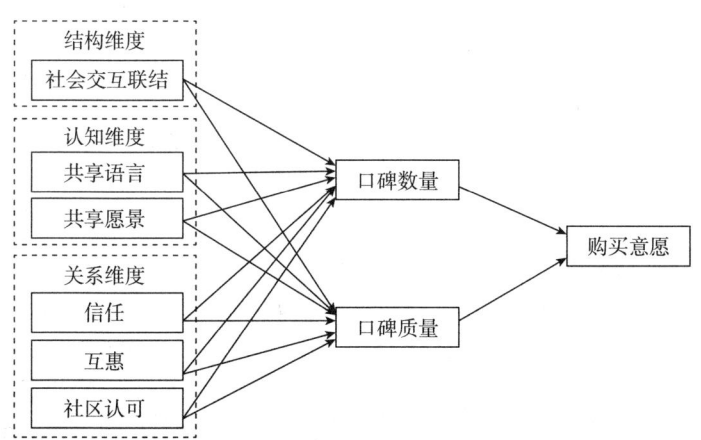

图 1-7 基于社会资本理论的网络口碑对购买意愿的影响机理模型

社会影响(Social Influence)是一种社会心理现象,是指由于社会压力而产生的个人行为与态度朝着社会占优的方向变化的过程。社会影响充分体现了社会化媒体的社交性特点,在线朋友的评论、分享等交互行为是影响消费者购买决策的最好反映。因此一些学者从社会影响的角度分析了社交互动的影响。Zhang 和 Zhu[223]基于维基百科通过实验得出参与者的贡献量随着网络规模的减少而减少;Burtch 等[224]以一个在线新闻的众筹集市为例,验证了参与者之前贡献的可观察信息对于之后参与者的影响;Lee 等[225]从信息性社会影响视角出发研究了网络购物行为,他们将网购中的社会影响分为信息性社会影响和规范性社会影响,并认为来自他人的信息和建议能够影响消费者的购买决策。研究结果还发现正向的信息性社会影响越大,消费者感知与消费者在线购物的态度越呈正向关系。Kim[222]等基于社会影响理论和自我呈现理论研究了虚拟社区会员的数字产品购买意向,结果发现社会影响因素(在线自我呈现和虚拟社区的涉入度)显著影响了社区会员对在线自我呈现的渴望。肖璇[226]基于社会影响理论构建了社交网络用户持续使用行为模型。从社会影响的三个维度出发,实证检验了其对社交网络用户持续使用行为的影响,并构建了社交助力和社交过载的中介作用模型。胡曦[227]基于社会影响理论构建了社交商务环境下消费者冲动购买行为的研究模型,从信息性社会影响和规范性社会影响两个维度详细阐述了其对消费者冲动购买行为的影响。Latane[228]指出影响源的强度、数量和直接性共同决定了个体受到社会影响的程度。其中影响源的强度是指影响源的重要性,如影响源的地位、年龄以及与个体的关系;影响源的数量是指影响源有多少;影响源的直接性是指影响源在时间或空间上与个体的接近程度。一些学者基于社会影响理论研究分析了社交网络使用行为,如在线推荐与购买决策、虚拟社区的用户行为以及信息系统的使用与扩散等。吴江等[229]将实证方法与系统模拟相结合,探索了信息系统的使用和扩散问题,从组织角度对信息系统扩散的演化过程以及用户之间的交互进行了探讨。实证结果显示社会影响对信息系统使用动机有正面影响。该研究将个体映射成智能主体,再基于社会网络理论定义智能主体的交互行为,将每个智能主体与其他智能主体间的交换信念和更新信念看作人际关系的适应过程,并对智能主体间的交互行为进行仿真建模,研究结果表明基于多智能主体的模拟模型能够较为准确地刻画真实世界中的信息系统扩散规律。史楠和王刊良[230]通过实验研究的方法探讨了社会距离对消费者购买在线推荐产品的影响,研究结果表明随着推荐双方社会距离的减小,推荐者发送推荐的倾向和接收者采纳推荐的比例会逐渐上升,社会规范的作用逐渐增强。周涛和鲁耀辉[231]指出用户积极参与并共享知识是网络社区发展的关键,但是已有文献大多从单个用户角度来分析网络社区用户行为,很少考虑到虚拟社区作为一个团体对用户行为的作用,因此他们基于社会影响理论分析了社会认同、主观规范以及团体规范对用户知识共享行为的影响。社交商务环境下消费者冲动购物行为研究模型如图 1-8 所示。

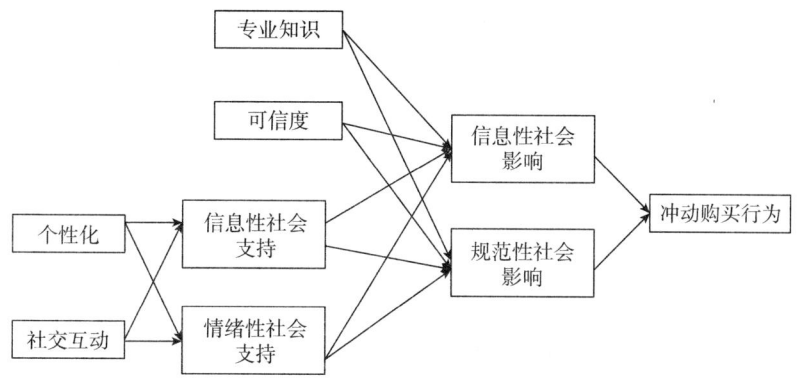

图1-8 社交商务环境下消费者冲动购物行为研究模型

社会认同（Social Identity）也是一种社会心理现象，最早由英国学者Taifel在1986年提出，用来解释个体作为群体成员的身份如何影响其他个体的社会态度和行为。社会认同中自我概念的形成包括一系列相关联的元素，如自我提升、社会比较、群体之间的关系、社会分类等，所有这些过程都依赖于用户的活跃行为[10]。在社交网络环境下，用户通过与好友的信息交互发现"知音"，找到自己感兴趣的社群并融入其中，通过构建社会关系和发表内容提升自身声誉和形象，最终形成自己的社会身份。学者们普遍认为活跃的用户行为使用户得到更多的社会支持，减少了自我对压力和孤独的感知，最终导致高的心理幸福感甚至身体健康[11-13]。个体作为群体的一员，通过社交互动行为使得消费者的认知身份、群体自尊和情感归属三个方面得到提高，消费者产生认同后会对群组产生积极评价，从而表现出忠诚行为。对商家而言，消费者的认同可以提高对企业及品牌的认同，并最终促进消费者的商品购买和口碑的传播行为。此外，社会认同理论解释了消费者在社交网站上的口碑行为可能是他们的认知判断和社会期望的函数[232]。基于社会认同理论的微博提升用户忠诚度模型如图1-9所示。

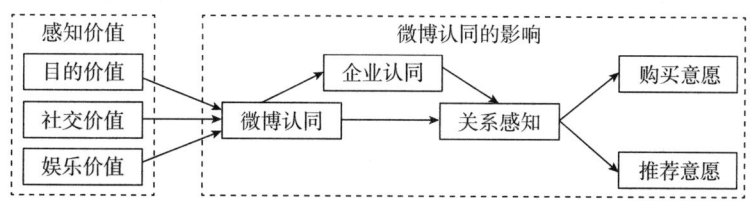

图1-9 基于社会认同理论的微博提升用户忠诚度模型

早期的刺激—反应（Stimulus-Response）理论将行为分为刺激和反应两部分，外界刺激源作用于个体，个体随之出现相应的反应。这里所说的刺激是指来自身体内部的刺激和外部环境的刺激。身体内部的刺激是个体内的生存需求,外部环境的刺激是引起个体做出特定行为的环境变化。反应是指个体跟随着刺激而及时呈现的一切活动。首先,根据是否能被直接观察到将反应分为外显反应和内隐反应。外显反应是那些能够被直接观察到的变化,如正常的情感变化;内隐反应是指不能够被直接观察到,需要借助相关仪器才能观察到的变化。在刺激反应模型的基础上,认知心理学家又提出了刺激机体反应(Stimulus – Organism – Response)理论,该理论在刺激反应模型中加入 O(Organism,有机体或反应的主体)构念,从而形成了 SOR 模型。该模型将人的意识作为研究对象,并认为在特定的条件下会产生特殊的行为,通过感知、理解和推理等一系列认知过程来实现,SOR 模型是研究消费者行为的一个基础框架,可以用来研究环境因素对消费者心理活动和行为的影响。

该模型较为广泛地应用于消费者行为的研究中,Bitner[233]利用 SOR 模型研究物理环境对客户和雇员消费行为的影响,结果表明个体心理认知在物理环境与消费行为之间具有中介作用;Namkung 等[234]研究了 SOR 模型下服务公平对客户情绪和使用行为的影响,同样证实了机体认知在服务公平和用户情绪间的中介作用。喻昕等[235]将弹幕信息沉浸视为 SOR 模式下的情感表现,研究发现,直播平台中的沉浸体验会正向影响用户的参与行为,充分验证了弹幕信息在驱动用户参与过程中的积极作用。徐孝娟等[236]在 SOR 模型的基础上构建了社交网站用户流失行为整合模型,研究了社交网站中的大规模用户流失现象,说明了促进用户内在有用性感知对提升用户忠诚度和满意度的积极作用。周涛等[237]基于 SOR 理论构建了社交商务用户行为机理研究模型,将社交商务平台提供的社会支持和社区质量作为"刺激"因素,虚拟社区感作为"机体",研究结果显示社会支持和社区质量显著影响消费者对虚拟社区的感知有用性,同时虚拟社区感会影响用户在社区中的积极分享和持续使用行为,如图 1 – 10 所示。用户交互行为研究汇总如表 1 – 3 所示。

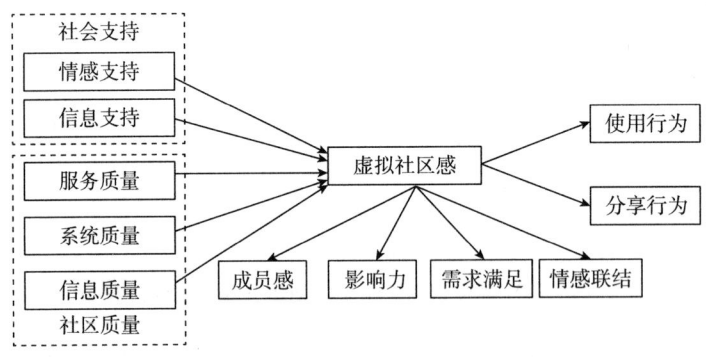

图 1 – 10 基于 SOR 的社交商务用户行为机理模型

表1-3 用户交互行为研究汇总

年份	研究者	主要观点
社交资本		
2007	Ellison	社交网络使用强度与成员社会资本的形成和维系正相关
2008	Steinfield	Facebook的使用对桥接性社会资本的正面影响
2012	Chang 和 Zhu	用户的交互能同时获得桥接性社会资本和黏性社会资本
社会影响		
2012	Zhang 和 Zhu	以维基百科为研究对象,通过实验的方法得出参与者的贡献量随着网络规模的减少而减少
2012	Burtch	验证了参与者之前贡献的可观察信息对于之后参与者贡献的影响
2013	Lee	将在线购买中的社会影响分为了信息性社会影响和规范性社会影响,认为来自他人的信息和建议将影响消费者的购买决策
2011	Kim	社会影响因素显著影响了会员对在线自我呈现的渴望
社会认同		
2011	Hogg	在社交媒体环境下,用户通过与好友的交互,发现与自己兴趣相投的朋友,找到自己感兴趣的群体并融入其中,通过发表评论和参加讨论,构建社会关系并提升网络声誉,最终形成自己的社会身份
2011	Greenhow 和 Burton	活跃的用户行为减少了自我压力,实现了社会分类
2013	Chiu 等	社交网络用户自我概念的形成过程包括社会比较、群体之间的关系、自我提升、社会分类
刺激—机体—响应		
1992	Bitener	研究了物理环境对消费者行为的复杂影响
2010	Namkung	验证了服务公平对顾客情绪和使用行为的正向影响
2017	喻昕等	直播平台中的弹幕互动沉浸体验会正向影响用户的参与行为
2017	徐孝娟	外部情景和系统质量会引起用户物理层面、认知层面和情感层面的反应,进而影响了社交媒体用户的潜水、活跃和流失行为
2018	周涛等	社交商务平台上的社会支持和社区质量正向影响了虚拟社区感,进而影响了用户的购买意愿和分享意愿

（4）传播扩散理论视角下社交互动的影响范围和程度的研究（宏观视角下研究社交互动影响的情况）。社交商务平台上产品扩散的实质是某个新产品的信息通过消费者的交互行为在人群中传播并希望更多的人知道并购买的过程[238],商品口碑信息的扩散是社交商务得以展开的基础。通过已有文献综述可以发现,经典的Bass模型及Rogers等提出的扩展Bass模型都集中于规则网络下整体宏观

的扩散行为研究[239-241]；近年来国内外学者对网络环境下传播扩散问题的研究更多地关注不同网络结构下的基于多主体仿真的传播扩散行为，采用的方法主要是基于复杂网络扩散动力学[242,243]，传播扩散理论视角下社交互动的影响范围和程度的相关研究汇总如表1-4所示。

表1-4 传播扩散理论视角下社交互动的影响范围和程度的研究汇总

年份	研究者	主要观点
2007	李淑萍	比较和分析了规则网络、无标度网络、随机网络三种不同结构下扩散机制的区别
2007	段文奇	构建了不同种类商品在同一用户网络下的扩散模型
2009	周琦萍	分析了局域网络效应下初始种子用户的选择、用户基础，以及产品内在价值等因素对产品扩散的影响
2009	Paster 等	基于无标度网络和随机网络的创新扩散模型，发现当网络节点数相同时，无标度网络的扩散时间较长，随机网络的扩散速度较快
2009	Zhang 等	在给定的网络拓扑下根据网络节点度对网络用户进行分类，并在分类的基础上构建了基于SIS的信息传播模型，从而定量分析了社交网络中的信息传播过程
2009	刘宗华等	比较了一般网络和无标度网络的信息传播差异，研究指出无标度网络上信息传播速度更快
2011	张宏亮等	构建了网络社区人际影响关系的有向有权网络以及社区成员影响力的评价模型，研究结果表明约5%的高影响力用户能够覆盖社区内90%的成员，并使其产生跟随的购买行为
2010	吴江等	将系统模拟与实证方法相结合探索了信息系统的使用和扩散问题，并建立模拟模型，从组织角度对信息系统扩散的演化过程以及用户之间的交互进行探讨

综上所述，已有文献阐述了传播扩散视角下社交网络结构对产品或服务信息扩散的影响，并比较了不同网络结构对影响产品扩散的差异性，且有学者开始尝试实证方法与系统建模相结合的方法研究在线交互与系统演化等问题。

（5）消费者的社交互动对购买决策影响的相关研究。消费者购买意愿（Consumer Purchase Intention）属于消费者行为意愿，而行为意愿是态度理论中的一个重要概念，态度理论认为态度由认知、情感以及意动构成。理性行为理论认为购买意愿是消费者购买行为的决定因素，可以有效地预测购买行为，而其他因素都是间接影响用户的购买行为[244]。学者对以计算机为媒介的互动进行了大量研究，研究对象主要集中于在线沟通、网络互动、社交互动等概念。在线沟通的研究领域集中在虚拟社区和客户关系管理领域[245]。网络互动即网络媒介沟通，是指网络使用者借助图像、文字和声音等形式，通过社交媒体进行搜索、获取及发布信息的行为，同时也包括网络使用者之间的信息交流与感情互动[246]。网络互动的研究领域集中在虚拟社区和即时通信领域，有学者认为人际沟通动机高的用户，倾向于使用即时通信、聊天室等同步特性的交流工具，而目标导向型使用动机高的用户，则倾向于利用电子邮件或虚拟社区等工具。不论是研究在线沟通还是网络互动，沟通媒介都非常广泛，包含了网络虚拟社区、电子邮件、即时通信工具等。而本研究中关注的社交互动概念源于营销领域，在社交商务环境下商品网页信息中显示的在线评论信息和观察学习信息。已有的消费者互动对购买意愿的相关研究主要集中在以下几个方面：在线沟通对购买意愿的影响；网络社区对购买意愿的影响；网络互动对购买意愿的影响；在线评论对消费者购买的影响；观察学习对产品销量的影响。网络互动对消费者购买意愿影响因素研究汇总如表1-5所示。

表1-5 社交互动影响消费者购买意愿的相关研究汇总

年份	研究者	主要观点
在线沟通		
2010	Keeling[247]	任务性沟通有助于促进消费者之间的信任和购买意愿；社交性沟通有助于消费者感知友好的购买氛围，从而促进了消费者购买意愿
2010	Quinton[248]	在线社区的沟通有助于消费者之间建立关系，这些关系建立的基础是相互信任、共同兴趣和经历以及共同关注的品牌
2012	Mazaheri[249]	情绪的激活度、愉悦度和优势度影响了消费者感知网站的氛围，而活跃的网站氛围又促进了消费者对网站的态度和购买意愿的形成
网络社区		
2011	Animesh[250]	虚拟社区中的技术和空间环境因素显著影响了用户的购买行为
2014	陈爱辉[251]	社交商务元素中的学习行为改变了用户与认知觉醒和情感觉醒相关的购物态度，进一步影响了用户的购买意愿
2012	Huang 和 Benyoucef[252]	社区或论坛中与好友的交互、观察他人的评论是一个消费者社会化的过程，这一过程影响了消费者对产品的态度，进而决定了他们的购买意愿

续表

年份	研究者	主要观点
网络互动		
2010	刘兴菊[253]	响应性、交互频率、情景性、互惠互换和趣味性通过信任和感知价值正向影响消费者购买意愿
2013	程振宇[246]	网络互动促进信任,最终正向影响了消费者的购买意愿
2012	朱东红[254]	信息质量、关系强度和社交氛围正向影响了认知信任和感知有用性,进而促进了购买意愿
在线评论		
2017	蔡淑琴[49]	从评论情感强度的视角研究了负面评论有用性情感强度对评论有用性的影响
2017	黄敏学[31]	矛盾性在线评论对消费者购买决策的双向影响。研究表明评论不一致性会通过影响消费者对产品的风险和独特性感知进而影响其购买意向
2016	杜学美[46]	在线评论的质量、数量和效价都正向影响了消费者的购买意愿。同时,消费者的心理因素都正向影响了在线评论对购买意愿的影响
2016	冯娇[255]	运用贝叶斯和高斯公式构建社会学习模型,分析消费者通过对评论数量和评论等级的社会学习对购买决策的差异性影响
观察学习		
2011	Chen 和 Wang[44]	比较了两种社交互动:在线口碑和观察学习。通过实证分析得到消极口碑比积极口碑对购买意愿的影响更显著,消极的观察学习没有影响
2013	张明玺等[256]	通过截面数据分析了浏览榜和购买榜两类观察学习信息对产品销量的影响,以及产品参与性的调节作用
2016	张明玺等[257]	通过面板数据分析了电商服务类观察学习对产品销量的影响
2017	Kuan 和 Zhong[258]	基于社会影响理论与认知心理学理论比较了信息性观察学习与规范性观察学习的消费者认知差异

综上所述,已有文献从网络互动、在线沟通、网络社区、在线评论和观察学等方面阐述了宽泛的社交互动与购买意愿之间的关系;同时,近年来大量的文献分别研究了在线评论的数量、质量、效价、等价、等级和情感特征是影响购买意愿的重要因素,以及实证分析了某类单一的观察学习对产品销量的影响。

(三)现有研究述评

通过梳理相关文献,本书针对社交商务的定义与特征、社交商务平台使用动机与内在机制、消费者交互动机与内在机制、社交互动对消费者购买意愿的相关学术研究进行了系统性的分析和整理。在分析前人的研究结果和目前的研究趋势的基础上，本书将已有研究的贡献与不足总结如下：

（1）现有的与社交商务消费者社交互动的相关研究，主要体现在：①基于动机理论视角研究社交商务的消费者使用动机和互动信息发布动机的内在机理。②基于行为理论视角研究消费者社交网络使用意愿的影响因素和内在机理。③基于社交相关理论视角研究消费者网络互动与沟通行为影响机理。④基于传播扩散视角的消费者互动影响范围的相关研究。⑤消费者互动行为对其购买意愿的影响研究。现有研究虽然研究视角较为丰富，但从研究对象上看，消费者社交互动研究聚焦于网络沟通、社区互动以及网络互动等方面，缺少针对具体社交商务平台上商品交互行为的细致且深入的研究，这恰恰是目前社交商务消费者行为的研究趋势。这一研究更多地关注社交商务平台上具体的商品页面信息交互以及各种交互活动的相互影响。商品网页上具体的交互信息扮演着对商家和品牌至关重要的角色。另外，现有研究分别解决了社交互动的动机和社交互动的影响因素两个前因问题，缺少对社交商务环境下具体商品页面社交互动怎样影响消费者行为的内在机制问题的研究，即社交互动的内在机制和后果问题。

（2）社交网络与电子商务的结合是商家和学者们关注的热点问题，无论是社交网站中加入商务元素，或是传统的电商网站与社交网络相结合，还是新生的社交商务网站等，各种社交商务模式不断演化，商家和学者在不断地探索更有效的社交商务模式。但学者们的研究更多地集中在社交网络的微观层面社会影响方面和单一的网络结构影响信息传播机理的分析方面，针对不同的社交商务平台上具体社交互动的研究尚处于初级阶段，应用价值还未被充分挖掘，并未全面考虑社交互动的内容特征、关系特征和网络特征的交互影响。研究方法上，社交网络的社会影响多采用实证研究方法，而网络结构影响信息传播机理的研究多采用数据建模方法，前者的研究属于微观层面的研究，注重探究消费者主观感知，难以刻画消费者个体受到社交互动影响后，相互传递信息所发生的宏观群体行为变化。而后者的研究只注重宏观层面的扩散和传播行为，与微观层面相割裂，从而导致社交商务商家无法清晰地认识到消费群体社交互动行为的变化规律。由于已有研究缺少将微观个人层面社交互动的研究与宏观群体层面相结合来考察从微观机理中涌现出来的宏观现象，因此需要构建实证关系数据驱动的多主体扩散模型来研究社交商务环境下的社交互动行为。

（3）现有的对在线评论影响消费者购买意愿的研究已经较全面地从评论数量和质量特征、评论极性特征和评论等级特征等方面对消费者评论有用性认知的影响进行了研究，这为本书的研究奠定了理论基础，然而，随着商家和消费者越来越青睐含有图片内容的信息，一些学者开始关注评论内容特征中包含文字和图片的评论形式，但对含有图片评论和纯文字评论之间差异性的研究仍然停留在问卷调查和行为实验的层面，缺少了从更深层次的心理认知层面挖掘消费者的认知差异。随着认知神经科学实验技术和相关理论的发展，也将图片与文字评论认知差异的研究从行为层面推进到了心理认知层面。从神经科学视角探究消费者认知的内在机制亦成为信息系统领域的研究趋势[259]。

五、研究内容与思路及方法

（一）研究内容

将消费者社交互动转化为商务行为是社交商务得以实现的基础，从微观层面和宏观层面探究在线社交互动特征对消费者购买行为的影响机理是本研究的主要内容。本书在分析研究背景的基础上对本研究相关重要概念给出界定，归纳出社交互动的三个特征：内容特征、关系特征、网络特征。从内容特征来看，消费者社交互动分为基于内容的社交互动和基于行动数量的社交互动；从关系特征来看，用户通过社交互动形成社交关系，这一关系可以分为强关系社交和弱关系社交；从网络特征来看，强弱关系社交互动分别产生了强关系用户网络和弱关系用户网络。在此基础上提出本书的五个研究问题。通过对社交商务平台下消费者行为研究和在线社交互动研究的国内外研究现状进行整理和分析，印证了本书的研究价值。在上述研究的基础之上，本书基于理性选择理论、社会影响理论和消费者行为理论设计了社交商务环境下在线社交互动影响消费者购买行为的研究框架。采用问卷调查、实验研究及多主体仿真建模等多种方法，基于微观层面从关系特征和内容特征方面探析社交商务环境下社交互动如何影响消费者购买行为；从宏观层面探讨在线社交互动的网络特征对消费者购买行为的动态影响机理，以期为社交互动的社会影响提供理论依据和为社交商务实践提供实践指导。具体研究内容包含以下五个方面：

研究内容一：强关系社交商务环境下在线社交互动对购买意愿影响的实证研究。这部分研究在社会影响理论的基础上进行修订，构建社交商务情景下的强关系社交互动影响消费者购买意愿的实证模型，并通过大规模问卷调查验证研究假设，探讨了强关系平台下"朋友推荐""朋友评论""朋友点赞"等社交互动影响购买行为的内在机制。

研究内容二：弱关系社交商务环境下基于内容的社交互动（在线评论）形

式对消费者认知行为影响的实证研究。这部分研究分别探讨在弱关系社交商务平台中消费者对纯文字评论和含有图片评论有用性的认知差异。在社会影响理论和模式一致性理论的基础上构建了评论形式对消费者购买意愿影响的研究模型及商品类型的调节作用,并通过问卷调查和眼动实验进行验证。

研究内容三:弱关系社交商务环境下基于行为的社交互动(观察学习)对消费者购买行为影响。这部分研究在社会影响理论、信息级联理论和"可得性—诊断性"理论的基础上构建研究模型与假设,探讨商品网页信息上的"累计销售量""收藏人数"以及"商家服务质量"等观察学习信息对产品销量的影响机理,以及商品类型和市场年龄的调节作用,并从具有代表性的社交商务平台商品页面中爬取相关数据验证研究假设。

研究内容四:弱关系社交商务环境下弹幕交互对消费者选择行为的影响研究。这一部分主要是采用计量分析的方法分别探究网页热度信息"弹幕数量""评论数量"与"视频播放量"之间的交互关系,以及弹幕数量对用户媒体选择行为的影响。从情感分析的视角通过对弹幕内容的关键词分析和情感分析两个方面来研究弹幕互动的新特征和弹幕互动带来的用户新体验。

研究内容五:考虑不同类型社交商务平台下消费者社交互动形成网络特征的差异性,从扩散动力学视角研究在线社交互动对消费者购买行为的动态影响。这部分研究在上述研究内容的基础上从社会层面探讨了不同的网络特征中个体购买和传播新产品行为对其他人的动态影响,基于社会网络分析和复杂网络扩散动力学理论构建了消费者购买行为的两阶段模型,实证分析了弱关系社交商务平台与强关系社交商务平台中新产品扩散和传播的差异性,并通过多主体仿真研究宏观层面消费者行为规律。本书的研究内容共分为九个章节,其中第三章到第八章分别对本书涉及的上述研究内容进行了详细的阐述。每章具体的内容安排如下:

第一章 绪论。介绍本书的研究背景,阐述社交互动的概念与特征,在此基础上提出本书的研究问题,并对研究目标与研究意义进行论述。对相关理论与文献进行梳理,首先从社交商务环境下消费者行为研究和在线社交互动研究两个方面对国内外相关领域的研究现状进行回顾;其次介绍具体采用的研究方法以及技术路线,为研究模型的构建和创新性的提出提供理论支持和文献基础。

第二章 理论基础与研究框架。介绍社交商务的概念与分类,详细阐述了消费者行为理论、理性选择理论、社会影响理论以及扩散动力学模型,并指出商品类型对消费者行为的影响,最后提出了各个子研究的具体研究设计与构思。

第三章 朋友圈社交互动对消费者购买行为的影响。这部分的研究采用问卷调查的方法,以修订的社会影响为基础,将认同与内化作为中介变量,以微信朋友圈为例,探讨强关系社交商务环境下消费者社交互动对购买意愿影响的内在机理与有效路径。与此同时,关注消费者性别差异因素,探讨性别对朋友圈社交互动与购买意愿关系的调节作用。

第四章 在线评论内容对消费者认知行为的影响。基于社会影响理论和模式一致性理论,重点讨论弱关系社交商务环境下某产品的展示页面信息中,消费者对有图片评论和纯文字评论的认知差异,并探讨了商品类型在其中的调节作用。通过问卷调查和眼动实验验证研究假设,检验消费者对两种评论形式存在的认知差异,并发现商品类型与评论形式匹配的一致性理论。

第五章 观察学习对消费者购买行为的影响。基于社会影响理论,借助跨度为16周的商品页面中的"累计历史销量""收藏人数""商家服务"等观察学习信息,运用面板数据回归分析,研究多种观察学习信息对消费者购买决策的影响,并探讨了商品类型和市场年龄在其中的调节作用。

第六章 用户网络特征对信息分享意愿的影响:搜索与迁移的双重过程视角。基于社会网络理论从搜索与迁移的双重过程视角出发,以微信和微博作为研究对象,通过问卷调查实证研究用户网络特征对信息共享意愿的影响机制及不同用户网络信息分享机制的差异性。探讨搜索与迁移的双重过程在用户网络特征与信息分享意愿关系中的中介作用。

第七章 社交互动对消费者购买行为动态影响的建模与仿真。在分析网络机制形成和扩散情景描述的基础上,基于SIR动力学模型构建两阶段扩散理论,结合网络特征差异的实证研究,运用Netlog仿真软件模拟两阶段模型的社交互动动态影响机制。

第八章 弹幕互动对用户选择行为的影响研究。使用Python语言和Redis数据库来爬取和存储视频弹幕数据,编写分词程序和生成弹幕内容词云图程序,借助Tableau和Spss工具对弹幕热度信息进行建模、数据可视化,对弹幕内容进行情感分析,以此来进行基于弹幕热度的用户选择行为分析以及基于弹幕内容的用户情感体验分析。

第九章 结论与展望。此部分对本书各项子研究进行了全面的回顾和总结,概括了本书的整体结论、理论贡献和管理启示,剖析研究存在的不足,并指出未来的研究方向。

(二)研究思路

本书采用文献分析、问卷调查、实验研究以及数学建模方法对社交商务环境下在线社交互动特征影响消费者购买行为的问题进行研究。首先通过文献分析梳理本研究的现实背景与理论背景,综述社交商务环境下消费者行为和社交互动的国内外研究现状,并在此基础上选取基础理论,确定了本书的研究框架和技术路线。强关系社交商务平台下社交互动对消费者购买行为的影响模型是通过问卷调查收集数据,利用结构方程验证假设,在分析结果的基础上给出管理对策和建议。弱关系社交商务平台下社交互动对消费者购买行为的影响分别采用认知科学实验研究方法和面板数据分析方法,通过统计分析对结果进行对比给出合理解释。其次比较不同社交商务平台的社交互动形成的用户网络特征的差异,并在此基础上构建信息扩散的两阶段模型,进行 Netlog 模拟仿真,通过对仿真结果的对比和解释给出管理对策和建议。

(三) 研究方法

为了实现本书的研究目标,解决研究问题,本书综合采用了文献研究、问卷调查、眼动实验、面板数据分析、数据建模及仿真等多种研究方法,具体如下:

1. 文献研究

通过大量收集国内外相关文献资料,以此作为本研究的理论与实证分析基础。了解国内外社交商务环境下社交互动及商务行为的研究动态,在了解前人的研究思路和研究方法、借鉴相关可用理论的基础之上明确本研究的范围,为本研究的开展提供理论指导和方法支持。

2. 问卷调查

结合本书的研究目的,明确相关构念,借鉴国外研究成果修正并完善测量题项,形成初始问卷。使用问卷前改善测量量表的内容效度,邀请不同年龄层次和工作领域的人员进行预调研,试填问卷,根据他们的意见对存在理解偏差和表述含糊的题项进行调整和修订,形成最终问卷。对于问卷数据,本研究采用统计分析软件 SPSS16.0 和结构方程分析软件 AMOS18.0 进行数据分析。

3. 眼动实验

眼动实验(Eye – Tracking Experiment)的原理是通过对被试者视线的追踪,监测被试者在观察特定目标时的眼球运动和注视方向,并通过专门的软件进行统计和分析的过程。在此过程中需要用到 iView ETG 型眼动仪和 BeGaze3.4 软件。眼动实验属于认知神经科学实验中的一种,这一生理水平测量技术可以很好地完成知觉、视觉注意与视觉搜索等研究工作。本书采用眼动实验的方法能够更加精准地测量和解释消费者视觉搜索行为规律。

4. 面板数据分析

面板数据是指在连续的时间序列上截取多个不同截面,在这些截面上同时选取各自的样本观测值所构成的最终样本数据。面板数据分析能够克服一般时间序列分析中受到的多重共线性问题的影响,提供更高的估计效率和更多的自由度。本书运用八爪鱼采集器爬取商品页面观察学习信息的面板数据,对其进行平稳性检验与协整检验，考察各类观察学习与商品销量之间的长期关系，然后建立计量模型来量化它们之间的联系。

5. 数学建模及仿真

由于信息在社交商务平台上的传播与传染病在人群中的传播相似，因此本书在传染病模型 SIR 模型的基础之上构建两阶段模型，来模拟社交商务环境下弱关系用户网络和强关系用户网络的商品信息的传播过程。本书先构建了社交商务两阶段扩散模型，然后使用 Netlog 软件进行仿真分析，根据仿真结果对不同情景下的社交商务平台传播扩散研究提出建议和指导。

六、研究的创新与特色

本书从科尔曼理性选择理论的微观到宏观的视角出发，揭示了社交互动具有内容特征、关系特征和网络特征，刻画了不同类型社交商务平台下在线社交互动如何影响消费者的购买行为，完善了社交商务环境下的社交互动价值实现理论，多维度拓展了现有的社交互动理论和消费者行为理论，深化和发展了社交商务实现的理论体系。本书可能的创新点表现在以下三个方面：

（1）引入社交互动的多维度视角和传播扩散视角，探索了社交互动影响消费者购买行为过程中的微观认知和宏观行为。

本书结合个体层面和社会层面视角全面剖析了社交商务平台下消费者社交互动的特征及其对购买决策影响的内在机制。前人研究成果大多聚焦于社交商务概念的界定和影响购买意愿的诸多因素，但对于社交互动的多维度特征影响消费者决策的发生机制却缺乏系统研究。本书借鉴科尔曼从微观到宏观的研究框架，演绎了"个人层面的社交互动→个体态度→个体意愿→个体行为→社会现象"的完整路径。利用实证数据驱动多主体仿真，揭示社会系统中系统宏观行为与个体微观行为之间的动力学机制，考察微观机理涌现出的宏观现象。依据社会影响理论构建社交商务环境下社交互动价值实现的理论模型，发掘消费者通过社交互动形成的内容特征、关系特征和网络特征。从微观视角出发，研究强弱关系不同的社交商务平台下社交互动的内容特征对消费者认知和购买行为影响的内在机制。从宏观视角出发，探讨不同关系特征社交商务平台下社交互动动态影响的过程机理。

（2）关注并挖掘出商品信息页面上具体社交互动的三个维度特征及其影响消费者购买行为的内在机制。

聚焦具体的商品信息页面上的社交互动行为，从基于内容的社交互动（在线评论）和基于行动的社交互动（观察学习）出发，探究不同类型内容特征对消费者购买决策的作用机理。虽然众多研究将社交互动视为影响消费者购买决策的重要因素，但现有研究成果对社交互动自身特征并没有做出系统而清晰的界定。大部分研究聚焦在宽泛的社交互动概念，或是单一的在线评论和观察学习的研究上，但这些研究成果还比较零散，缺乏系统性和完整性。本研究将社交互动的内容特征、关系特征和网络特征纳入统一的研究框架，综合分析三个特征交互情景下微观层面的消费者购买行为以及宏观层面上社交互动的动态影响机制，使之能够解释并指导社交商务实践，进而为商家在不同情景中选择和设计不同的营销策略提供理论依据和借鉴。

（3）在实证研究中引入认知心理学方法和扩散动力学方法，更有效地测量了在线社交互动的影响效果。

本书综合运用了问卷调查、眼动实验、客观数据等实证研究方法，各种方法互为补充，使得研究结论更具稳健性和说服力。本书在探讨不同形式的社交互动对消费者认知的影响问题时采用问卷调查与眼动实验相结合的研究方法，使得认知神经科学在信息系统领域和市场营销领域得到有效应用，打开了社交互动影响消费者认知行为机制的"黑箱"，更加客观地测度了那些可能存在偏差的指标，从而使研究结论更具说服力。同时，本研究在解决群体层面社交互动动态影响的过程机理问题时采用实证数据驱动的扩散动力学建模与仿真的研究方法，为全面而系统地研究消费者行为问题提供了新的理论和方法。

综上所述，本书希望通过对多样化社交互动内容的研究，挖掘在线社交互动的特征及其对消费者购买或选择行为的作用机制和动态过程机理。从社交互动的多维度视角和传播扩散视角探索社交互动影响消费者购买行为过程中的微观认知和宏观行为，并通过多种方法的综合应用，全面揭示社交商务情景下，消费者社交互动如何驱动消费者购买行为的黑箱，对社交互动价值实现理论和消费者行为理论做出一定贡献。在具体研究实施过程中，本书一方面避免了只从某种社交互动的单一形式对消费者购买行为的影响研究，从多维度的社交互动出发展开研究为消费者社交互动影响机理研究提供了一个新的视角，同时对于商家选择社交商务平台提供了理论指导。另一方面尝试利用实证数据驱动的多主体仿真考察微观机理涌现出的宏观现象，揭示了多种社交互动形式对消费者购买行为的驱动机制和动态过程机理，深化了现有消费者购买行为理论。

第二章 理论基础与研究框架

社交商务环境下的消费者不是孤立的个体，而是利用社交媒体工具通过社交互动相互影响、相互学习的群体。传统的决策过程是一个消费者完成购买何种商品的二元关系，而网络环境下的消费者决策可以从社交商务平台上获取支持信息或推荐信息，因此决策过程是一个三元关系：消费者平台交互—消费者（个体和群体）—行为决策。

一、社交商务的概念与演变

随着社交媒体的兴起及其相应商业模式的成功应用，社交媒体正不断地将社交属性延伸进入商务领域，产生了社交商务。同时社交商务的创新模式也为学界提供了商业模式创新、管理理论创新以及技术方法创新研究的新方向。目前国内对社交商务的研究主要集中在概括社交商务的概念，阐述社交商务的分类与特征，提出社交商务的研究框架等方面[260]。本书梳理了社交商务的发展阶段与模式演变。

1. 社交商务的发展阶段与概念

社交商务又称为社交化商务，是通过微博、微信、QQ、SNS 网站等媒介作为信息传播途径，通过用户对内容的创造、用户之间的交互等手段来辅助商品销售的一种新模式。它是一种全新的以社交关系为导向的商业网模式。截至目前，社交商务的发展可以分为三个阶段：①第一阶段（2005~2010 年），Yahoo 公司于 2005 年推出了 Shoposphere 服务，用户可以在 Picklist 中列出最喜欢的商品，并将这些内容展示在 Shoposphere 页面上，通过此页面可以进入朋友或是陌生人列出的最喜欢的商品目录，进而获取他人的购物倾向。许多传统的电子商务企业纷纷效仿 Yahoo 公司的 Shoposphere 服务，在自身的电子商务平台中添加了诸如"分享购物单""用户评论"和其他用户生成内容（UGC）等社交功能，诱使更多的消费者网上购物的形成。消费者在线协同交互,交流关于产品或服务的信息并从信任的朋友那里得到建议,这种多对多的信息交互代替了传统的商家与消费者之间一对一的交互方式[7]。这一时期的社交商务又被称为"社会化购物"(Social Shopping),重点强调电子商务与社交功能的兼容,典型表现形式为团购。同时,在这一阶段的社交商务并未对社会化媒体形成足够的重视,仅仅将其作为宣传品牌的重要工具,而非可以展开交易活动的平台。②第二阶段(2011年),一些运营社会化媒体的企业开始认识到社会化媒体对于社交商务的推动作用,纷纷在自己的平台中添加交易功能,基于用户间形成的协作关系实现信息共享,扩大交易规模。此时的社交商务又被称为"协作式商务"(Collaborative Shopping),重点强调社会化媒体中的用户联结,典型的表现形式为在线用户推荐。③第三阶段(2012年至今),随着移动终端的不断普及,移动互联网获得蓬勃发展,此时的社交商务开始探索线上与线下的有机融合,O2O模式获得了越来越多企业的认可与实践。这一阶段的显著特征在于越来越多的互联网巨头涉足社交商务,如京东与微信合作的京腾计划、淘宝与微博网红合作的微博电商等。

社交商务的概念到目前为止并没有统一的定义。从用户生成内容来看,社交商务是电子商务的一种延伸模式,它借助微信和微博等传播途径,建立了一个新的商务平台,通过用户参与、社交互动以及社会化推荐等方式来进行商品和服务的查询、销售以及售后行为[261]。社交商务平台帮助消费者方便地获取购买地点和购买对象的信息与体验。社交商务平台能够使消费者从被信任的个体那里获得建议,并找到需要的商品和服务然后实施购买。社交商务是指在社交媒体中使用Web2.0技术通过社交媒体环境开展电子商务。社交商务是电子商务的子集,本质上来说是社交媒体与商务活动的结合。它通过社交媒体去协助电子商务的交易活动,支持社会化交互行为和用户创造内容。Liang[21]认为社交商务利用社交媒体和用户生成内容促成用户购买商品和服务。它是在社交媒体环境下,通过社交互动辅助商品买卖的行为。社交商务是一种特殊的电子商务形式,是社交媒体和电子商务双重驱动的。Liu和Caverlee等[262]认为社交商务是电子商务的子集,包含了使用社交媒体辅助电子商务交易和行为,支持社交互动和用户参与。Bourdage和Dennison[263]使用了IBM的定义,认为社交商务是应用在电子商务上的口碑,使用Web2.0技术将零售商的商品活动和消费者的交互活动相结合,通过社会化媒体环境完成的电子商务活动。

从社交互动方面来看,Zhang和Wang[264]将社交商务定义为一种由社交媒体作为媒介的商务模式,结合了线上和线下两种商务环境。社交商务利用社交媒体通过社交互动和用户贡献内容的方法去支持商品和服务的线上线下交易行为,它代表了利用社交媒体将购物活动和社会网络活动融合而产生的潜在商业机会。

Haji[128]认为社交媒体的使用可能是商家通过保留现有客户和开发新客户来提高销售额的好策略。社交商务开发了新的渠道,增强了企业和客户之间的沟通,从而为改变业务实践提供了一种创新的途径。

从不同的学科领域来看,学者们也对社交商务给出了不同的定义(见表2-1)。市场营销领域认为社交商务是在线商务发展的一种趋势,商家利用Web2.0和社交网络作为营销工具来支持消费者的购买决策和过程。Bresnark[265]则认为社交商务并不是直接买卖,而是多方参与而形成的交易;在计算机技术领域,社交商务被认为是社交媒体驱动电子商务的一种新型商务模式,是通过社交媒体融合线上线下环境的模式,包括了社交网络和用户生成内容等,它帮助产品和信息的获取以及决策,是电商平台利用社会化特征来帮助人们参与销售、咨询、推广、购买和分享的平台[264];Lee等[225]将社交商务描述为商业环境中结合了Web2.0技术和交互平台的一种在线技术媒介的应用;社会学领域认为社交商务是电子商务公司对网络社区的利用,它关注社会影响对于消费者决策的作用;在心理学领域,社交商务被描述成社交购物的一种心理状态,人们受到社区其他同伴的信息影响;Marsden[266]认为社交商务是使用社会化媒体来促进社交互动和提高在线购物体验的社会化购物环境,其中人们在线购物时受到网络社区中其他人的信息影响;Stephen和Tobia[7]认为社交商务是一种以社交媒体为基础的允许人们在网络交易市场和网络社区中积极参与商品及服务的一种营销形式,使用社交媒体来促进购买,增加消费者的网络购物经验。基于此,本书所研究的社交商务是指将关注、分享和互动等社会化元素融入电子商务交易过程中的一种商业模式。社交商务不仅包括在社交网站中融入电子商务,还包括电子商务网站中所延伸的评论、关注和推荐等社交功能。

表2-1 社交商务的定义

年份	研究者	定义
2007	Kim 和 Srivastava[267]	社交商务是指电子商务公司利用网络社区,通过社会影响力塑造消费者之间的互动
2008	Wigand 等[8]	社交商务是通过社交媒体的应用来促进商业行为,并将商品和服务的市场转变为用户驱动的市场
2009	Dennison[263]	社交商务可以被定义为电子商务的口碑应用,它是零售商与购物者的联姻,通过购买者的内容互动促进商业行为
2010	Marsden[266]	社交商务是一种基于社交网络平台的新兴电子商务范畴
2012	Liang 和 Turban[1]	社交商务通常是指通过社交商务环境传递电子商务活动和交易,社交商务涉及使用社交媒体技术来支持在线互动和用户贡献,以帮助获取产品和服务

续表

年份	研究者	定义
2012	Wang 和 Zhang[268]	社交商务是以社交媒体为媒介的一种商业形式,涉及线上和线下环境之间的融合
2013	L Zhou[269]	社交商务不仅是电子商务和社交网络技术之间的简单融合,而且是与商业活动的整合,以及促进社交互动和信任的机制
2013	Yadav[270]	社交商务是指在计算机中介的社会环境中发生或受个人社交网络影响的"交换相关活动",该活动对应于需求识别、预购、购买和购后阶段
2014	Chen 等[271]	社交商务是指利用社交媒体来支持社交互动,促进用户对在线交易的贡献和商业活动
2014	Noor 等[272]	社交商务是一种由社交媒体驱动的电子商务的新商业模式,它促进各种产品和服务的购买和销售
2015	Esmaeili 等[273]	社交商务作为一种基于互联网的商业应用,它利用 Web2.0 技术和社交媒体,支持用户创建的内容和社交互动
2016	Baghdadi[274]	社交商务是以合作和参与的方式进行商务活动的新模式,它包括价值链中所有参与者之间的相互作用
2016	Hassan 等[275]	社交商务是使用社交媒体技术或平台进行在线销售/购买活动

2. 社交商务特征与分类

社交商务模式集合了共享、沟通与社交的多种属性,并给予这些属性进行商品或服务的传播、分享和推荐促使形成商务活动,因此社交商务将关注点转向以社交为中心。针对这一新兴的商务模式,许多学者分析了其特征和要素,Liang 和 Turban[21]给出了社交商务的三大要素:社会化媒体、社区交互、商业行为。Bankinter[265]提出了社交商务基于社会化技术的 6C 特征:内容、社区、商务、情境、关系以及对话。传统的电子商务与社交商务相比,只包含商务特征。社交商务以社会目标为首要目标,通过交互建立社会关系和信息分享,进而实现商业目标;顾客参与是指社交商务平台增加了更多的社会化元素,消费者不仅与商家进行对话,还以群体的形式交互形成消费者网络。针对以上特征,已有研究将社交商务平台分为两类:①"社交+商务"的平台。此类平台是在各种社交网站或社区上加入电子商务功能,开展电子商务业务,主要是凭借社交媒体的社交优势促进电子商务交易,微博和微信就属于这一类型的社交商务平台。②"电商+社交"的平台。此类平台是在电子商务网站的基础上构建社区,整合电商平台中的社会要素,通过增加社交功能实现用户之间的交互,主要目的是通过网络社区的影响来提升用户体验和黏性,促进交易的实现。如淘宝和亚马逊属于这一类型,淘宝网中通过淘江湖社区提升用户体验,还与微博合作进一步促进商品交易。亚马逊也尝试与 Facebook 合作从而实践了一种社会化的商业形式。

社交商务中,消费者之间的关系对于信息的扩散、分享、交流以及购买决策都产生了重要的影响。社会交换理论认为社会交换涉及一系列产生义务的互动,这些互动相互依存,并且取决于其他人的行动。因此要保持这种交换过程不断地进行下去,那么就要求每个人都履行相应的义务,从而使互惠互利的过程不断进行。另外,社会交换理论也强调了在特定的环境下,这些社会交换的过程可能会产生不同的社交程度和关系质量。Stanko 等[22]基于商家和消费者的关系强度,分析了关系时长、互惠服务、相互信任、亲密程度、关系质量(承诺)等因素直接和间接的对传统购买行为的积极影响。Liang 等[1]分析了社会支持、关系质量、网站质量对社交商务购买意图的积极影响,并从关系质量的满意、信任、承诺方面进行深入分析。Granovetter[19]提出的强弱关系理论认为,用户间关系强度体现在用户间的亲密程度和接触频率,由于不同的关系对组织和个人产生不同的影响,因而将其分为强关系和弱关系。本研究从社交程度和关系程度两个维度上,由高到低将坐标系分为四个象限,从图 2-1 中可以看出,第一、第二象限为主要的社交网络,社交程度较高,其中第一象限中微博和 Twitter 等属于弱关系强度,用户间交流较第二象限少。第二象限中的微信与 QQ 群属于强关系社交(熟人或亲友),用户间交流较多;豆瓣和 Facebook 是基于兴趣社交平台(用户多为与自己兴趣爱好相投的朋友),因此用户间关系强度也较高。第三象限为传统的电商平台,如淘宝、京东和 Amazon。第四象限为新生的社交商务平台,这些平台创立于 2012 年之后,创立之初就定位为社交商务模式,如蘑菇街、美丽说和堆糖。在这些平台各自发展的同时也在寻求相互合作共创价值。图 2-1 中,深色虚线表示目前有合作关系的平台,浅色虚线表示曾经有过合作,但现在已经没有合作关系的平台,从平台间合作演化格局可以看出社交商务的发展趋势,传统电商不断地寻求与多种社交商务平台的合作来促进社交商务的发展,例如淘宝,从最初与蘑菇街和美丽说的合作,到现在与微博网红的合作,以及创立自己的移动社交平台"微淘",Amazon 与 Twitter 的合作,京东与腾讯的战略合作,以及京东与蘑菇街和美丽说联手,借助微信生态做社交商务。这些演变过程都说明了如何通过消费者之间的社交互动有效地促进平台的商务价值也是平台商家不断探索的过程。

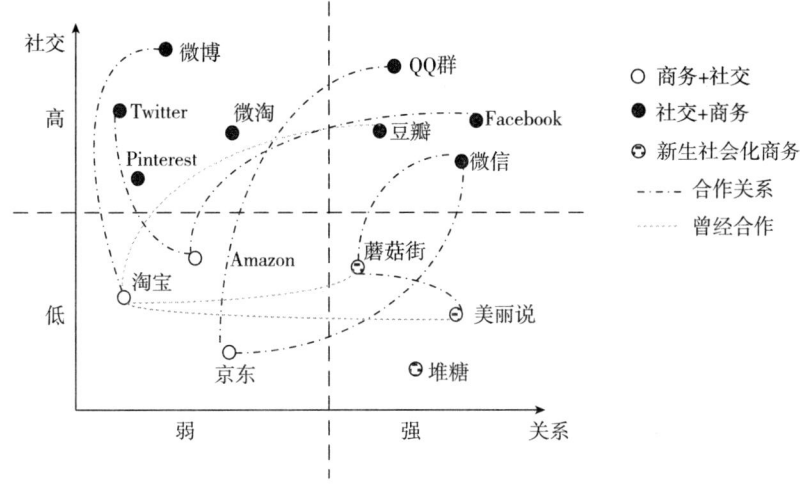

图 2-1 社交商务分类及演化

二、基础理论的选取

(一) 消费者行为理论

对于商家或企业而言，其产品和服务都要与顾客进行交换，然而并非所有的顾客都是消费者。顾客的类型包括了工业用户和消费者。Nicosia[276]定义消费是以非转售为目的的购买行为，当顾客购买产品或服务是为了满足消费需要而自用时，则购买者就成为消费者；而工业用户购买商品是为了再制造、再生产和再销售。从消费者行为来看，可以将消费者行为理解为一门包含社会学、心理学、经济学及市场营销学等领域的多学科内容的综合性学科；也可以将消费者行为理解为消费者活动。目前对消费者行为的概念并没有统一的定义，比较有代表性的定义包括：Engel 等[277]对消费者行为的定义是"消费者在取得、消费及处置时所涉及的各项活动，并包括这些行动事前与事后所发生的决策在内，显示消费者行为是一连串的活动"；Schiffman 和 Kanuk[278]在他们合著的《消费者行为学》中对消费者行为的定义为"消费者在寻找、购买、使用、评定和处理希望满足其需要的产品、服务和思想时所表现出来的行为"；Wilker 定义消费者行为是"为了满足其需求和欲望而对产品或服务的选择、采购、使用与处置，并由此所发生的各种内心的和实际的采购活动"。总体而言，消费者行为包括了与购买商品有关的心理和实际活动。心理活动包括了评估不同的品牌属性、对信息进行推论以及形成相应的产品态度等。实际活动包括了购买前的信息获取，购买中的交流以及购买后的评价、推荐等行为。由于消费者行为学在信息系统领域和营销领域占有举足轻重的地位，因此许多学者对其进行了大量的研究，并提出了许多模型和理论，其中比较具有代表性的理论模型有：恩格尔—科拉特—布莱克威尔模式（EKB 模式）与霍华德—谢思模式（HS 模式）。

1. 恩格尔—科拉特—布莱克威尔模式（EKB 模式）

EKB 模式由恩格尔、科拉特和布莱克威尔三位学者于 1969 年提出。该模式主要分为四个部分：信息输入、信息处理、决策过程、影响因素（见图 2-2）。该模式是目前消费者行为模式中比较完善和全面的一个研究框架。EKB 模式认为消费者的决策过程是一个解决相关购买问题的过程，因此包括需求认知、信息搜寻、方案评估、购买决策以及购后反应五个阶段。

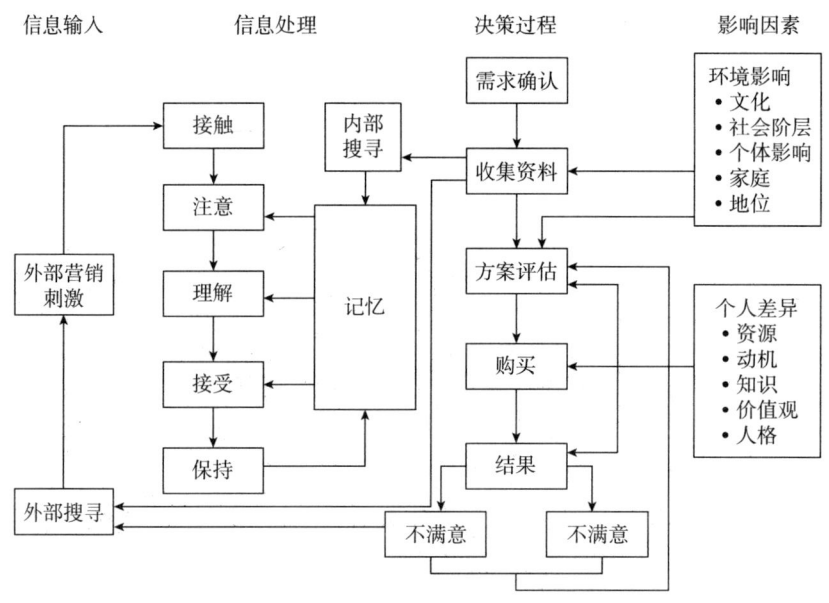

图 2-2 EKB 消费行为模式

资料来源[279]：Engels, James, et al. Consumer behavior, 2001.

第一阶段：需求认知。

如果不是因为需求或欲望，没有人会购买一个产品。任何购买决策的出发点都是消费者的需求问题，当消费者感知到其所需要的理想情况与现实状况存在差距时，便会产生需求的认知。只有当他们相信一件产品能够满足自己的需求或解决问题时，才会做出购买决策。因此消费者购买产品的第一阶段就是需求认知。引发需求认知的主要来源为外在刺激以及个人的经验与内在动机。

第二阶段：信息搜寻。

一旦消费者的需求确认，他们便会进行信息搜寻，进而解决问题，最终满足其潜在的需求。商品或服务信息来源有两种：一种是来自内部信息的获取，主要来源于消费者记忆存储的信息；另一种是来自外部信息的获取，主要是消费者从现实世界中取得的各种信息。消费者通过外部搜索资料后，就开始了这些信息的处理过程。首先商品信息与服务展现在消费者面前，之后这些信息会激发消费意识，从而进入消费决策过程的起始阶段。在信息的展示阶段，这些与商品有关的信息与内容会引起人们的注意。这些信息经过选择性加工后，要么接受该商品，要么放弃购买。最后这些信息会存储在记忆中以便满足以后的购买需求。

第三阶段：方案评估。

消费者收集相关信息后，便会根据这些情况评估各种更可能的方案，在这个阶段各种各样的产品或服务的比较、对比和挑选中，消费者利用新的或已经存在于记忆中的评估来选择产品和服务。不同消费者可能会有不同的评价标准。这一阶段包括以下三个部分：一是选定评估准则，消费者用以评估的因素或标准，通常以产品的属性和规格表示，而评估准则的选定又受到内在动机、生活形态和个性等因素的影响；二是消费者的信念，消费者根据评估标准对各可行方案或品牌进行评价；三是形成态度，消费者综合各方案各品牌在各项评估准则上的评价，而产生对各方案或品牌的态度。

第四阶段：购买决策。

消费者的购买过程一般包括三个方面：首先确定什么时候购买，即购买的时机；其次确定在何处购买，即购买的地点；最后确定如何付款，即付款方式。购买程序会受到消费者的购买意愿、购买情景、消费者个人特性的影响。一般来说，购买行为可以依据消费者的购买意愿被分为两种：计划购买和非计划购买（冲动购买）。

第五阶段：购后反应。

消费者在实际消费后，通常会产生满意与不满意（购后失调）两种结果。当消费者发现最终的选择与购买初期的信念一致时，即感到满意，并将这一购买成功经验存入个人记忆中，进而影响以后的购买决策，提高重复购买的概率。反之，当消费者发现最终的选择与购买初期的信念不一致时，消费者便会感到不满意，进而产生购后失调。

2. 霍华德—谢思模式（HS模式）

行为心理学的创始人约翰·沃森（John B. Watson）建立了"刺激—反应"

原理，指出人类的复杂行为可以被分解为刺激和反应两个部分，人们的行为完全是以刺激与反应来进行解释，是大脑对刺激物的反应。基于这一理论，霍华德（Howard）和谢思（Sheth）于 1969 年提出了消费者的刺激—反应模式，如图 2 – 3 所示。他们认为外部刺激会进入购买者的意识，然后根据购买者的特性与决策过程而产生某一购买决策。外部刺激包括一般的营销刺激，如产品、价格、广告等，这些是商家可以控制的，除营销刺激外，购买者还受到如在线评论和观察学习等基于其他消费者的刺激。所有这些刺激被消费者接收到以后，经过一系列心理活动，就会产生购买商品或拒绝购买的反应。尽管影响消费者购买行为的因素多且复杂，但都可以从消费者的心理刺激反应过程来分析消费者行为。霍华德—谢思模式（HS 模式）与恩格尔—科拉特—布莱克威尔模式（EKB 模式）的主要差异在于强调的重点不同。恩格尔—科拉特—布莱克威尔模式是将人们的消费行为看作信息处理过程，该模式强调了消费者购买态度的形成与产生购买意愿之间的过程，认为购买前信息的收集和评估是至关重要的；而霍华德—谢思模式是基于人类的认知心理学提出的，该模式更加聚焦于购买过程的早期情况：消费者感知、观察学习及购买态度。

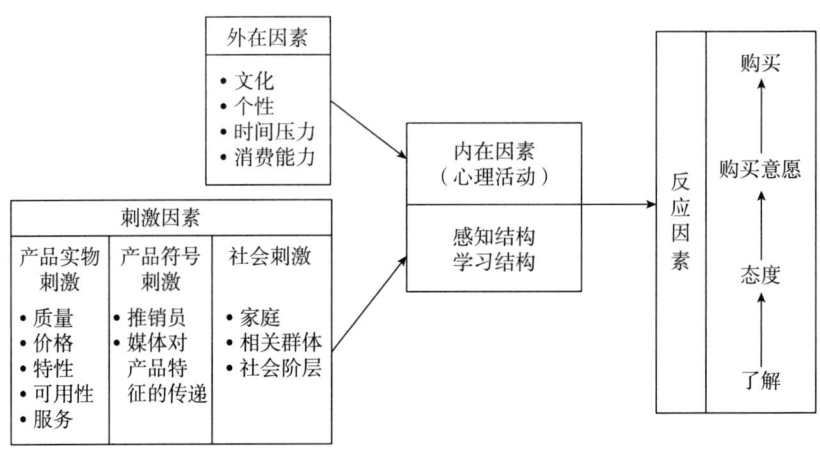

图 2 – 3　Howard – Sheth 模式

资料来源[280]：Howard J., and J. N. Sheth. The theory of buyer behavior, 1969.

3. 消费者行为的 AIDMA 法则

AIDMA 法则是关注（Attention）、兴趣（Interest）、欲望（Desire）、记忆（Memory）和购买行动（Action）这五个英文单词的首字母缩写，指出了消费者在购物过程中经历的心理过程。该理论表示消费者购买心理的全过程。1898 年由美国学者 E.S. 刘易斯最先提出。在页面设计和广告设计中首先引起人们的注意,其次对商品产生兴趣,再次产生了购买愿望,最后促使消费者形成购买行动。随着 Web2.0 技术的发展,传播环境的变化又催生了基于网络购买消费者行为的 AISAS 法则,关注(Attention)、兴趣(Interest)、搜索(Search)、购买行动(Action)和分享(Share)(见图 2-4)。在全新的 AISAS 法则中,两个具备网络特质的"S"——Search(搜索)和 Share(分享)的出现,指出了互联网时代下信息搜索和信息分享的重要性,而不是简单地向用户进行理念灌输,充分体现了移动互联时代对于人类生活方式的改变和消费行为的影响。

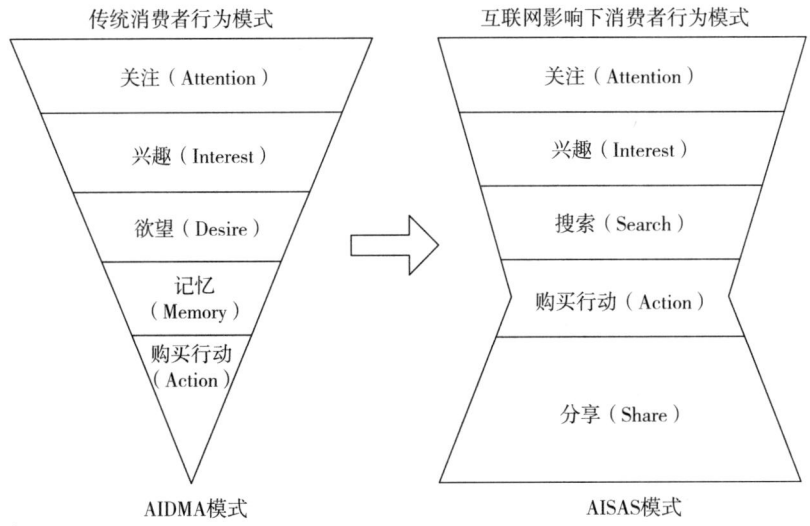

图 2-4 AIDMA 模式与 AISAS 模式

资料来源:Dentsu. The change of comsumer action model:From AIDMA to AISAS. http://www.dentsu.com.tw/2008.

通过对传统消费者行为模式与互联网影响下消费者行为模式的比较可以发现,传统的 AIDMA 法则中主要关注消费者心理的 A~M 四个阶段,在互联网影响下的 AISAS 法则中只有关注(A)和兴趣(I)两个阶段聚焦心理变化,而在搜索(S)、购买行动(A)和分享(S)的阶段都是关注社交平台上的行动(见图 2-5),由此亦可以看出社交商务平台正在成为商家营销活动的主战场,平台上的搜索行为、购买行为和分享行为对商品信息的销售和扩散起到了不可估量的作用。

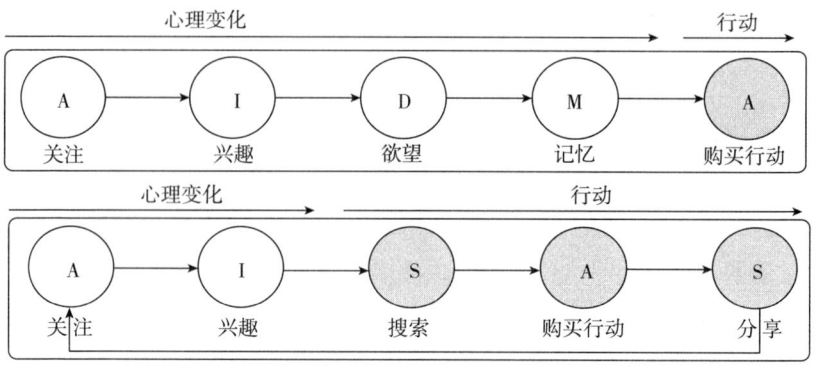

图2-5 消费者行为模式的变化

(二) 理性选择理论

自西方文明发源以来,"理性"一词就成为社会科学和人文学科的主题,成为贯穿西方文明历程的核心概念。从柏拉图、亚里士多德到勒内·笛卡儿的理性典范,从启蒙运动对理性的高扬到后现代对理性的批判和重建,无论是古典时期的智者,还是当今学者,对"理性"存在诸多争议,或褒或贬,或拒斥或认同,理性概念的核心地位都不曾动摇。它作为西方社会发展的特质,成为众多理论关注的焦点,成为多种理论样式的思想立场和思想源泉。韦伯的理性化思想、霍曼斯的社会交换理论、哈贝马斯的沟通理性等,理性成为众多社会学理论流派的核心概念。科尔曼的理性选择理论正是结合了西方文明的理性特质和西方社会的现实生活而生成的。它是当今社会科学具有广泛影响力和较强解释力的思想工具,成为具有很大发展潜力和思想空间的研究方向。

科尔曼(Coleman)认为微观层面上的个人行动是一种理性行为。他在研究中指出了理性含义包含的两个方面:一是个体在行动前是具有明确目的的;二是个体行动是要获取最大限度的利益。科尔曼的理性选择理论通过运用个体主义的方法提供了将宏观与微观联结起来的新理论框架。在这一框架中,任何以个人行动理论为基础解释系统行为的社会学理论都由三部分组成:①宏观到微观的转变——群体行动的结果将直接或间接影响着个体的行动;②微观层面的行动,该行动理论是微观个体有目的的行动;③微观到宏观的转变——探讨个体层面上的行动对宏观群体性行为倾向性的驱动。这一理论通过经验层次的分析,通过对社会行动的概念化使得微观行动与宏观结构的逻辑关系能够得到检验,使宏观现象能够在基础层次上得到解释。科尔曼的微观—宏观图可以用来描述定量研究与基于主体的模型研究是如何互为补充的(见图2-6)。

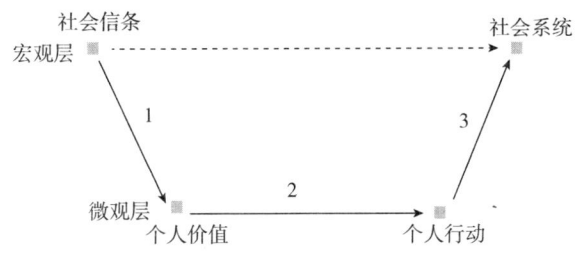

图 2-6 科尔曼微观—宏观图

资料来源[39]：Social Theory, Social Research, and a Theory of Action, 1986.

（三）社会影响理论

社会影响是指个体在他人或参照群体的影响下，能够引起个体发生态度、信念和行为方面变化的影响力[281]。"社会影响"的概念最早出现在 20 世纪 50 年代，社会心理学领域的学者从不同的角度阐述了社会影响的分类、过程以及程度等相关问题[228,282-284]。这些早期的研究中，广为流传并应用于信息技术领域的理论是由 Kelman 提出的社会影响理论，其着重探讨了外在影响源对个体施加影响导致个体态度改变的三个机制。本研究也从 Kelman 的研究视角出发，阐述社交商务环境下在线社交互动对消费者行为的影响，为后续分析消费者社交互动行为的影响提供理论基础。

1. 消费者社交互动社会影响的过程分析

Kelman 视角的社会影响理论将态度改变过程分为：顺从（Compliance）、认同（Identification）和内化（Internalization）。顺从过程是指个体在社会影响的作用下，为了从他人或者群体那里获得正面反馈或避免惩罚，而接受某种行为；认同过程是指个体在社会影响的作用下，为了建立或维护与他人的关系来定义自身角色，进而接受某种行为；内化过程是指个体在社会影响的作用下，认为某种行为与自身价值体系相符，进而接受这种行为。在 Kelman 之后，Venkatesh 和 Davis[285]对 SIT 做了修订，他们认为：顺从产生于控制性社会影响因素，而认同和内化产生于自愿性社会影响因素，修订后的 SIT 更清晰地解释了个体态度和意愿转变的机理，如图 2-7 所示。

图 2-7 Kelman 的社会影响理论框架

社会影响因素的重要性基础是指在个体所处环境中哪些因素是重要的，并与个体目标达成最为相关。当个体关注诱导行为的社会效果时，社会影响倾向于顺从路径产生；当个体关注诱导行为的角色定位时，社会影响倾向于从认同路径产生；当个体关注诱导行为的价值观一致性时，社会影响倾向于从内化路径产生。影响源的影响力来源是指施加影响的其他人或参照群体的权利来源。当影响源的影响力是基于强制手段控制时，社会影响倾向于通过顺从路径产生；当影响源的影响力是基于可信度时，如某个领域的专家，社会影响倾向于通过认同路径产生；当影响源的影响力是基于自身吸引力时，如拥有让个体愿意与其保持良好关系的品质，社会影响力倾向于通过内化路径产生。当个人的备选行为有限，而诱导行为相较其他选择更优时，社会影响倾向于通过顺从路径产生。当诱导行为更有助于关系建立或维系时，社会影响倾向于通过认同路径产生。当诱导行为与个体的价值体系相符合时，社会影响倾向于通过内化路径产生（见表2-2）。

表2-2 社会影响过程的差异

	社会诱导的重要性	影响源的影响力来源	选择诱导行为的优势	诱导行为发生的情境	诱导行为与个体价值体系的关系
顺从机制	社会或组织效果	手段控制	有限的备选行为	个体受到监控	诱导行为存在于个体价值体系外部
认同机制	角色定位	可信度	角色界定需要	个体与影响源个人或群体关系亲密	诱导行为与个体原有价值体系独立，期望诱导行为满足自身角色定义
内化机制	价值观一致性	吸引力	最大化自身价值	诱导行为与个体价值观相符	诱导行为与个体原有价值体系相融合，并嵌入到自身价值体系中

2. 社会影响的分类

在社交商务环境下，社会影响可以分为信息性社会影响（Information Social Influnce）和规范性社会影响（Normative Social Influnce）[283]。信息性社会影响是指消费者通过社交商务平台中的朋友获得关于某个产品或服务的观点，这些观点有助于他们做出购买决策。在线购物很方便，然而由于其虚拟环境限制了消费者对商品的观察和了解。在实体商店，消费者可以通过综合的信息，如商品的外观、气味、触感和口味对该商品进行评估。而在线销售渠道无法提供这么多丰富的产品信息。商家出于商业目的，他们提供的信息对于消费者来说又缺乏了可信度，因此消费者更多地寻求其他消费者提供的信息如在线评论等。众多研究结论也指出，与传统的广告相比较，消费者更加信任电子商务平台上其他人的口碑。社交商务平台中商品信息的来源有三个渠道：一是商家或产品生产商提供的产品描述信息；二是被消费者创造的 UGC 内容；三是消费者行动所产生的统计数据，如累计销售量、销售排行榜等。与传统的电商相比较，社交商务更加强调后两种信息。

规范性社会影响是为了获得他人的喜爱和接纳而从众，他人的影响就成为规范性社会影响[283]。这一概念与理性行为理论和计划行为理论中的"主观规范"很相似。它指的是一个人对某一个重要主体或群体的特定行为的认可。在技术接受和使用的统一理论中（UTAUT），"主观规范"转换为了"规范性社会影响"，当一个消费者受到规范性社会影响时，他会很在乎他人的观点、偏好或期望，并与这些期望保持一致。在社会媒体环境中，规范性社会的影响是广泛和强大的，因为嵌入其中的主体面临一个巨大的社会圈。社交商务使用者通过网络将彼此连接起来，他们通过社交互动影响他人的行为和决策。在规范性社会影响下，购买者的评价和推荐会显著增加其他人的购买意愿和动机。综上，社会影响理论清晰地描绘了"影响因素—个体态度和规范—个体行为意愿"的路径，因此适合本书的研究主题。

（四）社会影响的动态过程与扩散动力学

Kelman 在 1974 年提出了个体受到外在社会性诱导而产生行为改变的社会影响动态过程[286]。这一过程同样适用于社交商务用户受到社会影响而做出购买决策行为的情况。据上一章节，社交互动的内容特征是消费者之间信息传播的纽带，也是其他用户或者用户群体对某个具体个体产生社会影响的具体途径和表现形式。因此，本研究认为社交商务用户的社交互动的影响过程可以看作是内容特征的传播过程，类似病毒的传染过程，用户的使用或购买行为极大地受到其所处社会网络中朋友的影响，因此社会化商品环境下消费者社交互动影响他人的购买决策，使他人做出购买商品或转发商品信息的行为可以被认为是一种病毒传染的过程。目前，已经有大量社交媒体领域的文献将用户生成内容（UGC）视作病毒，寻找传播网络中最具影响力用户[287]、研究其传播机制[288]以及优化播种策略[289]等，这些研究的潜在前提是消费者行为很大程度受到其所处社交网络中朋友的社会影响。社会网络结构和消费者个体在社会网络中所处的位置会影响新产品扩散的过程。为了从宏观视角探究消费者社交互动动态影响的过程，本书将借鉴扩散动力学模型作为技术手段进行建模，探讨社会商务环境下消费者受到社会影响采纳新产品的一般规律，采用传染病动力学模型仿真实现了从微观个体决策到宏观系统演进的涌现。

SIR 模型是传染扩散模型中最经典的模型[290]。该模型由 Kermack 与 McKendrick 在 1927 年提出,模型中把传染病流行范围内的人群分成三类:S 表示易感者(Susceptible),指未得病者,但缺乏免疫能力,与感病者接触后容易受到感染;I 表示感病者(Infective),指染上传染病的人,它可以传播给 S 类成员;R 表示移出者(Removal),指被隔离的人或因病愈而具有免疫力的人。SIR 模型常应用于信息传播领域的研究,SIR 模型在发展过程中出现了很多变化,如类似于 SI 模型的级联模型、考虑重复感染的 SIS 模型以及异构网络中的 SIRS 模型。本研究将传染病模型迁移到社交商务环境下社交互动的动态影响(新产品信息传播扩散过程)。相关概念对应如表 2-3 所示。

表 2-3 SIR 模型与社交互动的动态影响的对应概念

SIR 模型	新领域中的含义	受社会影响的商品扩散
病毒	社交商务平台上被传播的新商品或服务	新的商品或服务
病毒携带者	具有新商品或服务的商家	信息源
易感者	潜在的采纳新商品或服务的消费者	潜在采纳者
感染者	接受或购买新商品或服务的消费者	购买商品者
移出者	拒绝接受新商品或服务	免疫者
传染率	接受新商品或服务在潜在购买者中的比例	采纳新商品的比例

传染病 SIR 模型假设在单位时间内染病个体(记作 I)以平均概率 β 和随机选取的所有状态的个体进行接触,其中易感个体(记作 S)会转化为染病个体,染病个体以平均概率 γ 恢复并获得免疫能力,免疫后记作 R。假设在 t 时刻系统中处于易感状态、感染状态和移除状态的个体比重分别为 $S(t)$、$I(t)$ 和 $\gamma(t)$。当易感个体和感染个体充分混合时,感染个体的增长率为 $\beta i(t)s(t) - \gamma i(t)$,易感个体的下降率为 $\beta i(t)s(t)$,恢复个体的增长率为 $\gamma i(t)$,则 SIR 模型的动力学行为可以描述为式(2-1):

$$\begin{cases} \dfrac{\mathrm{d}s(t)}{\mathrm{d}t} = -\beta i(t)s(t) \\ \dfrac{\mathrm{d}i(t)}{\mathrm{d}t} = \beta i(t)s(t) - \gamma i(t) \\ \dfrac{\mathrm{d}\gamma(t)}{\mathrm{d}t} = \gamma i(t) \end{cases} \quad (2-1)$$

三、商品类型与消费者行为

商品类型是指依据某一类商品的相同属性归纳成的属性集合。目前营销领域的研究普遍提出了商品类型对消费者行为的影响作用,如消费者信息搜索行为研究[291]、对产品不确定性感知的研究[292]和评论的感知有用性研究[293]等。搜索型商品与体验型商品是营销领域重要的分类形式,Nelson[294]按照购买前能否判断产品的价值将商品分为搜索型商品(Search Products)和体验型商品(Experience Products)。搜索型商品即商品属性在购买前就能够获得。而体验型商品是指商品属性在购买前不能直接获得,要通过购买后的使用体验获得[295],消费者更需要他们购买的经验来评估产品质量,因此当要了解消费者搜索行为、分享行为和购买行为时,许多学者都会考虑商品类型的影响因素。表2-4列举了商品类型影响基于内容的社交互动的主要研究及研究中选取的典型商品。

表2-4 相关文献及典型商品列举

年份	研究者	研究内容及典型商品的选取
1970	Nelson[294]	提出了搜索型和体验型的产品分类
2004	Bei L T 等[291]	研究发现体验型商品和搜索型商品的信息搜索行为不同 搜索型商品:手机 体验型商品:衣服
2014	Huang Q 等[296]	探讨不同商品在线评论认知的差异 搜索型商品:手机和笔记本电脑 体验型商品:衣服和鞋
2016	王智生等[297]	商品页面上观察学习信息有用性的研究 搜索型商品:手机和数码相机 体验型商品:化妆品
2016	何有世等[298]	搜索型商品评论有用性影响因素分析 搜索型商品:手机、数码相机、笔记本电脑和U盘
2016	Luan J 等[299]	探讨商品类型对态度型评论和经验型评论的影响作用 搜索型商品:手机和笔记本电脑 体验型商品:衣服和鞋

综上所述,本研究在研究内容二和研究内容三中将商品类型分为搜索型和体验型,展开商品类调节作用的研究,使研究内容更加丰富,研究结论更具说服力。

四、理论研究框架

消费者通过发布自己的观点和态度与他人进行交互，同时每个消费者的购买或传播行为又影响了其他人。社交互动产生了用户生成内容，因此它首先具有内容特征，其次用户在不同的社交商务平台中的交互行为还具有关系特征和网络特征，关系特征映射到社交商务平台上表现为弱关系的交互和强关系的交互；网络特征是从社会层面来看，群体的社交互动形成了不同的用户网络，网络特征影响了嵌入网络的个体采纳行为。当消费者在网购过程中受到社交互动的外部刺激时，通过感知要素、认知要素和行动要素等一系列机体过程，分别从微观层面和宏观层面探索了社交互动对消费者购买行为的影响机制。基于以上分析，本书基于社会影响理论、消费者行为理论和扩散动力学理论构建研究框架和研究设计，来进行社交商务环境下在线社交互动对消费者行为的影响研究，解决的关键问题分别从强关系社交互动对消费者购买行为的影响、弱关系在线评论内容对消费者认知行为的影响、弱关系观察学习对消费者购买行为的影响和强弱关系社交互动对消费者购买行为的动态影响四个方面展开研究。通过问卷调查、实证研究以及建模仿真等多种研究方法进行研究。

（一）强关系社交商务平台下消费者社交互动对购买行为的影响机理

基于上一节的分析，在 Kelman 之后，Venkatesh 和 Davis 对 SIT 做了修订[17]。他们认为：顺从产生于控制性社会影响因素，而认同和内化产生于自愿性社会影响因素，修订后的 SIT 更清晰地解释了个体态度和意愿转变的机理。社交商务平台上的强关系社交互动属于自愿性影响因素控制，更多的是表达自己的观点，获得他人的认同，或是寻找"知音"，因此根据修订的 SIT 理论，强关系社交商务平台中的社会影响更符合三种转变个体态度机制中的"认同和内化机制"，研究内容一的理论框架如图 2-8 所示。

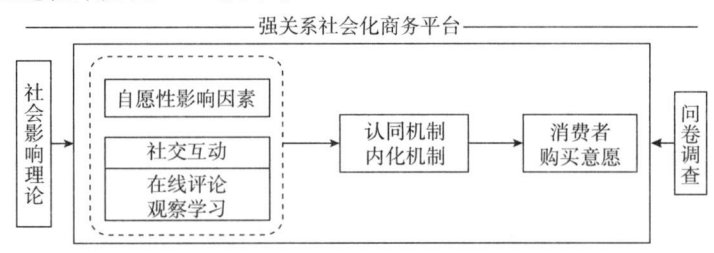

图 2-8　研究内容一的设计框架

（二）弱关系社交商务平台下在线评论内容对消费者评论认知的影响机理

消费者行为理论认为在消费者购买过程中认知是个体对外界信息的输入进行加工处理的过程。它包括感觉、知觉、记忆、思维、想象和语言等，而人们获得知识的过程开始于个体的感觉与知觉。感觉是个体对事物个别特性和属性的认识。知觉的过程是由暴露、关注和解释三个阶段构成的。关注是人的心理活动对外界一定事物的指向与集中。这种心理现象是普遍存在的。当我们的感觉神经被外界刺激物激活，由此引发的个体感受被传送到大脑做相应的处理时，关注就产生了，电视广告是一种刺激，社交平台上不同的社会交互形式也是一种刺激。由于商家通过网络提供给消费者的信息量是无限的，但人们加工信息的时间和精力是有限的，因此人们的注意力是有选择性的，了解这种选择性注意对社交商务的实践以及商家与消费者的沟通具有重要意义。研究二从认知神经科学的视角出发，结合社交实践，将弱关系（陌生人）社交商务平台上的在线评论内容分为纯文字评论和含有图片评论，研究消费者对两种评论形式的认知差异，研究方法采用眼动实验设备和问卷调查相结合的方法进行，具体研究框架如图 2-9 所示。

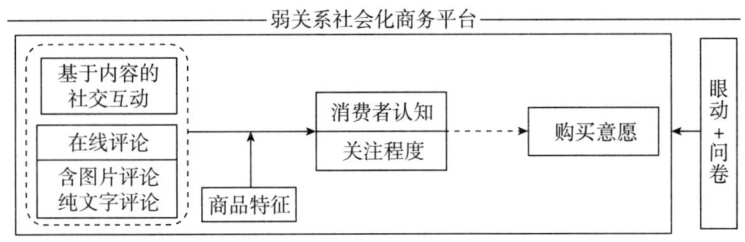

图 2-9 研究内容二的设计框架

（三）弱关系社交商务平台下观察学习对消费者购买行为的影响机理

信息超载、时间压力以及完成多项任务的要求是我们日常生活的真实画面。太多的信息向我们袭来时，不得不在短时间内快速做出判断，这时他人的购买行为就会成为我们做出判断的依据。网络购物的空前繁荣使得各种观察学习信息在消费者购买决策中扮演着日益重要的角色。因此研究三将从实证研究的视角出发，结合商务实践，将观察学习分为历史销量 OL、收藏人数 OL 和商家服务质量 OL，研究弱关系社交商务平台上商品页面信息上的这三类观察学习信息对产品销量的影响，并探讨商品类型和市场年龄对这一关系的调节作用，爬取网页观察学习数据进行实证分析，具体研究框架如图 2-10 所示。

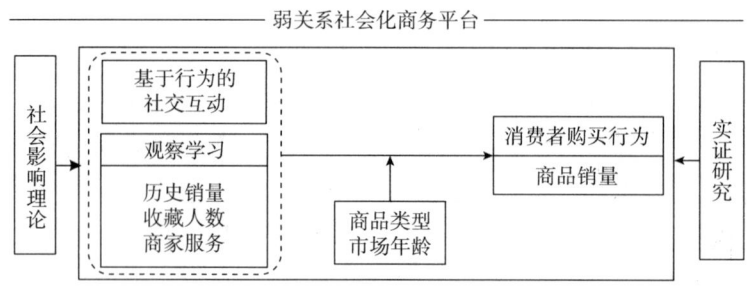

图 2-10 研究内容三的设计框架

（四）弹幕互动对用户选择行为的影响研究

用户浏览在线视频网页时将会面对众多的视频资源，除了一些推荐和筛选技术之外，与视频相关的热度指标如弹幕数量、收藏数量等，这些指标并非视频本身的内容价值，但代表了历史用户的互动参与水平，也会在一定程度上影响消费者选择行为。以往有大量的文献是关于在线视频热度预测的研究，其中历史浏览量和用户评论是研究次数最多的两个预测因子。因此，我们认为在线媒体的用户行为模式也会受到所包含弹幕数量的影响。本章节将基于在线视频网站的实证数据探讨弹幕互动对用户行为模式的影响，其中包括弹幕热度信息对用户选择行为的影响和基于弹幕内容的用户情感分析两个部分。具体研究框架如图 2-11 所示。

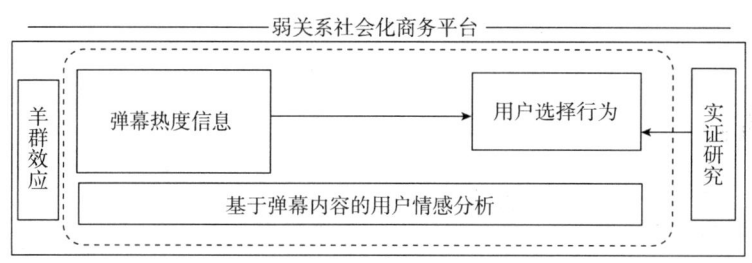

图 2-11 研究内容四的设计框架

（五）社交互动对消费者行为的动态影响机理分析

由于信息在社交媒体中的传播与传染病在人群中的传播相似，用户发布的消息会被其好友或关注的人看到，并以一定的概率扩散、传播下去，同时，若其好友对其不感兴趣，则不会传播信息或购买商品，因此这一社会影响的动态过程与传染病传播模型类似。Mani 等研究了口碑传播的动态过程，并提出了口碑影响力的研究框架，他们认为社交网络是口碑传播的重要信息来源和传播渠道。在社交网络中信息传播研究多采用传染病模型中经典的 SIR 模型。产品扩散的实质是某个新产品的信息通过某些渠道在人群中传播并希望更多的人知道并购买。消费者通过社交互动对商品的品牌价值和性能进行了解，去关注、评论和分享产品与服务，不断产生信息社交互动。消费者在这些互动中找到自己满意的产品，给其他用户购买建议。研究四将此研究框架运用到消费者之间的社交互动影响力的研究中，旨在分析强弱关系不同的社交商务环境下社交互动对消费者购买的动态影响，即产品信息传播扩散的演化过程，这一过程中消费者的购买决策具有外部性的特性。具体研究框架如图 2-12 所示。

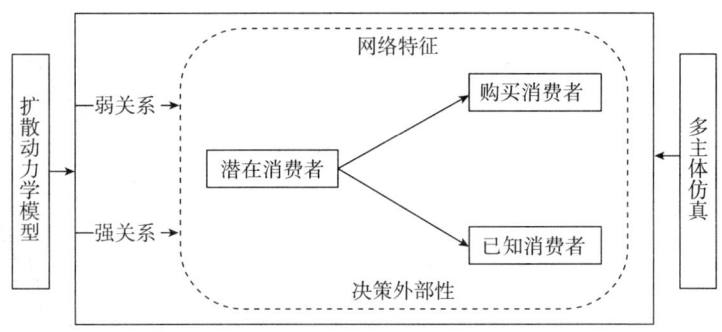

图 2-12 研究内容五的设计框架

五、本章小结

在社交商务环境下，消费者在线社交互动更加便利和频繁，社交商务平台已经成为商家推广商品信息的重要渠道，这引起了商家、社交商务平台以及学者们的高度重视。本章在第一章国内外研究现状的基础之上，总结了社交商务的概念及特征，分析了商品类型对购买行为的影响，梳理了包括消费者行为理论、理性选择理论、社会影响理论以及扩散动力学理论在内的相关理论，并基于这些理论构建了在线社交互动影响消费者购买行为的具体研究框架，为后续章节的研究奠定了理论基础。

第三章 朋友圈社交互动对消费者购买行为的影响

一、研究目的

由于社交媒体能够聚集庞大而活跃的用户群，因此在社交媒体中加入商务元素可以为发展电子商务提供庞大的客户源。例如，美国的 Facebook 允许电商网站通过广告插件将商品信息发布到 Facebook 平台上，通过 Facebook 平台建立的人际关系来推动商品销售，将用户的兴趣转化为购买行为。我国的社交商务化平台如微信、QQ 群、豆瓣网等也发展得如火如荼，这些平台上通常是熟人朋友或兴趣相同朋友的社交互动和交流。强关系的社交互动在实现商务活动中起到了重要作用。一方面是商家在微信朋友圈、QQ 群等社交平台积极地推广他们的产品或服务，另一方面学者们亦对社交活动影响商务行为的研究产生了兴趣。众多学者强调了社交互动对消费者购买意愿的重要影响，有研究从强弱关系理论出发，认为用户间关系强度是影响消费者产生购买意愿的直接因素[20]，也有实证研究发现同伴推荐促进了消费者购买行为[300,301]。然而有数据指出了微信用户对朋友商品的购买率低，而且会将频繁推荐商品的朋友拉黑，这与前人的多数研究结论并不一致，为了对这一现象给出合理解释，本研究将对社交商务平台下的强关系社交互动与消费者购买行为之间的关系进行系统研究，将社交互动内容作为自变量，购买意愿作为因变量展开研究。本研究的第一个研究目的是基于修订的社会影响理论探讨内化机制和认同机制在强关系社交互动影响消费者购买意愿关系中的中介作用。

在对消费者网络购物行为的众多研究中，消费者个体差异被认为是一个重要因素。已有研究分别从生理层面、认知层面和行为层面解释了消费者网购行为的性别差异,在生理层面,Berenbaum[302]认为由于男性的雄性激素导致他们比女性更具有侵略性;Meyers[303]从认知层面提出了假设,解释了男性更倾向于信息选择的过程,而女性更倾向于收集更全面的信息;在行为层面,Eagly 和 Wood[304]认为性别产生的不同现象源于社会化的过程,如男性有目的地收集信息且更加独立,而女性在获取信息的过程中更需要情感的支持。有学者从社会角色理论视角来解释性别的差异,男性更加独立且决策果断,而女性更在乎别人的看法[305];也有学者基于成就动机理论来解释性别的差异,他们认为男性交流是为了获得信息以达到特定的目的,而女性的交流更多是渴望被关注的需求,即基于关系的维系和情感的交流,寻求被他人喜欢和接纳[306]。Meyers 从认知层面提出了假设,解释了男性更倾向于信息选择的过程,而女性更倾向于收集更全面的信息[303]。因此,本研究的第二个研究目的是关注性别差异因素,分析了性别在强关系社交互动影响消费者购买意愿关系中的调节作用,研究结论能够为社交商务实践提供借鉴和启示。

二、研究模型与研究假设

在社交商务平台中,消费者的沟通对象发生了变化,不仅是卖家,也包括了有购买经验的熟人朋友或兴趣相同的网络朋友,这些人在强关系社交商务平台上相互关注、分享信息形成了以个人为中心的一种社会关系,如微信朋友圈、QQ群和豆瓣圈子。用户可以在朋友圈中发布信息、分享经验。以微信朋友圈为例,人们经常在朋友圈中看到朋友分享的商品信息或者朋友点赞或评论情况、关注朋友的生活和喜好、参与话题讨论、寻找知音和共鸣。本研究中强关系社交互动的内容特征包括朋友的评论和朋友的点赞或推荐转发行为,其中朋友点赞和推荐属于观察学习范畴。这些行为属于消费者自愿性影响因素控制,更多的是表达自己的观点,或获得他人的认同,因此强关系朋友圈中的社会影响更符合社会影响三种转变个体态度机制中的"认同和内化机制",图3-1给出了强关系社交商务情景下社会影响理论(SIT)框架。

图3-1 社交商务情景下的社会影响

(一)研究模型

本研究运用修订的社会影响理论对强关系社交互动与消费者购买行为之间的

关系展开探索。将强关系社交互动作为自愿性影响因素，提出了强关系社交互动内容特征影响消费者购买意愿的理论模型。本研究模型中强关系社交互动内容特征通过朋友评论、朋友推荐和朋友点赞三个构念来描述。认同和内化在社交行为和购买意愿间起到了中介作用，本研究中认同机制和内化机制分别用感知有用性和感知相似性来测量[282]。变量间的具体作用关系如图3－2所示。

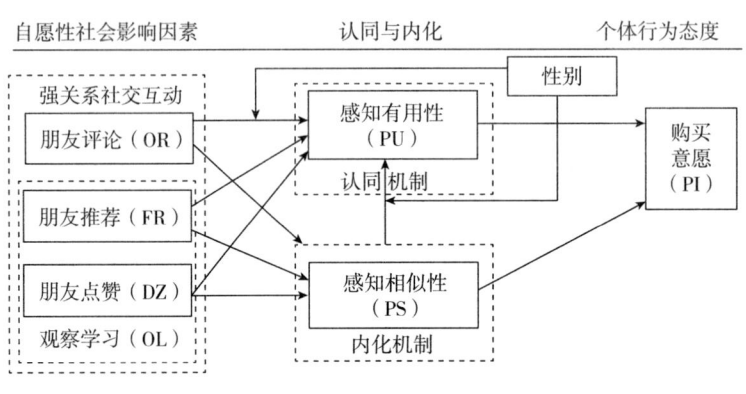

图3－2 研究模型

（二）社交互动与认同机制

根据已有研究[307,308]，评论质量和来源可信度是测量在线评论的两个重要属性，这两个属性是基于信息处理的双重过程理论提出的[309]。该理论认为人们在处理信息的时候会通过两种方式：主路径（Central Route）和边缘路径（Peripheral Route）。主路径处理信息要求人们花费高水平的认知努力，而边缘路径处理信息时人们只需要通过简单规则做出决策。从这个视角出发，评论质量属于在线评论信息处理的主路径，而来源可信度属于在线评论信息处理的边缘路径，在本研究中评论来源即为朋友圈中强关系的朋友，因此本研究中朋友评论仅通过评论质量来测量。信息质量是影响消费者认知的重要因素，信息质量对信息接收者来说具有展示信息和劝说功效[310]。本研究中定义评论质量为消费者对朋友评论信息质量的感知。已有研究认为它会帮助消费者评估产品质量，与商家广告相比人们更愿意看到朋友的评论信息[311]。Choi等[312]认为高质量的评论信息更有可能是有用的，更容易被信息接收者采纳。Wang等[313]发现有用的文本可能刺激想象力和唤起愉悦的幻想购买或使用产品。基于以上认知，提出如下假设：

H1a：朋友评论会积极影响消费者的感知有用性。

朋友推荐被认为是影响消费者购买意愿的重要因素，本研究定义朋友推荐是指消费者对发表评论或发布商品的朋友的专业度和可信度的感知。Sussman[314]指出评论来源可信度是一种影响消费者对接受信息感知有用的重要方式。Kiecker 和 Cowles[315]认为人们会基于信息来源可信度对信息的推荐效果做出推断,来自朋友的推荐信息具有有用的劝说作用。Kim 和 Ahmad[52]认为由于朋友之间了解和信任关系使朋友分享的商品信息更可信。基于此,提出如下假设:

H2a:朋友推荐会积极影响消费者的感知有用性。

朋友点赞是指在朋友圈中观察到朋友的点赞行为。Bonabeau[316]发现当人们面对有限信息时更加倾向于模仿其他人的行为。已有研究也表明在信息不完全情景下人们会通过他人的购买行为来推断产品质量[317]。Chen J. V. 等在对社交商务的研究中将其他人的"点赞"行为也归属于观察学习行为,并指出非朋友的"点赞"对冲动购买没有影响,而朋友的"点赞"对冲动购买意愿有着积极影响。朋友的点赞与转发行为显示了朋友对该产品的关注和感兴趣,观察到朋友转发某商品信息,或多个朋友点赞和转发该信息必然会使消费者认为该信息是可信的和有用的。基于此,提出如下假设:

H3a:朋友点赞会积极影响消费者的感知有用性。

(三)社交互动与内化机制

社交平台上人人都是自媒体,通过在强关系社交商务平台中发布和分享信息来与其他朋友互动,这样的社交互动会使用户增加与其他成员的亲密感和相似度的感知[318],且这种亲密感和相似度会与日俱增,这种相似度和亲密感就是一种内化机制。大量的营销领域和信息管理领域的学者研究了社会交互的重要意义。社会心理学理论关于人际交互的重要原则是信息交互会更频繁地发生在那些具有相似性或同质性的人们之间,人与人之间的相互吸引形成友谊更容易发生在具有相似性的人之间[319]。朋友的评论、经常推荐的商品信息、看到朋友点赞或转发等行为驱动了社会影响的内化机制,他人的价值观或品位内化为自己的兴趣感知,本研究中感知相似性被定义为感到朋友圈中成员与自己有相似的兴趣、爱好和品位。

基于以上认知,本研究认为准确、完整的朋友评论信息中体现了评论者的偏好和兴趣;朋友推荐内容也能够反映推荐者的价值观和品位;同样,看到朋友经常对某类型的信息或产品点赞和转发能够推断出该朋友是否是与自己偏好相似的人。因此,提出如下假设:

H1b:朋友评论会积极影响消费者的感知相似性。
H2b:朋友推荐会积极影响消费者的感知相似性。
H3b:朋友点赞会积极影响消费者的感知相似性。

(四)认同与内化的中介作用

SIT 理论认为认同和内化过程分别对个体的行为态度产生积极影响。具体到强关系的朋友圈情景中：一方面，在认同机制的作用下，消费者会接受朋友提供的信息，进而对购买意愿产生积极的认知，即感知有用性；另一方面，在内化机制的作用下，消费者感知到与自己兴趣相似的朋友，并且发自内心地愿意接受该朋友推荐的商品，进而对购买意愿产生积极的态度，即感知相似性。根据 Hoton 和 Wohl 的观点[320]，沉浸在社会影响内化机制中的消费者可能会更加信赖他的朋友，并且他们的行为更有可能被其朋友影响。Parboteeah 等[321]解释了属于认知层面的对购物网站的感知有用性与购买意愿显著正相关。Zhang 等[38]证明了社交交互的感知有用性显著影响了购买意愿。基于此，本书提出如下假设：

H4：感知有用性会积极影响消费者的购买意愿。

H5：感知相似性会积极影响消费者的购买意愿。

解释水平理论认为人们对事物的表征方式取决于事物心理距离的远近[322]。心理距离包括了时间距离、社会距离、空间距离和概率距离。而本研究中的心理距离用社会距离来解释更为恰当。对于社会距离近的事物人们倾向于采用低水平解释，即较少地关注事物本质的、主要的、与目标相关的特征；而对社会距离远的事物人们倾向于采用高水平解释，即更多地关注事物的本质的、主要的、与目标相关的特征。与消费者解释水平相匹配的信息更容易对其态度和决策产生影响。社交互动认同和内化的过程本质上也是消费者对强关系社交商务平台其他人的社会距离的判断过程。因此，朋友圈社交互动的认同和内化是维系社交行为与商务活动的最为关键的因素，也在两者之间起到了中介桥梁作用。同时 Hagel 和 Armstrong[323]认为虚拟社区的人们具有相似的兴趣和经验，并指出感知相似性可以减少消费者心中的不确定性，即内化机制有助于认同机制的发生。基于以上认知，本研究提出如下假设：

H6：感知有用性在社交行为与购买意愿的关系中起到中介作用。

H7：感知相似性在社交行为与购买意愿的关系中起到中介作用。

H8：感知相似性会积极影响感知有用性。

（五）性别的调节作用

消费者个体特征的差异会导致他们对相同事物的认知大相径庭。性别差异是消费个体差异的主要表现之一，不同性别的消费者在消费心理和行为上具有迥异的特征。社会学理论认为，男性和女性在与他人进行交流时有着不同的社会目的[324]。女性交流更趋于情感性的交流，她们分享自己的经验，希望得到别人的赞扬和朋友的认同，更多的是情感需求的社会表现[325]。而男性的交流则更倾向于一种信息的交换，以获得产品的有用信息。由于两种性别对交流的动机和购物态度存在差异，男性在交流时只在意自己了解信息的可靠性，而女性除了关注信息本身外,也更会关注交流过程中发现与自己品位相同的朋友,获得更好的购物体验,因此男性和女性的社交互动行为对感知有用性和感知相似性的影响存在显著差异。基于以上认知,在强关系社交商务情景下社交互动通过认同与内化影响购买意愿的过程中,男性消费者与女性消费者在三者之间会表现出差异性的作用关系。男性消费者在涉及购买活动的社交互动中仅仅会发生认同机制,即男性消费者的感知有用性在社交行为与购买意愿间起到了中介作用;而女性消费者在涉及购买的社交行为中不仅会认同他人的信息还会内化为个人偏好感知,即女性消费者的感知有用性和感知相似性均在社交互动和购买意愿间发挥了中介作用。因此本研究提出如下假设:

H9a:男性消费者的感知有用性在社交互动与购买意愿之间发挥着中介作用。

H9b:女性消费者的感知相似性和感知有用性在社交互动和购买意愿间均起到了中介作用。

H10:性别对感知有用性与感知相似性存在调节作用,女性消费者的感知相似性对感知有用性比男性消费者具有更强的影响。

强关系社交互动对消费者购买意愿的作用假设汇总如表3-1所示。

表3-1 强关系社交互动对消费者购买意愿的作用假设

序号	研究假设	假设关系
H1a	朋友评论对消费者感知有用性的作用	正相关
H2a	朋友推荐对消费者感知有用性的作用	正相关
H3a	朋友点赞对消费者感知有用性的作用	正相关
H1b	朋友评论对消费者感知相似性的作用	正相关
H2b	朋友推荐对消费者感知相似性的作用	正相关
H3b	朋友点赞对消费者感知相似性的作用	正相关
H4	感知有用性对消费者购买意愿的作用	正相关
H5	感知相似性对消费者购买意愿的作用	正相关
H6	感知有用性在社交互动与购买意愿的关系中的作用	中介作用
H7	感知相似性在社交互动与购买意愿的关系中的作用	中介作用
H8	感知相似性对感知有用性的作用	正相关
H9a	男性消费者的感知有用性在社交互动与购买意愿之间的作用	中介作用
H9b	女性消费者的感知相似性和感知有用性在社交互动和购买意愿间的作用	中介作用
H10	性别对感知有用性与感知相似性存在调节作用,女性消费者的感知相似性对感知有用性比男性消费者具有更强的影响	调节作用

三、数据分析与假设检验

(一) 研究量表与样本收集

本研究主要探讨社交商务环境下，消费者不同的社交行为对购买意愿的影响，以及认同和内化在其中的中介作用和性别的调节作用，采用问卷调查收集数据。本研究需要测量的变量包括：朋友评论（OR）、朋友推荐（FR）、朋友点赞（DZ）、感知有用性（PU）、感知相似性（PS）和购买意愿（PI）。根据前文的研究假设和理论模型，本研究搜索了国内外相关理论文献，所有变量的测量题目均源自相关研究的成熟量表，个别题目做了微小改动（见表3-2）。问卷设计采用李克特5级量表，分为两部分：第一部分为被试个人基本信息，第二部分为被试在强关系社交商务平台下对各种社交互动的可能性感知。本研究选取被广泛使用的微信朋友圈作为调查对象，初始问卷在35人的大学班级中进行了小规模前测，将表达不准确的问题进行重新设计和修正，形成具有较高信度和效度的最终问卷，见附录A至附录D。

表3-2 测量量表汇总

变量	问题项	参考文献
朋友评论 （OR）	1. 朋友圈中朋友对商品的评论是完整的 2. 朋友圈中朋友对商品的评论是准确的 3. 朋友圈中朋友对商品的评论是可靠的 4. 朋友圈中朋友对商品的评论是客观的	DH Park 等[310] MY Cheung[326]
朋友推荐 （FR）	1. 我朋友圈中的朋友是值得信任的 2. 我朋友圈中的朋友对某方面产品具有丰富的知识 3. 我感到朋友圈成员是某方面的专家 4. 我感到朋友圈成员具有消费某产品的丰富经验	R Ohanian[327] Bhattacherjee 和 Sanford[328]
朋友点赞 （DZ）	1. 我很容易观察到朋友圈中的朋友对某产品分享和关注 2. 我很容易观察到朋友圈中对某产品点赞或"喜欢"的人数 3. 我很容易观察到朋友圈中朋友对某产品感兴趣的情况	K Z K Zhang[329]

续表

变量	问题项	参考文献
感知有用性 （PU）	1. 朋友的推荐对我的购买决策有很好的促进作用 2. 朋友的评论对我的购买决策有很好的促进作用 3. 朋友的评论丰富了我对这类产品的了解 4. 朋友的购买行为对我的购买决策有促进作用 5. 朋友对某产品的感兴趣程度影响了我的购买行为	Parboteeah[321] Sussman 和 Siega[314]
感知相似性 （PS）	1. 我与朋友圈中的朋友共享相同的价值观 2. 我与朋友圈中的朋友有相似的偏好 3. 我与朋友圈中的朋友有相似的兴趣	Davis F. D 和 Bagozzi[330]
购买意愿 （PI）	1. 我浏览过朋友圈推荐产品后，愿意购买这个产品 2. 我浏览过朋友圈推荐产品后，打算购买这个产品 3. 我浏览过朋友圈推荐产品后，将会购买这个产品	Bhattacherjee[331]

样本选择是研究工作中极为重要的环节，样本质量的优劣决定了研究结论的适用性和推广性[332]。根据《2016 年中国电商消费行为报告》，"80 后"和"90 后"是电商消费的绝对主力，因此本研究选取这个年龄段的消费人群作为调查对象。正式问卷的发放在 2016 年 4～5 月进行，考虑到问卷填写的有效性和准确性，本研究采用现场发放问卷的方式收集问卷，首先被试先被告知具体的购物情景，然后正式填写问卷。本研究的第一部分问卷在高校四个自然班级中发放，共计 147 份。第二部分问卷在高校某部门发放，共计 204 份，一共发放 351 份问卷。最终收回有效问卷 324 份，回收率为 92.3%。

（二）数据分析方法

本书使用 SPSS16.0 软件和 AMOS18.0 软件作为数据分析工具。其主要分析内容包括：人口统计分析、测量模型分析和结构模型分析（见表 3-3）。

（1）人口统计分析：采用 SPSS16.0 软件进行人口统计分析，具体包括利用平均数、标准差最值分析等描述性统计方法来了解样本数据和各个测量题项的特性。

（2）测量模型分析：采用 AMOS18.0 软件分析样本数据质量，具体包括测量构念的信度、聚合效度以及区分效度。

（3）结构模型分析：在采用结构方程进行模型检验之前，首先采用 SPSS16.0 实现皮尔逊相关分析，对模型中的研究变量进行相关性检验。其次采用 AMOS18.0 实现主体模型检验，通过结构方程分析来对理论模型和研究假设进行检验。最后采用 SPSS16.0 进行调节效应检验。

表3-3　数据分析内容与方法

分析类型	分析内容	分析方法	使用软件
人口统计分析	频数、平均数、标准差、最大最小值	频数统计分析	SPSS16.0
测量模型分析（数据质量分析）	构念信度、聚合效度、区分效度	验证性因子分析	AMOS18.0
结构模型分析（假设检验分析）	路径显著性、调节显著性	结构方程分析、调节效应回归分析	SPSS16.0 AMOS18.0

1. 描述性统计分析

(1) 被调查样本的描述性统计分析。

分别从被调查者的性别、年龄、学历、是否使用过微信以及是否购买过朋友圈中朋友推荐的商品五个方面对正式调研样本的人口背景进行描述性统计分析。调查样本中男性112人，占34.6%，女性212人，占65.4%；年龄在30岁以下的有230人，30岁以上包含30岁的有94人；大专学历35人，占10.8%；本科学历251人，占77.5%；研究生以上学历38人，占11.7%；使用过微信的用户有321人，占99.1%；曾经购买过朋友圈中朋友推荐的商品的人数仅有103人，占31.8%。描述性统计汇总如表3-4所示。

表3-4　调查人口背景统计汇总　　　　　　　　　单位：人，%

统计项		频率	占比
性别	男	112	34.6
	女	212	65.4
年龄	20~25岁	176	54.3
	26~30岁	54	16.7
	31~35岁	65	20.1
	>35岁	29	8.9
学历	大专	35	10.8
	本科	251	77.5
	研究生以上	38	11.7
是否使用过微信	是	321	99.1
	否	3	0.90
是否购买过朋友圈中朋友推荐的商品	是	103	31.8
	否	221	68.2

（2）被调查题项的描述性统计分析。

本研究调查问卷中各测量题项的描述性统计结果如表3-5所示。

表3-5 测量题项的描述性统计

测量题项	N	最小值	最大值	均值		标准差	偏度		峰度	
	统计量	统计量	统计量	统计量	标准误	统计量	统计量	标准误	统计量	标准误
OR1	324	1.00	5.00	3.36	0.032	0.51	1.23	0.075	2.36	0.141
OR2	324	1.00	5.00	3.47	0.034	0.57	1.41	0.075	1.75	0.141
OR3	324	1.00	5.00	4.02	0.042	0.49	1.02	0.075	1.65	0.141
OR4	324	1.00	5.00	3.23	0.030	0.55	1.62	0.075	1.79	0.141
FR1	324	1.00	5.00	3.81	0.028	0.57	1.55	0.075	2.67	0.141
FR2	324	1.00	5.00	3.92	0.031	0.49	1.07	0.075	2.33	0.141
FR3	324	1.00	5.00	3.77	0.043	0.62	1.43	0.075	2.89	0.141
FR4	324	1.00	5.00	4.02	0.047	0.56	1.27	0.075	1.98	0.141
DZ1	324	1.00	5.00	3.59	0.029	0.51	0.94	0.075	1.87	0.141
DZ2	324	1.00	5.00	3.65	0.036	0.49	1.22	0.075	2.38	0.141
DZ3	324	1.00	5.00	3.62	0.044	0.53	1.57	0.075	2.33	0.141
PU1	324	1.00	5.00	3.52	0.032	0.47	0.97	0.075	1.98	0.141
PU2	324	1.00	5.00	3.61	0.038	0.50	1.36	0.075	2.45	0.141
PU3	324	1.00	5.00	3.74	0.027	0.46	1.24	0.075	2.56	0.141
PU4	324	1.00	5.00	3.42	0.044	0.52	0.76	0.075	1.54	0.141
PU5	324	1.00	5.00	3.53	0.043	0.54	0.34	0.075	2.77	0.141
PS1	324	1.00	5.00	3.50	0.028	0.55	1.33	0.075	1.77	0.141
PS2	324	1.00	5.00	3.62	0.046	0.48	1.71	0.075	1.56	0.141
PS3	324	1.00	5.00	3.59	0.047	0.61	1.67	0.075	1.86	0.141
PI1	324	1.00	5.00	4.01	0.042	0.45	0.76	0.075	1.90	0.141
PI2	324	1.00	5.00	3.92	0.026	0.52	0.88	0.075	1.81	0.141
PI3	324	1.00	5.00	4.10	0.033	0.41	0.84	0.075	2.08	0.141

2. 测量模型分析

测量模型描述的是潜变量与观测指标之间的关系。测量数据的可信性和有效性可以通过检查测量项的信度和效度来获得。本研究采用验证性因子分析对测量模型进行检验，分析内容涉及：信度检验和效度检验。信度检验包括观测变量的信度分析和因子信度分析。如表3-6所示，所有观测变量的标准化负荷系数介于 0.67~0.94，均大于标准阈值 0.5，且均达到 t 显著，即可以判断各观测变量均具有较高的信度。因子信度分析采用 Cronbach's α 和组合信度 CR 来测量，可以看到组合信度 CR 值介于 0.85~0.93，均大于标准阈值 0.6，且各因子的 Cronbach's α 值介于 0.85~0.94，均大于 0.7，因此可以判断各因子均具有较高的信度。

表 3-6 各变量验证性因子分析结果

变量	测量题项	标准化负荷（R）	R^2	AVE 值	组合信度 CR	Cronbach's α
朋友评论（OR）	OR1	0.912	0.828	0.732	0.913	0.913
	OR2	0.894	0.792			
	OR3	0.881	0.774			
	OR4	0.920	0.846			
朋友推荐（FR）	FR1	0.901	0.810	0.594	0.856	0.856
	FR2	0.872	0.757			
	FR3	0.791	0.624			
	FR4	0.847	0.706			
朋友点赞（DZ）	DZ1	0.946	0.883	0.727	0.912	0.912
	DZ2	0.831	0.689			
	DZ3	0.911	0.828			
感知有用性（PU）	PU1	0.893	0.792	0.634	0.895	0.914
	PU2	0.924	0.846			
	PU3	0.672	0.449			
	PU4	0.881	0.774			
	PU5	0.894	0.792			
感知相似性（PS）	PS1	0.922	0.846	0.772	0.916	0.916
	PS2	0.880	0.774			
	PS3	0.791	0.624			
购买意愿（PI）	PI1	0.900	0.810	0.816	0.935	0.931
	PI2	0.945	0.884			
	PI3	0.923	0.846			

效度分析包括聚合效度分析和区分效度分析。聚合效度采用潜变量提取平均方差抽取量 AVE 来测算。如表 3-6 所示，各潜变量的 AVE 值介于 0.59~0.82，

均大于标准阈值 0.5，即可判断各潜变量具有良好的聚合效度。区分效度分析通过对比 AVE 平方根与各潜变量之间的相关系数来判别。如果 AVE 平方根大于各潜变量之间的相关系数，则说明不同变量的观测指标之间具有明显的区分效度。如表 3-7 所示，各潜变量的 AVE 平方根均明显大于其他潜变量因子之间的相关系数，因此可以判断各潜变量之间具有良好的区分效度，可以进行后续的结构方程模型统计检验。

表 3-7 区分效度检验

变量	DZ	FR	OR	PS	PU	PI
朋友点赞（DZ）	0.852					
朋友推荐（FR）	0.537	0.771				
朋友评论（OR）	0.476	0.545	0.856			
感知相似性（PS）	0.357	0.434	0.457	0.879		
感知有用性（PU）	0.389	0.326	0.294	0.376	0.796	
购买意愿（PI）	0.620	0.574	0.473	0.481	0.569	0.903

3. 结构模型分析

测量模型的分析结果表明，研究模型的六个潜变量均有较高的信度和效度，各观测变量能够很好地测量相应的潜变量。验证性因子分析的结果表明潜变量的因子结构合理，各潜变量及其观测变量关系正确，因此，可以进行结构方程分析。

图 3-3 为全样本的结构方程模型检验结果，从图中可以看出在不考虑性别因素的情况下，朋友评论、朋友推荐和朋友点赞对感知有用性和感知相似性有显著的正向影响，即强关系社交互动会影响人们的认同和内化机制，社交互动行为的认同和内化又会积极影响人们的购买意愿。同时感知相似性与感知有用性之间存在正相关作用，即社交互动的内化机制积极影响了其认同机制，验证了模型中 H1～H5 和 H8。同时图 3-3 中显示在对购买意愿影响的比较中认同的效用大于内化的效用，本研究给出如下解释：在认同机制的作用下，消费者会全盘接受其他消费者提出的意见或实施的行为；而在内化机制作用下，消费者会首先判断朋友推荐的已发生行为是否与自身价值相吻合，并将其与已有价值系统进行融合。由于认同机制的采纳过程相对机械且简单，而消费者内化的互动融合过程相对复杂且持久，因此消费者对社交互动内容的认同比内化更容易改变消费者的最终态度和行为。

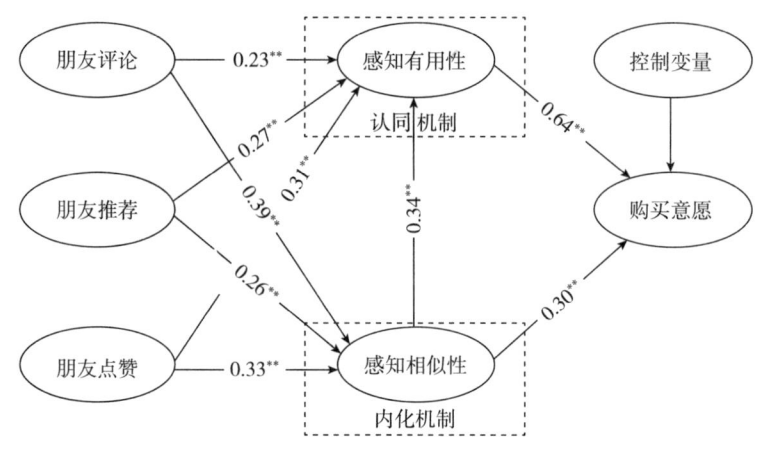

图3-3 全样本的SEM检验结果

注：**表示p<0.05。

4. 认同与内化的中介效应验证

为了获得更加准确的研究结论，本研究进一步检验了认同机制与内化机制在强关系社交互动和购买意愿之间的中介作用。如表3-8所示，首先朋友评论（OR）与购买意愿（PI）间呈正向的显著关系（beta=0.06，p<0.05），朋友推荐（FR）与购买意愿（PI）间呈正向的显著关系（beta=0.13，p<0.05），朋友点赞（DZ）与购买意愿（PI）间呈正向的显著关系（beta=0.11，p<0.05）。其次朋友评论（OR）与感知有用性（PU）呈正向的显著关系（beta=0.23，p<0.05），朋友推荐（FR）与感知有用性（PU）呈正向的显著关系（beta=0.27，p<0.05），观察学习（OL）与感知有用性（PU）呈正向的显著关系（beta=0.31，p<0.05），朋友评论（OR）与感知相似性（PS）呈正向的显著关系（beta=0.39，p<0.05），朋友推荐（FR）与感知相似性（PS）呈正向的显著关系（beta=0.26，p<0.05），朋友点赞（DZ）与感知相似性（PS）呈正向的显著关系（beta=0.33，p<0.05）。在加入中介变量感知有用性（PU）和感知相似性（PS）后，三种社交互动行为与购买意愿之间的标准化系数均变为不显著，由此可知，认同和内化机制在强关系社交互动与购买意愿之间起到完全中介作用，因此验证了H6、H7。

5. 性别的调节效应验证

当消费者在进行购买决策时，女性和男性相比可能存在差异性的心理感知和行为趋势，因此本研究进一步分析了性别的调节作用，检验不同的性别是否影响强关系社交互动对消费者购买意愿之间的关系。通过图3-4和图3-5的比较可以看出，在男性人群组，朋友推荐和观察学习与消费者购买意愿之间关系不显

表 3-8 认同与内化的中介作用回归分析

		PU	PS	PI		
		模型 1	模型 2	模型 3	模型 4	模型 5
控制变量	性别	0.005	0.015	-0.013	0.015	-0.033
	年龄	-0.032	-0.009	-0.006	-0.010	0.021
	学历	-0.091	-0.042	0.068	0.044	0.078
自变量	OR	0.23**	0.39**	0.06**	0.20	0.16
	FR	0.29**	0.26**	0.13**	0.13	0.28
	DZ	0.31**	0.33**	0.11**	0.06	0.069
	PU				0.64**	
	PS					0.31**
回归结果	R^2	0.366	0.400	0.312	0.439	0.302
	F 值	99.24**	107.75**	84.74**	116.71	90.28**

注：** 表示 $p<0.05$。

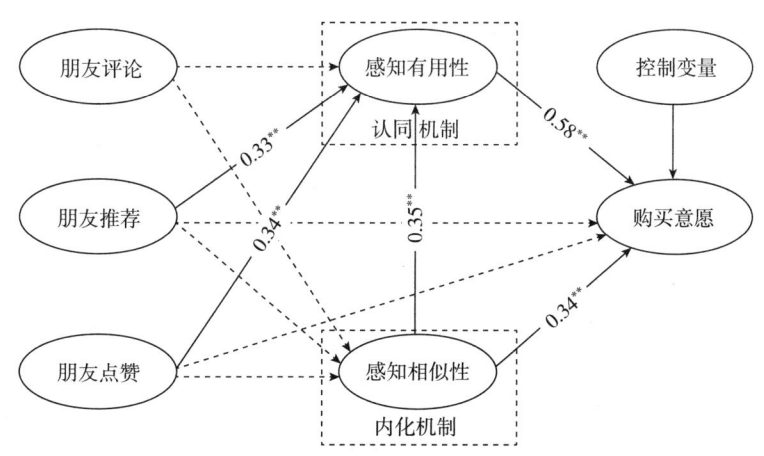

图 3-4 男性人群的 SEM 检验结果

注：** 表示 $p<0.05$。

著，认同机制存在完全中介作用；朋友评论、朋友推荐和朋友点赞这类强关系社交互动对感知相似性的影响并不显著，内化机制的中介作用不存在；且感知相似性对感知有用性有显著的正向影响，说明内化机制对认同机制有积极影响。而在女性人群组，朋友推荐对购买意愿有显著的正向关系，朋友评论和朋友点赞对购买意愿均不存在显著影响，因此认同和内化对朋友推荐与购买意愿间关系存在部分中介作用,对朋友评论和观察学习与购买意愿间关系存在完全中介作用;感知相似性对感知有用性不存在显著关系,验证了 H9。

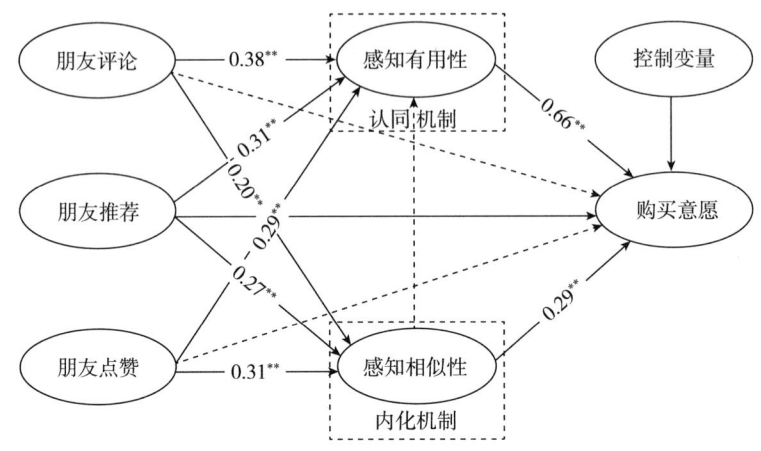

图 3-5 女性人群的 SEM 检验结果

注:**表示 p<0.05。

本书进一步验证了性别对感知有用性和感知相似性之间关系的交互作用。如表 3-9 所示,将性别与感知相似性标准化后相乘形成的交互项加入模型,结果显示感知相似性与性别的交互作用显著为负数(模型 8,beta = -0.146,p < 0.01),H10 得到支持,表明性别起到了显著的调节作用,但与假设相反的是男性消费者感知相似性对感知有用性的影响大于女性。

表 3-9 性别对感知相似性和感知有用性之间关系的调节作用

		感知有用性		
		模型 6	模型 7	模型 8
控制变量	年龄	-0.039	-0.031	-0.023
	学历	-0.046	-0.037	-0.092
自变量	感知相似性(PS)		0.361**	0.336**
调节变量	性别		-0.045	-0.043
交互作用	性别×感知相似性(PS)			-0.146*
回归结果	R^2	0.006	0.128**	0.017*
	F 值	0.225	15.814**	4.334*

注:*表示 p<0.05,**表示 p<0.01。

为了进一步验证H10,将男性和女性列为两个独立样本分别对感知相似性和感知有用性进行回归,发现男性消费者的标准化回归系数显著(beta = 0.271,p < 0.05),而女性消费者的标准化回归系数不显著(beta = 0.045,p > 0.05),且回归线形成交叉,如图3-6所示:当处于低内化阶段,即感知相似性低的时候,女性消费者对有用性的感知高于男性消费者,当处于高内化阶段,即感知相似性高时,男性消费者对有用性的感知高于女性消费者。这一结论可以解释为男性朋友在消费时较为理性,但是当他们一旦在朋友圈中确认了自己的"知己"或"哥们儿",就会非常信任他们,进而促进了对朋友推荐产品有用性的感知。

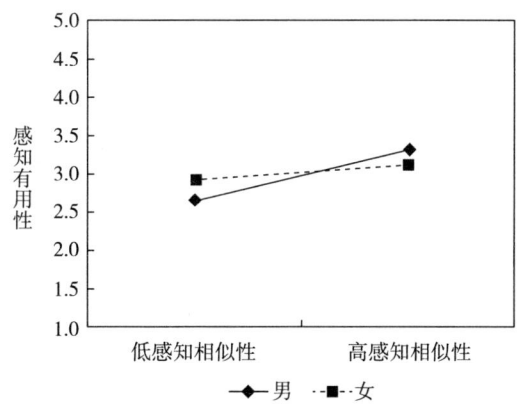

图3-6 性别与感知相似性对感知有用性的交互模式

强关系社交互动对购买意愿影响的验证结果如表3-10所示。

表3-10 强关系社交互动对购买意愿影响的验证结果

序号	研究假设	假设关系	验证结果
H1a	朋友评论对消费者感知有用性的作用	正相关	成立
H2a	朋友推荐对消费者感知有用性的作用	正相关	成立
H3a	朋友点赞对消费者感知有用性的作用	正相关	成立
H1b	朋友评论对消费者感知相似性的作用	正相关	成立
H2b	朋友推荐对消费者感知相似性的作用	正相关	成立
H3b	朋友点赞对消费者感知相似性的作用	正相关	成立
H4	感知有用性对消费者购买意愿的作用	正相关	成立
H5	感知相似性对消费者购买意愿的作用	正相关	成立

续表

序号	研究假设	假设关系	验证结果
H6	感知有用性在社交互动与购买意愿的关系中的作用	中介作用	成立
H7	感知相似性在社交互动与购买意愿的关系中的作用	中介作用	成立
H8	感知相似性对感知有用性的作用	正相关	成立
H9a	男性消费者的感知有用性在社交互动与购买意愿之间的作用	中介作用	成立
H9b	女性消费者的感知相似性和感知有用性在社交互动和购买意愿间的作用	中介作用	成立
H10	性别对感知有用性与感知相似性存在调节作用；女性消费者的感知相似性对感知有用性比男性消费者具有更强的影响	调节作用	部分成立

四、结论与讨论

本章节以微信朋友圈为例研究了强关系社交商务平台下社交互动对购买决策的影响，基于修订的社会影响理论构建了研究模型和假设，深入探讨了强关系社交互动影响消费者购买行为的内在机制，主要工作和研究结论如下：

首先，认同和内化在强关系社交互动与购买意愿之间起到了完全中介作用。朋友圈的社交互动不能直接驱动消费者购买意愿和行为。从社会影响的视角出发，认同机制与内化机制起着完全中介作用。这一研究结论有助于我们对绪论中的矛盾现象做出合理的解释，社交商务平台上商务活动的增加需要社交互动行为经过认同和内化的过程。除认同机制外，内化间接影响了消费者的购买态度，这说明社交活动会通过另一种情感变量——内化——间接影响消费者购买态度。且在强关系社交互动的高度内化阶段，朋友间具有高度相似的兴趣和品位，这又会积极影响其对朋友评论或推荐的认同感。

其次，性别在强关系社交互动对认同和内化机制的影响中具有调节作用。本研究以性别为调节变量对男性和女性群体的样本数据进行多群组结构方程模型检验后发现，女性人群的认同和内化机制在朋友圈社交互动与购买意愿的关系中发挥着中介作用，而男性人群并不认为朋友圈社交互动会驱动内化机制，只有认同机制起到了完全中介作用。因此男性在社交中更倾向于信息的交换以获得自己有用的信息，而女性社交的目的除了获得有用信息外，还有更多的情感性需求的观点得到证实。

最后，性别在感知相似性对感知有用性的影响中具有调节作用。男性人群感知相似性对感知有用性的影响是显著的，而女性人群的这一影响不显著，且两条回归线交叉,表明当内化机制处于低级阶段时女性消费者对朋友评论或推荐的感知有用性高于男性消费者,当内化机制处于高级阶段时男性消费者对朋友评论或推荐的感知有用性高于女性消费者。

本章节的理论贡献主要体现在:①采用修订的社会影响理论研究了强关系社交商务平台下社交互动对购买意愿的影响,融合了认同机制与内化机制的系统研究不仅增加了本研究模型的解释力度,而且有助于解读不同类型社交商务平台下的社交互动行为与购买意愿转变的根源和程度。②证实了强关系社交商务情景下认同与内化在社交互动与购买意愿间的完全中介作用,即朋友圈社交互动对购买意愿的正向促进作用是通过认同和内化过程实现的,这在一定程度上弥补了前人研究的不足,为解释社交商务环境下的矛盾现象提供了新的可能。③本研究以社会心理学为基础探讨了性别的调节作用,结果表明在强关系社交商务情景下男性和女性对待各种社交互动存在显著差异。而且男性消费者并不总是理性的,当处于内化的高级阶段时男性比女性更容易采纳朋友的建议,这一结果是与已有研究不同的有趣结论,也进一步完善了本章节的研究内容。

本章节的实践价值体现在:①由于朋友圈社交互动是通过认同和内化机制间接影响消费者的购买意愿,因此在社交商务的营销实践中,朋友的评论、推荐和观察学习等社交互动行为并不必然带来购买意愿的发生。②由于认同与内化在强关系社交互动与购买意愿间存在中介作用,因此商家与社交平台在产品推广时需要相应地进行一系列互动设计和场景设计来引导消费者的活跃社交行为,且需要长效的互动机制以促进其认同和内化。③虽然认同效用大于内化效用,但商家仍然要注意到内化机制对消费者购买意愿和认同机制的积极影响,因此商家的销售策略要具有社群思维,即营销目标不再是某个人,而变成了具有相同兴趣或偏好的某类人。④由于性别的调节效应,社交平台在社交体验方面需要区别和有针对性的对待,商家也应该在营销策略上区别对待。针对男性关注的产品,商家应更多给予具体产品性能方面的信息,同时社交平台需增加其他社交功能以促进其朋友圈的高度内化机制的形成。

五、本章小结

本章基于修订的社会影响理论构建了理论模型,系统地研究了强关系社交商务情景下社交互动行为对购买意愿影响的作用机理。以微信朋友圈为例,采用结构方程的方法实证验证了强关系社交商务情景下朋友评论、朋友推荐和朋友点赞等社交互动内容、内化机制、认同机制以及消费者购买意愿之间的关系。研究结论有助于社交商务平台有针对性地设计交互功能促进商务活动,有助于商家选择合适的营销策略提高收益。本章的具体研究内容如下:

(1)基于修订的社会影响理论提出研究模型和假设。本章的开头阐述了本章节的研究目的和采用的理论基础——修订的社会影响理论,在此基础上提出了本章的研究模型与假设,探索朋友评论、朋友推荐、朋友点赞对消费者购买行为的影响,及认同与内化的中介作用和性别的调节作用。

(2)研究量表设计与样本收集。本章的第二部分首先是明确研究量表,定义相关变量和测量题项,进行小规模前测,对量表进行微调。其次根据《2016年中国消费者行为报告》明确样本选取对象,并通过现场发放问卷的方式进行样本收集和筛选。

(3)实证数据分析与假设检验。采用 SPSS16.0 软件和 AMOS18.0 分别进行描述性统计分析、测量模型与结构模型的分析,进一步验证朋友评论、朋友推荐、朋友点赞对消费者购买行为的影响及认同与内化的中介作用和性别的调节作用。

第四章 在线评论内容对消费者认知行为的影响

一、研究目的

中国互联网信息中心 2016 年的 CNNIC 报告[①]指出：在线评论是影响在线消费者购买决策的第一因素，在线评论是消费者社交互动行为之一，因此了解消费者在线评论认知行为规律是社交商务成功实现的关键。相对于强关系社交商务平台，消费者为了某笔交易会在平台上与商家或其他消费者快速形成弱关系，如手机淘宝开通的微淘，消费者可以在里面对自己喜欢的商品发表评论或者回复评论，形成陌生人之间的弱关系。同时，弱关系在线评论的内容越来越丰富，除文字评论信息外，近年来，许多社交商务平台商家鼓励消费者在做出评论时上传买家秀等图片信息，以此来增加评论的感染力。本研究在对淘宝网商品评论信息的调查中发现，多数商家会将含有图片的评论设置为默认的优先排序，即发表包含图片的评论会默认排在前面，方便消费者浏览。含有图片评论会给人以更直观的视觉感受，而文字评论能够更多地表达消费者的观点和态度，消费者对不同评论形式的认知差异将会影响在线商务活动的有效实现。以往关于在线评论内容的研究主要聚焦在纯文字评论方面，学者们分别探讨了评论数量和质量特征、评论极性特征和评论等级特征等对消费者评论有用性认知的影响，鲜有关注评论内容包含文字和图片的评论形式，也缺少了对含有图片评论和纯文字评论之间差异性的研究，因此，本研究试图在考虑不同商品类型的情况下，从认知心理学视角探讨弱关系社交商务情景下消费者对纯文字评论和含有图片评论是否存在认知差异。

---

① https://wenku.baidu.com/view/893aa7cba5e9856a561260f7.html.

二、相关研究评述

(一) 文字与图片效果的相关研究

已有的关于文字和图片效果的研究大多集中在广告领域,且研究结论也不一致。有学者研究指出图片比文字有更积极的影响,如图片性广告比文字广告更容易对消费者产生积极影响,更能让消费者产生购买意愿[333];他们认为图片性评论更能够提升消费者对产品正面和积极的评价态度[334],并且指出图片比文字信息的记忆效果更好[335]。而另一些研究得到相反的结论,如一项眼动实验发现,消费者只有在阅读文字信息后,才会对图片信息进行加工[336]。Kim 和 Lennon[337]发现文字广告对消费者购买意愿有更显著的影响,Hughes[338] 和 Mubambi[339] 等也指出与图片信息相比较,消费者更依赖于文字决策,图片信息仅是实际购买行为的验证和强化了文字的说服力。

(二) 在线评论有用性的相关研究

在线评论的研究框架上,学者们主要将其看作为信息,关注信息的认识过程(即信息是否被他人采纳)以及评论信息的说服效果(采纳之后如何改变接受者的态度或行为)。在信息的认知过程的研究中,学者们构建了如在线评论有用性的概念,因此关于在线评论有用性认知的研究一直是学术界研究的热点问题。一方面,学者们将在线评论的不同特征作为研究视角,探讨了它们对消费者评论认知的影响,主要研究集中于:评论数量和文本质量的影响、评论极性的影响、评论等级的影响。①关于评论数量和文本质量的研究,多数研究论证了评论的数量和质量会正向影响消费者购买意愿[30,46,47],且体验型商品的感知有用性强于搜索型商品[48]。②关于评论极性的研究,一些学者提出了矛盾性评论对消费者购买意愿的影响[31,340];也有研究重点阐述了负面在线评论的情感强度对感知有用性的影响[49];闫强等[341]基于评论情感语义的视角研究了拥有极端情感倾向的评论会正面影响感知有用性。③关于评论等级的影响,有学者研究了评论等级对消费者购买意愿和销售数量的影响,并指出评论的等级与评论数量和评论长度的相关性[50,255,342]。

另一方面,一些学者从多角度探讨了其他因素对不同形式在线评论的调节作用。例如,杨颖等[343]基于解释水平理论视角,通过问卷调查验证了消费者对图片评论和文字评论存在认知差异,并指出了社会距离和时间距离对这种认知差异具有调节作用。Luan 等[299]将纯文字评论分为态度型评论和经验型评论,采用问卷调查和眼动实验的方法探讨了商品类型对两种评论内容的调节效应。石文华等[344]基于搜索型商品和体验型商品比较研究了在线初次评论与追加评论。上述研究说明了消费者对含有图片评论和纯文字评论的认知是有差异的,且商品类型可能是影响消费者评论认知行为的重要因素。同时,性别作为消费者个体差异的主要表现形式,被学者们广泛应用于消费者信息处理行为[345]和在线购物行为[346,347]的研究中,如男性消费者在线购物时,会有目的地收集信息,而女性消费者可能会倾向于获取多方面的咨询。这些研究说明了性别因素往往会影响消费者的信息处理模式,以上研究视角和结论对本研究具有启示作用。

基于上述分析,尽管已有的关于在线评论认知行为方面的研究已经得到了很多有益的结论,然而仍然存在以下不足:①从研究内容来看,已有研究广泛地探讨了纯文字评论对消费者决策的影响,缺少了对含有图片评论与纯文字评论的消费者认知行为的比较研究。②从研究方法来看,已有的实证研究多数是通过问卷调查验证假设,数据存在一定的主观性。因此本章节的第一个研究目的是以商品类型和评论形式为研究对象,深入探究在不同商品类型的情况下,消费者对纯文字评论和含有图片评论的认知差异;本章节的第二个研究目的是探讨商品类型对评论认知的影响中不同性别的差异,这对深入理解商品类型影响消费者评论认知的内在机制具有重要意义。根据上述两个研究目的,本章节确定了研究框架,如图 4-1 所示。以具有购物经验的普通消费者作为实验对象,将商品类型分为搜索型商品和体验型商品,将评论形式分为纯文字评论和含有图片评论,拟通过 2×2 的眼动实验来验证理论假设,同时还将研究性别在商品类型与评论认知关系中的调节作用。由于已有大量研究探讨了在线评论有用性及其对购买决策的正向影响[348,349],因此消费者评论认知对购买意愿的影响不作为本章节的研究内容。

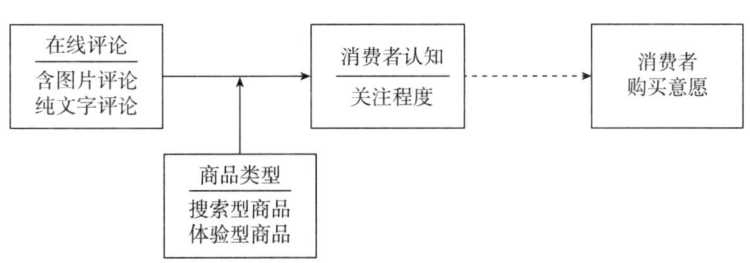

图 4-1 研究框架

三、理论基础与研究假设

（一）模式一致性理论

Mandler[350]首次提出了模式一致性理论（Schema Congruity Theory，SCT），认为相互匹配的内容才会产生最好的效果，如产品与它们的评论相匹配才会达到最好的效果。现在 SCT 理论已经广泛地应用到了消费者行为研究领域，如品牌拓展[351]、产品评估[352]和广告[353]等领域。SCT 理论认为已有的认知模式影响了信息的处理过程。一般来说，新接受信息的结构与已有模式的匹配将会得到消费者积极的反应。SCT 理论分为两种：基于大脑的模式和基于刺激的模式。基于大脑的模式负责组织大脑中已有的知识结构[354]，而基于刺激的模式是大脑接受到外部刺激信息后，如何组织和展示个体的模式[355]。实际上，当消费者面对某个商品时，他们会基于自身的理解和先前的经验对不同类型的商品产生不同的认知模式。个体对接受到信息的反应情况依赖于信息的展现模式是否与大脑中已有的存储模式一致。当刺激信息模式与大脑存储模式匹配时，消费者会进行简单快速的评价，并最终采纳该信息做出购买决策。相反，当接受到信息的模式与大脑中已有的模式不匹配时，消费者会花费长时间理解，最终导致非正向的反应[355]。在本研究中，当消费者浏览在线评论时，如果评论形式与商品类型相匹配，消费者将会完成相对简单迅速的信息处理过程，最终会对该产品产生满意的正向评价；相反，如果评论形式与商品类型不一致，消费者将通过长时间的信息处理去解决这一不一致问题。基于以上商品类型特征和模式一致性理论，本研究推论：当人们购买搜索型商品，如笔记本电脑和手机时，他们更希望获取对商品功能性的描述信息；当人们购买体验型商品，如衣服和鞋子时，他们希望获得更全面的信息和其他人的体验信息，因此提出如下假设：

H1：当消费者购买搜索型商品时，对网页中纯文字评论的关注度更高。

H2：当消费者购买体验型商品时，对网页中含有图片评论的关注度更高。

（二）眼动与认知过程

随着信息技术和神经科学的发展，神经认知理论和神经心理学被广泛应用于消费者心理和行为的研究。眼动跟踪是观察消费者认知过程和识别具体眼动轨迹的方法，能够发现消费者策略和探索潜在的认知过程[356]。Just 等[357]在 1976 年提出了 Eye-mind 假说，他们认为当人们正在看某商品的时候，意味着他们正在思考或注意到某些事物，因此他们眼动的过程能够反映他们的认知过程。Jacob 等[358]认为人们的眼动过程能够揭露人类的感知、情感和认知过程，进而能够预测人类行为。当人们在注视的时候，眼睛相对保持静止，注视意味着信息的提取过程。Chae 等[359]论证了对注视的追踪过程是从外部获取个人信息最有效的方式。眼动追踪设备获取的最主要的参数是注视时长和注视次数[360]。注视时长是指眼睛看到事物后在某个区域注视的时间，注视时间越长意味着大脑对该区域进行更多的解释，如果对某个兴趣区域（Area of Interest，AOI）注视时长越长意味着该区域对个体有更多的吸引力，或者个体从展示信息中获取信息困难[361]。注视次数是指落在某个区域注视点的数量，能够反映个体对展示信息的理解过程[362]，也是反映兴趣区域重要程度的参数。由于兴趣区内的注视时长与注视次数有着较为相似的解释作用，且有学者指出兴趣区内的总注视时长是比较不同目标上注意力分配情况的最佳指标[363,364]，因此本研究选取注视时长作为解释兴趣区域关注程度的参数。消费者会对自己感兴趣的内容注意时间更长，而对自己不感兴趣的内容注视时间较短，因此在浏览在线评论的情景下，当消费者要购买某类商品时，如果获得与商品类型认知相匹配的评论形式，他们将会在感兴趣的区域注视时间更长。基于以上认知，本研究提出如下假设：

H3：当消费者购买搜索型商品时，对网页中纯文字评论的注视时间更长。

H4：当消费者购买体验型商品时，对网页中含有图片评论的注视时间更长。

（三）性别对消费者信息处理方式的影响

性别是消费者个体差异的主要表现之一，男性消费者和女性消费者在信息搜索行为和决策心理等诸多方面存在差异，Meyers 等[365]研究表明男性在浏览信息时会偏好客观类信息，而女性除关注客观类信息外，也会非常关注主观类的信息。还有学者认为男性倾向于把功能属性置于优先地位，而女性会更加倾向于把功能属性之外的价值属性置于优先地位[366]。Darley 等[367]将研究结论应用到了消费者对广告信息的处理过程中，验证了：作为选择信息的处理者，男性消费者会根据片面信息做出决策，而作为全面信息处理者，女性消费者会根据全面信息做出决策。孙瑾等[345]研究了性别对消费者信息处理过程的调节作用，实验结果显示不同性别的消费者对比决策过程截然不同。基于上述性别对信息处理方式的影响研究和商品类型相关研究，本研究推论：男性消费者和女性消费者对不同类型商品的不同评论形式可能存在认知差异，基于此，提出以下研究假设：

H5：性别对商品类型与评论形式之间的关系具有调节作用。

弱关系社交商务环境下在线评论对消费者认知的影响作用的研究假设汇总如

表 4-1 所示。

表 4-1 弱关系社交商务环境下在线评论对消费者认知的影响作用

序号	研究假设
H1	当消费者购买搜索型商品时，对网页中纯文字评论的关注度更高
H2	当消费者购买体验型商品时，对网页中含有图片评论的关注度更高
H3	当消费者购买搜索型商品时，对网页中纯文字评论的注视时间更长
H4	当消费者购买体验型商品时，对网页中含有图片评论的注视时间更长
H5	性别对商品类型与评论形式之间的关系具有调节作用

四、研究设计与数据分析

问卷调查获取消费者认知的主观数据，而眼动实验能够记录消费者认知的客观数据，本章节中同时采用问卷调查和眼动实验法验证研究假设，两种方法互为补充，使研究结论更具解释力度。根据已有研究，本章节中的搜索型商品选取手机和笔记本电脑，体验型商品选取衣服和鞋。为了验证研究假设，本章节分别设计了问卷调查和眼动实验。

（一）问卷调查

1. 研究量表与样本收集

本研究选取在校大学生作为调查对象，根据 2016 年 CNNIC 报告，18~25 岁人群占中国在线消费人群的 56%，他们是在线消费的主力，因此对在校大学生的调查结论能够反映普遍消费人群的行为和心理特征。本研究的问卷设计采用李克特 5 级量表，测量题目均来自相关研究的成熟量表[299,362]（见表 4-2）。初始问卷在 35 人的自然班级中进行了小规模前测，将表达不准确的问题进行了重新设计和修正，最终问卷见附录。正式问卷的发放在 2016 年 11~12 月进行，考虑到问卷填写的有效性和准确性，本研究采用现场发放问卷的方式收集问卷，被试者先被告知具体的实验情景，然后正式填写问卷。正式问卷在 6 个自然班级中发放，共发放问卷 205 份，最终收回有效问卷 189 份。其中男性 85 人，女性 104 人。

表4-2 问卷量表

变量名称		测量题项
搜索型商品	纯文字评论	当我购买笔记本电脑或手机时我期望阅读纯文字的评论信息
		当我购买笔记本电脑或手机时我喜欢阅读纯文字的评论信息
		当我购买笔记本电脑或手机时我觉得纯文字的评论信息更有吸引力
		当我购买笔记本电脑或手机时,纯文字的评论信息更能帮助我了解这个产品
		当我购买笔记本电脑或手机时,纯文字的评论信息对我做决策更有价值
	含有图片评论	当我购买笔记本电脑或手机时我期望阅读有图片的评论信息
		当我购买笔记本电脑或手机时我喜欢阅读有图片的评论信息
		当我购买笔记本电脑或手机时我觉得有图片的评论信息更有吸引力
		当我购买笔记本电脑或手机时,有图片的评论信息更能帮助我了解这个产品
		当我购买笔记本电脑或手机时,有图片的评论信息对我做决策更有价值
体验型商品	纯文字评论	当我购买衣服或鞋时我期望阅读纯文字的评论信息
		当我购买衣服或鞋时我喜欢阅读纯文字的评论信息
		当我购买衣服或鞋时我觉得纯文字的评论信息更有吸引力
		当我购买衣服或鞋时,纯文字的评论信息更能帮助我了解这个产品
		当我购买衣服或鞋时,纯文字的评论信息对我做决策更有价值
	含有图片评论	当我购买衣服或鞋时我期望阅读有图片的评论信息
		当我购买衣服或鞋时我喜欢阅读有图片的评论信息
		当我购买衣服或鞋时我觉得有图片的评论信息更有吸引力
		当我购买衣服或鞋时,有图片的评论信息更能帮助我了解这个产品
		当我购买衣服或鞋时,有图片的评论信息对我做决策更有价值

2. 数据分析

本研究使用SPSS16对数据进行信度检验。搜索型商品的纯文字评论组的克朗巴哈(Cronbach's α)系数为0.924,搜索型商品的含有图片评论组的Cronbach's α系数为0.899;体验型商品的纯文字评论组的Cronbach's α系数为0.896,体验型商品的含有图片评论组的Cronbach's α系数为0.909,Cronbach's系数均大于0.8,因此该量表有很好的信度。图4-2比较了两种类型商品对应两种评论形式的均值分布情况。其中,ep表示体验型商品的含有图片评论组,ew表示体验型商品的纯文字评论组;sp表示搜索型商品的含有图片评论组,sw表示搜索型商品的纯文字评论组。从图4-2可以看出,对于体验型商品而言,含有图片评论(ep)明显比纯文字评论(ew)获得更多的关注;对于搜索型商品来说,消费者对纯文字评论(sw)的关注显著高于含有图片评论(sp)。

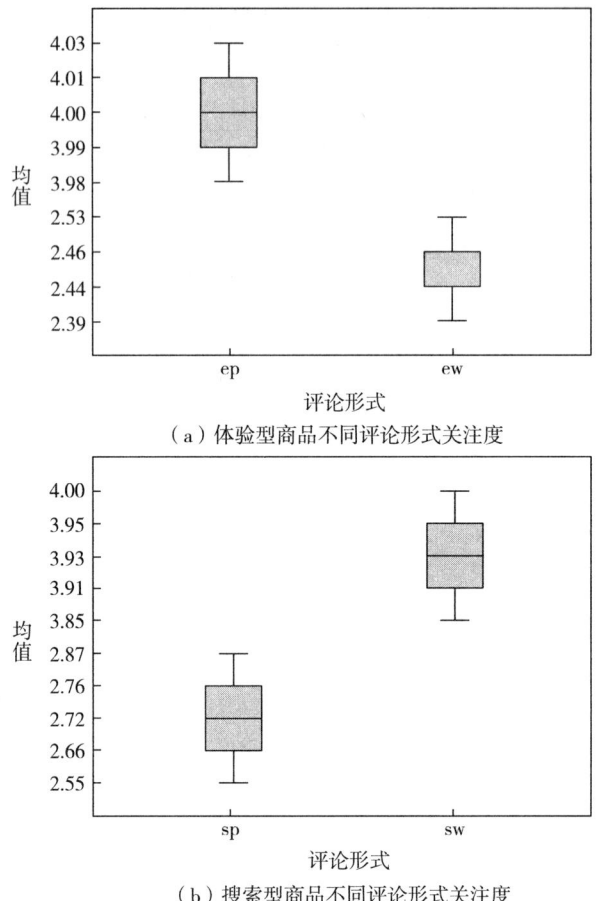

(a) 体验型商品不同评论形式关注度

(b) 搜索型商品不同评论形式关注度

图 4-2 不同商品类型的评论形式关注度均值比较

进一步通过独立样本 t 检验，验证不同商品类型对消费者评论认知的差异是否显著。对于搜索型商品，与含有图片评论（M=2.720, SD=0.902）相比，消费者更加关注纯文字评论（M=3.940, SD=0.928）（t=3.912, p=0.012<0.050），因此 H1 成立。对于体验型商品，与纯文字评论（M=2.460, SD=0.933）相比，消费者更加关注含有图片评论（M=4.011, SD=0.942）（t=3.942, p=0.010<0.050），因此 H2 成立。

（二）眼动实验

眼动实验地点选在江苏科技大学人因工程实验室，实验起止时间为 2016 年 11 月 13 日至 12 月 15 日。根据已有研究，本研究中的搜索型商品选取手机和笔记本电脑，体验型商品选取衣服和鞋。从参与问卷调查的 6 个自然班的 201 名学生中选出 51 名视力正常的在校大学生参与本次实验，并对 201 名学生调查询问"您在网购时是否会查看其他人的评论"，回收答案只有 1 人为"否"，据此，本研究以消费者在购物时都会查看在线评论为前提条件来进行眼动实验。①

1. 实验设计与测量

为了更好地观察和记录消费者购买行为，本实验设计了一个真实的在线购买体验。具体购物情境会展示给实验对象，告诉他们现在需要从网页展示的商品中购买一个产品，并给他们足够的时间浏览网页评论信息。考虑到注视时间长也可能是被试对刺激材料理解困难导致，本研究对评论内容进行筛选，选取语言表达简洁清楚的文字评论信息；考虑到评论的前后顺序可能会影响实验结果，本实验将评论区域设置为左右分区显示，左边区域为含有图片评论区，右边区域为纯文字评论区；同时，为了排除品牌对消费者态度的影响，本实验在同类商品下选取了相同品牌的两个商品进行比较，如在体验型商品衣服的刺激材料中选取探路者品牌下的衣服 1 和衣服 2。本研究用注视时长来测量消费者对不同类型评论内容的积极反应，兴趣区域内平均注视时长能够说明被试的认知活动和视觉关注程度。

2. 实验设备与步骤

本研究使用的眼动实验设备是德国 SMI 公司的 iView ETG 型眼动仪。实验通过参与者面前的计算机屏幕呈现实验网页。显示器的分辨率为 1024×768 像素，与实验参与者眼球距离大约为 60 厘米。眼动仪自动记录被试在实验过程中浏览页面的眼动数据。在数据分析阶段，研究者使用与该眼动仪配套的 BeGaze3.4 软件对眼动数据进行分析和提取。

实验开始前，每一名被试均需要签署眼动实验知情书，并进行个人信息登记。随后了解被试是左利眼或右利眼，相应地调节眼动仪，对被试进行眼球校准，同时将被试分为购买衣服、鞋子、笔记本电脑和手机四组，然后被试将被告知一个情景"你需要购买一种产品，现在网页中会提供两个类似的产品信息，你们可以浏览并进行比较"，并给予充足的浏览时间，两个商品浏览完毕时仪器停止记录。

3. 实验材料

本实验中搜索型商品选取笔记本电脑和手机，体验型商品选取衣服和鞋。每类商品下选取淘宝网或京东商城中的两个典型产品，如衣服类选取了淘宝中探路者品牌下的两款冲锋衣，这也是消费者非常熟悉的一类产品，探路者冲锋衣的实验界面如图 4-3 所示，展示界面分三部分，第一部分为商家提供的商品信息区域；第二部分左侧框区域为含有图片的评论区域，用 AOI001 表示；第三部分右

---

① 由于本书非彩色印刷，请对此部分内容感兴趣的读者搜索本书作者在《管理科学》期刊发表的论文《商品类型对消费者评论认知的影响：基于眼动实验》。

侧框区域为纯文字评论区域,用 AOI002 表示。本研究选取的商品信息均为淘宝网和京东商城上真实的商品信息和评论信息,商品评论区域是本研究关注的兴趣区域(AOI),评论以列表形式左右分区展示,并除去那些文字过长或过短的评论信息,在每种评论形式中选取 3~5 条评论。

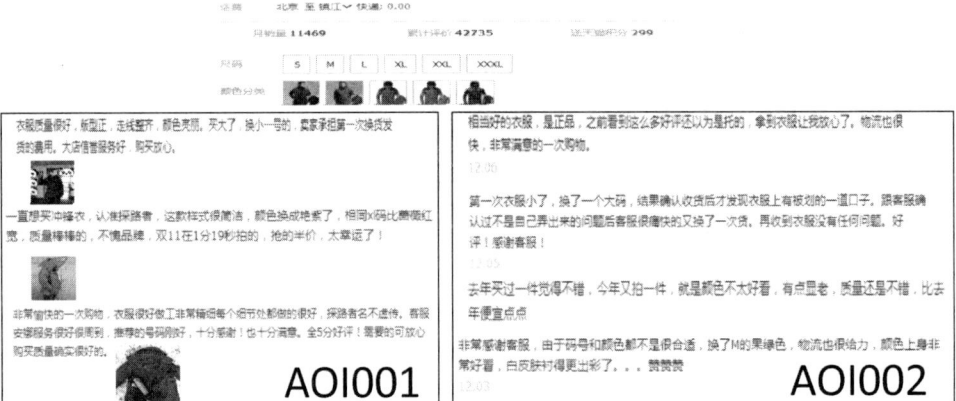

图 4-3 商品展示页面

4. 实验分析与结果

在眼动实验过程中有三种情况会导致眼动数据记录的缺失,如高度近视,眼球震颤幅度大;眨眼次数过多;视野丢失或漂移,即被试人的注视点超出了眼动仪的捕获范围。本实验选取视力正常被试避免了第一种情况的出现,在实验后首先需要检查所有被试者的瞳孔取样记录,删除了一些眨眼次数过多和视野丢失较大的无效样本,以保证数据的准确性。

(1) 数据可视化分析。

1) 热图分析。

在实验数据定量分析之前,热图(Hot Map)意味着个体对兴趣区域(AOI)的关注程度,能够提供更直观的注视结果,进而观测到消费者对不同评论形式的关注差异。图 4-4 为不同商品类型的评论兴趣区域的热图比较分析,图 4-4 (a) 为体验型商品(衣服)的热图,图 4-4 (b) 为搜索型商品(笔记本电脑)的热图,其中 AOI001 为含有图片评论区,AOI002 为纯文字评论区。颜色深度反映了消费者对某个部分的关注程度,最深色区域表示注视最热区域,即注视时间最长区域,之后颜色深度依次递减,没有颜色表示未注视区域。比较图4-4(a)和图4-4(b),可以推断购买衣服与笔记本电脑的消费者的注视程度存在明显差异,对于衣服来说,消费者对含有图片的评论信息更感兴趣,而对于笔记本电脑,消费者更关注纯文字的评论信息。可以说,购买衣服的消费者需要花费更多时间去了解其他人的体验情况,即看别人穿上是否好看;而购买笔记本电脑的消费者,更关注产品的性能型号和相关技术参数,因此消费者对他人评论的性能、参数会反复查看,而纯文字评论中显然会提供更多的性能描述语言。

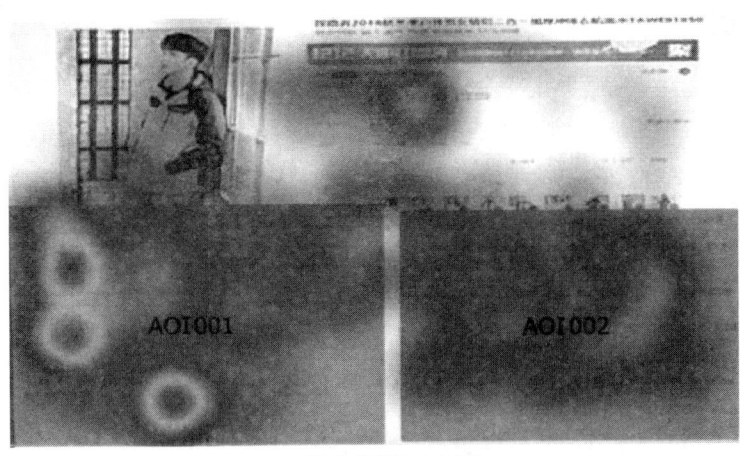

(a)体验型商品(衣服)

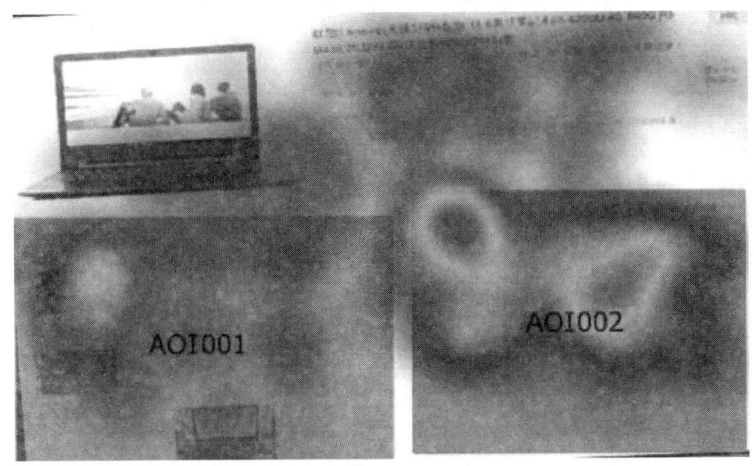

(b)搜索型商品(笔记本电脑)

图4-4 不同商品类型的评论兴趣区域热图比较分析

2）注视时间图分析。

注视时间柱状图具体刻画了被试在整个浏览过程中，不同区域的相对注视停留时间。图4-5为不同商品类型情况下的不同评论形式注视时间比较。图4-5

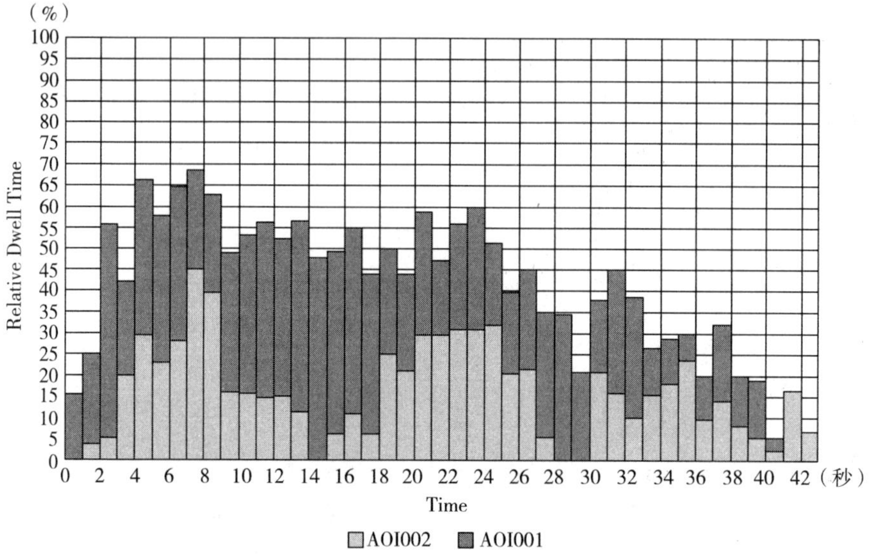

（a）体验型商品（衣服）

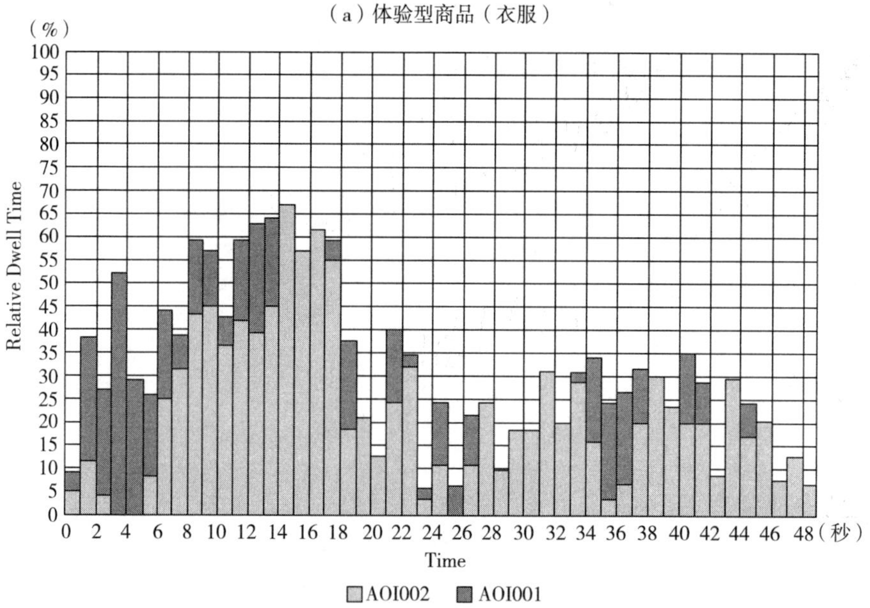

（b）搜索型商品（笔记本电脑）

图4-5　不同商品类型情况下的不同评论形式注视时间比较

(a) 为体验型商品（衣服）的注视时间图，图4-5（b）为搜索型商品（笔记本电脑）的注视时间图，横轴表示时间，纵轴表示目光在兴趣区内转换停留的时间。图4-5中不同颜色表示不同的兴趣区域，深灰色表示含有图片评论区域（AOI001），浅灰色表示纯文字评论区域（AOI002）。比较图4-5（a）和图4-5（b）可以看出对于衣服这一体验型商品，深灰色区域（AOI001）明显大于浅灰色区域（AOI002），说明消费者对含有图片评论的相对注视停留时间更长；对于笔记本电脑这一搜索型商品，浅灰色区域（AOI002）明显大于深灰色区域（AOI001），说明消费者对纯文字评论的相对注视停留时间更长。

（2）数据分析与结果。

从51个样本数据中剔除眨眼次数过多和视野丢失或漂移的数据后，获得准确的眼动数据共有43人，其中手机组10人，衣服组11人，笔记本电脑组12人，鞋子组10人。为了验证同组商品内消费者评论认知是否具有一致性，本研究进行了操控检验，利用双因素方差分析分别检验每组中的两个商品间不同评论区域的平均注视时长有无显著差异。以衣服组为例，本研究对衣服组两个商品衣服1和衣服2进行双因素方差分析，表4-3给出组间因素表。表4-4为衣服组内双因素方差分析结果，从表4-4的分析结果可以看出，主效应及交互效应的p值均大于0.050的显著性水平，说明衣服组内两个商品的不同评论形式的注视时长没有显著差异。

表4-3 组间因素

分类变量	组别	记录数
评论形式	含有图片评论区域（AOI001）	22
	纯文字评论区域（AOI002）	22
商品	衣服1	22
	衣服2	22

表4-4 体验型商品（衣服）平均注视时长双因素方差分析结果

源	III型平方和	自由度	均方	F值	p值
校正模型	13666.864	8	1708.358	2.566	0
截距	1725174.006	1	1725174.006	214.292	0
评论形式	12008.718	2	6004.359	1.492	0.229
衣服组商品	1658.064	2	829.032	0.206	0.652
评论形式×衣服组商品	0.100	4	0.025	0.0	0.997

续表

源	Ⅲ型平方和	自由度	均方	F值	p值
误差	3220.760	17	189.456		
总计	206086.630	16			
校正总计	35689.624	15			

注：校正模型的 R^2 为 0.756，调整后的 R^2 为 0.625。

同样的方法，分别对鞋子组、手机组和笔记本电脑组进行双因素方差分析后，主效应及交互效应的 p 值均大于 0.050 的显著性水平。操控检验结果说明衣服组、鞋子组、手机组和笔记本电脑组内的两个商品对不同评论形式的注视时长差异均不显著，因此任意选取每组中的一个商品进行下一步的实验。

利用双因素方差分析分别检验搜索型商品组内的笔记本电脑和手机的两种评论形式的平均注视时长是否存在显著差异，检验体验型商品组内的衣服和鞋的两种评论形式的平均注视时长是否存在显著差异。搜索型商品组内进行双因素方差分析结果如表4-5所示，由于主效应及交互效应的 p 值均大于 0.050，因此搜索型商品组内对不同评论形式的平均注视时长差异不显著。

表4-5 搜索型商品组平均注视时长双因素方差分析结果

源	Ⅲ型平方和	自由度	均方	F值	p值
校正模型	27064.130	3	9021.377	2.691	0.000
截距	3479271.178	1	3479271.178	266.341	0.000
评论形式	20621.085	1	20621.085	1.579	0.212
搜索型商品	6341.404	1	6341.404	0.485	0.488
评论形式×搜索型商品	0.153	1	0.153	0.0	0.997
误差	1149562.103	88	13063.206		
总计	4645387.850	92			
校正总计	1176626.233	91			

注：校正模型的 R^2 为 0.562，调整后的 R^2 为 0.517。

对两个搜索型商品进行独立样本 t 检验，结果显示：含有图片评论区域 AOI001（M=1.837，SD=5.371），纯文字评论区域 AOI002（M=2.025，SD=4.010），$M_{AOI001} < M_{AOI002}$，p 值小于 0.010，说明对于搜索型商品而言，人们更加关注纯文字评论，因此 H1、H3 得到支持。

体验型商品组内进行双因素方差分析结果如表4-6所示，两个主效应 p 值均大于0.050，但交互效应的 p 值小于 0.050 的显著水平，因此得出体验型商品组内交互效应显著，说明对于不同的体验型商品，消费者对评论形式的认知存在差异，不支持 H2 和 H4。本研究对衣服、鞋、手机和笔记本电脑四组样本数据进行双因素方差分析，得到交互效应如图 4-6 所示。

表 4-6 体验型商品组平均注视时长双因素方差分析结果

源	III型平方和	自由度	均方	F 值	p 值
校正模型	56722.515	3	18907.505	1.763	0
截距	3229553.774	1	3229553.774	301.101	0
评论形式	244.905	1	244.905	0.023	0.880
体验型商品	5929.130	1	5929.130	0.550	0.459
评论形式×体验型商品	52094.203	1	52094.203	4.857	0.030
误差	858064.981	80	10725.812		
总计	4154366.240	84			
校正总计	914787.497	83			

注：校正模型的 R^2 为 0.514，调整后的 R^2 为 0.497。

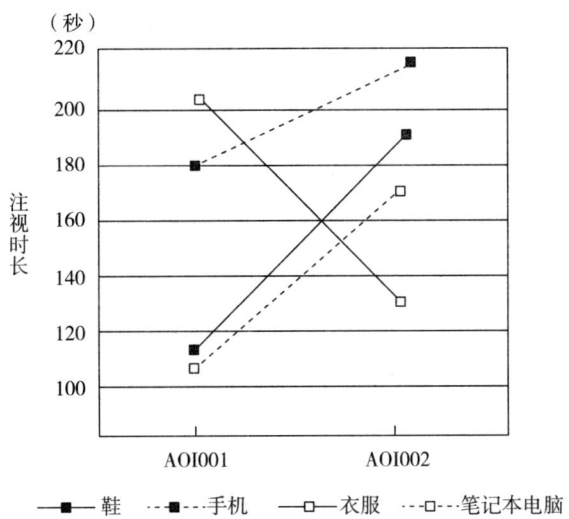

图 4-6 评论形式与商品类型的交互效应

从图 4-6 可以看出，鞋这类商品的消费者评论认知规律与搜索型商品笔记本电脑和手机的评论认知规律相似，它的注视参数结论与研究假设不一致，究其原因，本研究给出的解释是消费者对于鞋的要求是舒适度和美观，而相较于衣服的款式来说，鞋最重要的舒适度这一体验特性很难通过图片来展示，因此眼动结论表现出购买鞋的消费者对纯文字评论更加关注。另外，四组商品中对含有图片评论的关注度由高到低，依次是衣服、手机、鞋、笔记本电脑，其中手机对含有图片评论的关注度较高，仅次于体验型商品衣服，本研究给出的解释是相较于笔记本电脑的功能性来说，手机不仅具有功能需求，还具有很强的体现时尚和个性的功能，所以年轻消费群体除了对手机的功能性关注外，对其外观和造型也格外重视，而另外一种搜索型商品笔记本电脑，由于人们更关注它的功能特征和技术参数，因此对这种商品而言，消费者对含有图片评论关注度最低。

（3）性别的调节效应检验。

由于自变量商品类型、评论形式和调节变量性别均为类别变量，因此本研究采用双因素方差分析来验证调节效应。首先按照性别对所有数据进行分组，分为女生组眼动数据和男生组眼动数据。同时由于在前文"实验分析与结果"部分得到研究结论为：搜索型商品组内无差异，体验型商品组内差异显著，因此在性别调节效应检验部分直接对四组商品数据进行方差分析，分别检验男生组内商品类型对评论形式的影响和女生组内商品类型对评论形式的影响，检验结果如表4-7所示，女生组两个主效应p值均大于0.050，但交互效应的p值小于0.050的显著水平，因此得出女生组内评论形式与商品类型的交互效应显著，主效应不显著；男生组商品类型的主效应p值大于0.050，而评论形式和交互效应的p值均小于0.05，因此可以得出男生组的评论形式对注视时长有显著影响，同时评论形式与商品类型的交互效应显著。图4-7和图4-8分别为女生组和男生组的商品类型与评论形式的交互效应。

表4-7 性别的调节效应

	源	Ⅲ型平方和	自由度	均方	F值	p值
女生组	校正模型	5256.875	7	750.982	2.010	0.014
	截距	47456.125	1	47456.125	703.125	0
	评论形式	2331.125	1	2331.125	2.756	0.204
	商品类型	1443.375	3	481.125	1.545	0.098
	评论类型×商品类型	3812.375	3	1270.792	2.257	0.042
男生组	校正模型	7881.875	3	2627.292	3.456	0.001
	截距	16811.125	1	16811.125	879.213	0
	评论形式	3828.125	1	3828.125	5.432	0.021
	商品类型	3168.375	3	1056.125	3.103	0.543
	评论类型×商品类型	885.375	3	295.125	0.076	0.034

注：校正模型的R^2为0.718，调整后的R^2为0.596。

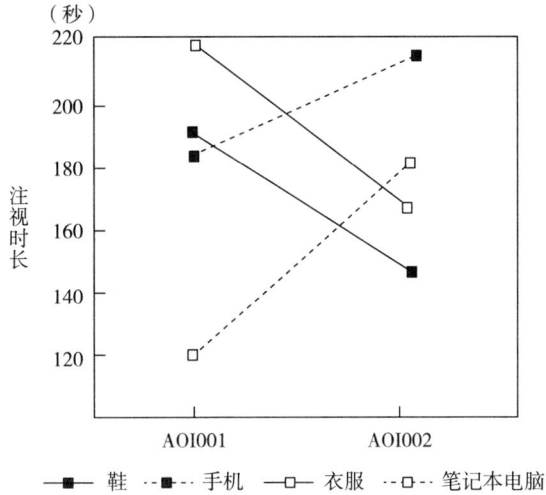

图4-7 女生组商品类型与评论形式的交互效应

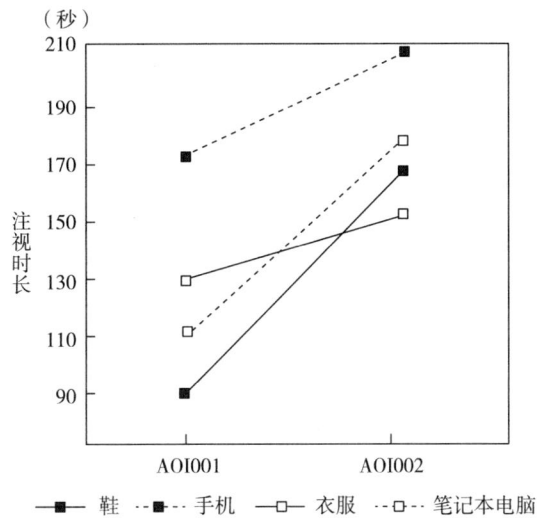

图4-8 男生组商品类型与评论形式的交互效应

从图4-7可以看出，对于体验型商品而言，女性消费者对含有图片评论的内容更加感兴趣，H2、H4得到支持。而对含有图片评论形式的关注程度来说，女性消费者对衣服的含有图片评论的关注度高于鞋。对于搜索型商品而言，女性消费者更加关注纯文字评论形式，支持H1和H3，而对于纯文字评论形式的关注程度来说，女性消费者对手机的纯文字评论的关注度高于笔记本电脑，以上分析说明对于女性消费人群，不同的商品类型对消费者评论认知的影响具有显著差异，商品类型与评论形式具有交互作用，所有假设在女生组数据中得到验证。从图4-8中可以看出，无论是搜索型商品还是体验型商品，男性消费者都更加关注纯文字评论形式，因此不支持H2、H4。男性消费者中对纯文字评论的关注度由高到低依次是手机、笔记本电脑、鞋、衣服，其中对鞋的纯文字评论的关注与笔记本电脑非常接近。对含有图片评论的关注度由高到低依次是手机、衣服、笔记本电脑、鞋，以上分析说明对于男性消费者来说，无论什么类型的商品，他们都更加关注纯文字评论，但商品类型与评论形式具有交互作用。此部分研究结论进一步证实了性别在商品类型影响消费者评论认知的关系中存在调节作用，支持H5。

通过以上的数据分析和处理，眼动实验部分支持了研究假设。进一步检验了性别的调节作用，得到的结论是：女生组数据支持H1~H4，男生组数据部分支持了H1和H3，性别的调节作用显著，H5得到支持，对比实验结论如表4-8所示。

表4-8 对比实验结论

序号	研究假设	眼动实验			问卷调查
		全部实验数据	女生组数据	男生组数据	全部问卷数据
H1	当消费者购买搜索型商品时，对网页中纯文字评论的关注度更高	成立	成立	成立	成立
H2	当消费者购买体验型商品时，对网页中含有图片评论的关注度更高	不成立	成立	不成立	成立
H3	当消费者购买搜索型商品时，对网页中纯文字评论的注视时间更长	成立	成立	成立	—
H4	当消费者购买体验型商品时，对网页中含有图片评论的注视时间更长	不成立	成立	不成立	—
H5	性别对商品类型与评论形式之间的关系具有调节作用	—		成立	—

五、结论与讨论

为了探讨弱关系社交商务情景下消费者对含有图片评论和纯文字评论的认知差异问题,本章结合问卷调查和眼动实验方法分析了在不同商品类型的情况下消费者对两种评论形式认知的差异性,并给出了研究结论的意义及局限性。

本章的研究结论如下:①商品类型对消费者在线评论形式的认知过程有着重要的影响。问卷调查和眼动实验均证实了商品类型和评论形式具有显著的交互效应,意味着弱关系在线评论内容能够影响消费者的评论认知,同时这一影响受到商品类型的调节作用。②消费者在购买搜索型商品时更加依赖纯文字评论做出购买决策。眼动实验证实了在购买搜索型商品时,消费者对网页中纯文字评论的关注度更高,注视时间更长。而对于体验型商品,女生组眼动实验数据支持了所有研究假设,即当女性消费者购买体验型商品时,她们对网页中含有图片评论的关注度更高;当女性消费者购买搜索型商品时,她们对网页中的纯文字评论的关注度更高。③性别在商品类型影响评论认知关系中起到了调节作用。眼动实验证实了性别的调节作用,即男性消费者和女性消费者对不同商品类型的评论形式存在认知差异,对于女性消费者来说,无论是哪种类型的商品,对含有图片的评论的关注度都高于男性消费者。对于男性消费者来说,他们在购物时更加关注纯文字评论。④眼动实验给出了多因素间更为复杂的交互关系。例如,对于手机这种搜索型商品来说,消费者除了关注纯文字评论外,也非常关注含有图片的评论信息,揭示了手机这种产品除功能需求外,消费者越来越关注它的外观时尚度和个性化;对于鞋这种体验型商品而言,男性消费者在做购买决策时也会非常关注它的纯文字评论。

本章节的理论贡献在于:①本研究在模式一致性理论的基础上,将商品类型和性别因素引入到弱关系社交商务消费者对含有图片和纯文字两种评论形式认知比较的研究中,构建了评论形式与商品类型一致性理论,这是对现有理论的有力补充,有助于揭示消费者在线购物评论认知行为规律。②由于商品类型能够影响消费者在线评论的认知行为,因此商家在推销自己商品时,不需要一味地激励"买家秀",应该根据销售商品类型的不同区别对待,对于搜索性商品来说,商家应该充分重视文字评论的重要意义,营造良好的社区氛围,鼓励消费者尽可能提供真实且详细的文字评论,毕竟文字评论能够展示更多的体验信息。而对于体验型商品来说,文字评论和图片评论同样重要,商家应该尽可能多地提供全面的评论信息。③由于性别在商品类型影响评论认知关系中具有调节效应,因此商家应该充分考虑客户细分,并在提供商品评论信息展示和制定相应的营销策略上予以区分。对于一些女性消费者关注的体验型产品,可以激励买家晒图。而对于女性消费者关注的搜索型产品,评论展示策略应该与男性消费者关注的产品一样,更多地提供文字评论信息。同时对于传统意义上的搜索型商品来说,人们关注它们的功能的同时,可能也会越来越注重它们的"颜值",如手机,因此生产商在进行这类搜索型商品的设计时也应该更多地考虑除了功能性参数外的外观个性化和时尚元素。④眼动实验方法为研究消费者行为提供了新的视角。本研究中,眼动实验部分支持了研究假设,并获得了多种因素间更为复杂的交互关系,这一结果意味着关于消费者感知、情感和认知的变量可能很难被传统的实证方法深入测量,因为潜意识行为过程的发生往往是不自知的,利用神经心理学和神经认知学的方法将会使我们对复杂消费者行为规律的研究更加深入。

六、本章小结

本章构建了弱关系社交商务情景下在线评论内容对消费者评论认知行为影响的理论模型,探索性地基于神经认知学视角研究了含有图片评论和纯文字评论影响消费者认知的作用机理。以淘宝微淘为例,采用问卷调查和眼动实验的方法实证验证了弱关系社交商务情景下在线评论内容、商品类型和消费者关注度之间的关系。研究结论指出了消费者对两种评论形式存在认知差异,揭示了消费者在线购物评论认知行为规律,对于商家及社交商务平台展开有针对性的促销策略都具有实际指导意义,同时眼动实验方法的应用为消费者行为研究提供了新的视角。

本章的具体研究内容如下:

(1) 基于模式一致性理论提出研究模型和假设。本章首先阐述了研究目的和相关研究评述;其次提出了模式相关理论以及眼动与认知过程理论;最后在此基础上提出了本章的研究假设,探索了不同的在线评论内容对消费者评论认知行为的影响及商品类型的调节作用。

(2) 研究设计与样本收集。本章分别采用问卷调查和眼动实验两种方法来展开研究。对于问卷调查研究,首先是明确了研究量表,定义了相关变量和测量题项;其次通过现场发放问卷的方式进行样本收集和筛选。对于眼动实验,首先在参加问卷调查的被试中选取满足条件被试进行实验,其次删除了样本数据中的眼动缺失数据。

（3）数据分析与假设检验。对于问卷调查的数据处理，分别进行描述性统计分析、测量变量分析和独立样本 t 检验来验证研究假设。对于眼动数据处理，通过热点图等数据可视化分析和双因素方差分析，进一步验证消费者在弱关系社交商务平台上对不同的在线评论内容的认知差异以及性别的调节作用。

第五章 观察学习对消费者购买行为的影响

一、研究目的与相关研究评述

在线购物中信息搜索是消费者做出最终购买决策的一个重要环节[368],由于弱关系社交商务平台中信息量大,因此信息搜索成本越来越高,为了节约选购时间,降低购买风险,消费者购买决策越来越依赖于商品页面呈现的交互信息。在线评论作为一种普遍的网络社交互动信息,已被众多研究证实是影响消费者在线购买行为的一个重要因素[369,370]。然而,另一种典型页面信息——观察学习信息,仅揭示消费者的已购行为产生的综合结果,不呈现每笔购买发生的具体缘由[45],它具有一定的统计属性,如累计销量和销售排行榜等都属于观察学习。在社交商务领域,越来越多的卖家正在利用观察学习信息,以谋求更大利润。为了向潜在消费者提供更多有价值的参考信息,国内各类社交商务平台在产品销售页面陈列了各种在线观察学习信息,如多数平台提供了累计销量、收藏人数、喜欢人数等信息,京东商城的商品信息页面呈现了同价位、同品牌与同类别三种"排行榜"类观察学习信息。天猫商城还提供了商家服务类观察学习信息(e-SQ),它是社交商务平台中消费者对电商服务质量的综合评价与判断[257],包含了"描述相符""服务态度"和"服务质量"三个指标。

Banerjee[41]指出观察学习并不总是正向影响商品销售,也可能导致信息级联效应(Information Cascade Theory),产品销售早期的劣势可能导致消费者对产品负面质量的推断,从而削弱潜在消费者对该产品的购买意愿[371,372]。而Chen等[44]研究发现,积极的观察学习信息与消极的观察学习信息对产品销量的影响具有不对称性,前者对销量提高有显著影响,而后者并没有显著影响。面对形式更加丰富的在线观察学习信息，它们对商品销量又会产生怎样的影响呢？本章节将关注弱关系社交商务平台上更多的在线观察学习，包括产品累计销量、收藏人数和商家服务类信息等统计信息。本章的第一个研究目的是：弱关系社交商务环境下基于行动的社交互动（观察学习）对产品销量是否具有显著影响？具体研究为：累计历史销量、收藏人数和商家服务质量三类观察学习信息对消费者购买行为的影响。本章节将采用实证研究方法通过商品销量来测量消费者具体的购买行为。

另外，学者们认为消费者对购买不同类型的产品所花费的精力与时间存在较大差异。Kassarjian[373]的研究表明，对于不同类型的商品来说，消费者在进行网购时表现出不同的行为规律。体验型产品和搜索型产品的分类经常用以解释消费者购买前信息搜索行为的差异[374]。产品的市场年龄是另一个可能的影响因素，新上架的商品收藏人数和喜欢人数都会较少，相比上架时间长的商品来说，其观察学习信息可能会受到信息级联效应的影响。因此本章第二个研究目的是：上述影响是否显著地受到商品类型和市场年龄的调节作用，即对体验型商品和搜索型商品进行分组比较，验证三种观察学习信息对商品销量的影响是否会因市场年龄长短的不同而存在显著差异？本章研究与已有相关研究的差异主要体现在以下方面：①已有文献中，分别研究了累计销量和商家信用观察学习信息对产品销量的影响，忽略了网页上收藏人数这一信息的影响作用。②已有文献并未揭示三类观察学习内容之间是否存在交互影响。③不同于已有文献中大多数基于静态的截面数据研究，本章通过面板数据分析了三类观察学习信息对产品销量的动态影响。

二、理论基础与研究假设

本研究在弱关系社交商务平台下，基于社会影响理论探讨在线观察学习影响消费者购买行为规律。通过八爪鱼采集器爬取天猫网页的相关信息进行实证研究，构建研究框架如图5-1所示。

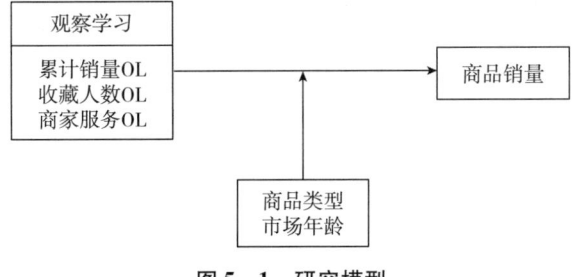

图5-1　研究模型

(一) 历史销量的效价对产品销量的影响

观察学习理论（Observation Learning Theory）指出消费者会以已发生的实际消费行为作为其购买决策依据，而并不需要详细了解和掌握其他人购买行为背后的原因。在弱关系社交商务环境下，消费者可以很方便地获取产品的历史销量，同类商品的历史销量可能会差别较大，因此弱关系社交商务平台也会提供排行榜方便用户的筛选。

已有的大量研究分析了基于内容的社交互动效价的不对称影响[311,375]。具体来说，消极的在线评论信息需要更多的判断，研究者发现消极的在线评论比积极的评论对消费者购买决策有更大的影响。而鲜有研究探讨在线观察学习效价的影响。信息级联理论（Information Cascade Theory）指出积极的观察学习信息能够正向影响消费者采纳，消极的观察学习信息将减少消费者对产品的采纳[376,377]。这些文献并未提供更多的证据表明观察学习的效价对产品销量具有不对称的影响。观察学习不同于在线评论的两个重要方面是：观察学习的数量和可信度。与在线评论相比，观察学习包含更少的信息，它只表明了消费者的行动而并未指出这些行动的原因[45]，但有时往往是事实胜于言语，基于行动的观察学习可能比在线评论预示着更真实的购买情况。

受欢迎的产品吸引了更多人购买，因此有着积极的观察学习信息；而小众产品可能有更少的人购买，因此具有消极的观察学习信息。根据可得性—诊断性模型（Accessibility – Diagnosticity Model）[378]，消费者是否会采纳信息做出购买决策依赖于他们对信息的判断情况。如果一个信息能够使得消费者做出唯一的选择，那么就是成功的判断，而如果它提供了多重的含义那么就不能实现准确的判断[379]。尽管积极的和消极的观察学习信息都提供了有限的信息量，但消极的观察学习信息与积极的观察学习信息相比更难进行判断，原因是当消费者打算购买某产品时，他会考虑两个原因，一个是产品质量，另一个是对产品的偏好。通常来说，低的产品销量表明了产品质量差或者是该商品属于小众类型，也就是说消极的观察学习内容（例如，低的历史销量）恰恰可能说明它的高质量，更加符合小众人群。同等价格的情况下，高的产品销量只能说明该商品的高质量和更加符合大多数人的偏好。因此，与积极的观察学习相比，消极的观察学习更加难以判断，所以人们可能会较少地使用它来做出购买决策。此外，在线观察学习是表明真实购买的信号，因此积极的观察学习的作用更加会被强化，而消极的观察学习由于很难判断产品质量而具有更小的作用。基于此，本研究提出如下假设：

H1：积极的历史销量信息对产品销量有显著正向影响。

H2：消极的历史销量信息对产品销量没有显著的影响。

(二) 商家服务信息效价对产品销量的影响

商家服务声誉是影响消费者购买行为的重要因素[380]。在网购过程中，如果商家具有良好的网络声誉，就会更加容易得到消费者的认可和信赖。消费者选择这样的商家意味着会极大地降低个人的购买风险。消费者看到的与商家服务相关的内容是对所有消费者提供信息的统计结果。目前，多数社交商务平台建立了类似这样的服务评价体系，提供消费者对商家的评分记录，以保障消费者权益。为了向潜在消费者提供更多有价值的参考信息，弱关系社交商务平台在产品销售页面陈列了商家服务信息，如图5-2所示。

图5-2 弱关系社交商务平台商家服务质量信息展示

商家服务质量观察学习是指虚拟市场中顾客对电子服务交付质量的综合评价与判断[381]。许多具有成功商务经验的企业已经开始意识到经营成败的关键不只是网页内容与低价策略，还包括商家服务质量[382,383]，它甚至被认为是在线商家追求长期绩效与成功的最重要的决定因素。改进商家服务质量可提高顾客满意度与忠诚度[384]，极大地提高公司的竞争力[385]。这意味着商家服务质量的高低将直接影响消费者的购买意愿。关于相关理论的研究目前仍然处于早期阶段[381,386,387]，结合对网络服务质量的研究，Parasuraman等[388]构建的电商服务质量指标量表包含七个维度：有效性、系统可用性、完成性、私密性、响应性、补偿性与接触性，其中前四个被称为核心电商服务质量维度，后三个被称为售后电商服务质量维度。本研究只关注基于商品层面的商家服务质量对产品销量的影响，而可靠性与响应性属于平台层面的商家服务质量维度，不予关注。关于商家服务质量与消费者购买意愿之间关系的研究，已有文献主要侧重讨论消费者亲身感受服务质量对其自身购买行为的影响[387,389,390]，而本研究侧重探讨卖家的历史服务质量综合水平对后续消费者购买产品决策的影响。结合实证数据所选电商平台产品销售页面的商家服务信息，这些信息包括"店铺动态评分"和"与同行业相比"两个部分。其中"店铺动态评分"从"描述相符""服务态度"和"物流服务"三个方面给出分值，"与同行业相比"是对应于前面的分数给出与行业均值比较的百分比。高于行业均值的用红色标记，低于均值的用绿色标记。本研究将红色标记的商家服务信息作为积极的观察学习，将绿色标记的商家服务信息作为消极的观察学习。基于此，本研究提出如下假设：

H3：积极的商家服务信息对产品销量有着正向影响。

H4：消极的商家服务信息对产品销量有着负向影响。

（三）商品类型的调节作用

在传统购物模式下，学者们将商品分为不同的类型。基于消费者的购物习惯可以将产品分为日用品、选购品和特殊商品；基于是否在购买商品前获得所有的商品信息将商品分为搜索型商品和体验型商品，还有学者基于购买商品时的投入程度将商品分为低涉入度商品和高涉入度商品，商品类型是影响产品销量的一个重要因素。根据第二章中商品类型与消费者行为的理论综述，本研究采用体验型和搜索型的商品分类形式展开研究。搜索型商品是指消费者做出购买决策前就能较为全面地对产品的质量和特性有一定了解，如数码产品和家电类产品。这种类型的产品通常能够使用硬性标准进行衡量。相对于搜索型商品而言，消费者在购买体验型产品之前不能直接掌握和感受到产品的主要属性，主要包括美食、服装和化妆品等[391]。研究发现，在购买不同种类的产品时，消费者采用不同的机制来进行购买决策，商品类型的不同会广泛地影响消费者在购买过程中的决策和行为。基于此，提出如下假设：

H5：商品类型在观察学习信息影响商品销量的关系中具有调节作用。

（四）市场年龄的调节作用

商品的市场年龄是指商品上架已销售的时间。随着产品市场年龄的增加，在线观察学习对消费者的影响会随之发生变化。关于市场年龄对观察学习与消费者购买行为关系的影响方式有两种截然相反的观点。一方面，Mahajan 等[392]发现与购买经验缺乏的新手买家相比，专家型买家更倾向于在商品推向市场初期阶段购买新产品。这意味着在商品推向市场初期，普通消费者不能完全依赖观察学习信息进行决策，而专家型消费者在缺少了"累计销量""排行榜"等观察学习信息的帮助下，仍然可以凭借丰富的购买经验去辨别商品的属性，最终做出准确的质量判断[393]。随着产品上架时间的延长，新手消费者对观察学习内容的依赖程度会增加,因为新手消费者对信息处理过程的能力较弱,与专家相比更加依赖于观察学习信息。基于此,消费者在产品上架的后期将会更加依赖于在线观察学习信息。另一方面,随着商品推向市场时间的增加,来自商家或平台的媒体广告信息日益增多,因此"累计销量"和"排行榜"等信息对消费者的影响作用会变弱[376],这意味着商品推向市场的后期,消费者对在线观察学习的依赖程度可能会变弱。两种相矛盾的观点需要通过实证数据来进行验证。基于此,提出如下假设:

H6:市场年龄在观察学习影响产品销量的关系中具有调节作用。

弱关系社交商务环境下观察学习对产品销量的影响作用假设关系汇总如表5-1所示。

表 5-1 弱关系社交商务环境下观察学习对产品销量的影响作用

序号	研究假设	假设关系
H1	积极的历史销量信息对产品销量的作用	正相关
H2	消极的历史销量信息对产品销量的作用	不相关
H3	积极的商家服务信息对产品销量的作用	正相关
H4	消极的商家服务信息对产品销量的作用	负相关
H5	商品类型在观察学习信息影响商品销量关系中的作用	调节作用
H6	市场年龄在观察学习信息影响产品销量关系中的作用	调节作用

三、研究设计与数据采集

本章的研究目的是探索观察学习信息影响消费者购物行为的规律,通过面板数据采集和分析对研究模型进行验证。本研究数据来源于国内最大的社交商务网站——天猫商城。不同于大多数类似的研究只选择一种商品作为实证对象,如书籍[311]、电影[394]、数码相机[395],本研究选择不同类型的商品作为实证对象,搜索型商品选取智能手机和笔记本电脑,体验型商品选取衣服和化妆品,多种类型的商品形成的样本能够提高研究结论的普适性。

(一) 变量测量

(1) 因变量。由于很多社交商务平台销售页面未提供销量信息,因此目前大多数类似研究均选择产品销售排名代替产品销量作为因变量。京东和亚马逊商城等社交商务平台出于商业机密的考虑,均未在商品销售页面提供任何有关产品销量的信息,天猫商城是目前唯一提供产品销量信息("月成交量")的社交商务平台,根据其页面提供的当前的累计月销量与一周前的累计月销量做差,即可得到该产品每周销量。因此,本研究将以产品的周销量(Wsales)作为因变量。

(2)自变量。本研究的自变量是商品销售页面上提供的"累计月销量(Hsales)""商家服务质量(Depict)"和"收藏商品(Collection)"三个指标。

"累计月销量(Hsales)"是商品销售页面和搜索页面上显示的主要观察学习信息,反映了该商品近30天已购买人数,揭示了所有消费者行为的综合结果。本研究将以商品页面上的"累计月销量(Hsales)"作为自变量之一。"收藏商品(Collection)"是商品销售页面和搜索页面上显示的另一类信息,反映了该商品累计收藏的人数,从而揭示了该商品受欢迎程度。本研究将以"收藏商品(Collection)"作为第二个自变量。

商家服务质量中有五个指标:"描述相符""服务态度""发货速度""退货速度"和"纠纷退款比例",前三个指标均由消费者的主观评分产生。吴德胜等[396]研究发现,店铺动态评分的这三个指标数值差异很小,且三个指标的相关性都很高,因此实际收到的产品的各项特性和网上描述是否一致就成为用户满意度的重要指标。社交商务平台商品销售页面会呈现出每个指标与同行业相比的值,例如"描述相符"与同行业相比高于48%,具体计算规则为:(卖家店铺得分-同行业平均分)/(同行业店铺最高得分-同行业平均分)。如果是"高于",则表示为正数;如果是"持平",则等于0;如果是"低于",则表示为负数。因此,本研究中以"描述相符"的同行业比值(Depict)作为第三个自变量。当与同行业比值为正数时,即为积极的观察学习,当与同行业比值为负数时,即为消极的观察学习。

(3)控制变量。除产品价格(Price)外,本研究分别用产品已上市时间(age)和数据收集当周是否含节假日(Holiday)来作为控制变量。

上述所有因变量、自变量与控制变量的具体定义与描述如表5-2所示。

表5-2 变量的定义

变量	变量描述
$Wsales_{i,t}$	产品 i 在第 t 周的销量
$Price_{i,t}$	产品 i 在第 t 周的销售价格
$Holiday_t$	虚拟变量,若第 t 周包含节假日,则标识为1,否则为0
$Age_{i,t}$	产品 i 从上架起到第 t 周共经历的周数
$Depict_{i,t}$	产品 i 在第 t 周时其卖家页面信息"描述相符程度"与同行业平均水平相比的百分比
$Hsales_{i,t}$	产品 i 在第 t 周初其卖家页面信息"累计月销量"
$Collection_{i,t}$	产品 i 在第 t 周时其卖家页面信息"收藏商品"

（二）数据采集

在数据采集方面，由于目前网络数据采集的应用软件比较多，且功能较为完善，所以本研究选取"八爪鱼"采集器抓取数据。八爪鱼采集器是一款通用的网页数据采集器，可应对各种复杂的网页结构，简单快速地将网页数据转化为结构化数据，以 excel、api 等形式导出。该采集器操作简单，能够模拟人浏览网页操作，通过输入文字、点击元素、选择操作项等一些操作即可完成规则配置。该软件的采集步骤是：从网页中提取数据规则；给抓取的数据字典设置别名；输入目标网址，从中分析出满足规则的页面信息，配合循环步骤，用以重复地从多个元素中提取数据。

本研究借助八爪鱼采集器抓取页面相关数据，样本只包含在搜索结果页面默认排序中位于前 100 位的产品。一般来说，产品排名越靠前，其页面信息更新越频繁，选择这些信息变化较大的产品作为实证样本有助于辨别出在线观察学习信息对销量的影响。本研究在数据处理时，仅处理周销量大于 0 的样本数据，主要是为了保证时间序列分析的有效性，实际上天猫商城中很多在售产品的周销量均为 0，尤其是排列位置比较靠后的商品。为防止销售页面信息更新导致数据误差，保证所有商品信息尽可能在同一时间获取，本研究的数据爬取时间选择在周一凌晨 0 点到 6 点，因这个时间段内产品销售页面相对静止，消费者购买行为不活跃。数据爬取时间为 2017 年 3 月 4 日到 2017 年 7 月 5 日，持续 4 个月，共 16 周。每周将天猫商城销售的页面排序前 100 的笔记本电脑、手机、衣服和化妆品的相关数据采集下来。由于天猫商城产品更新频繁，平均每周上架和下架的产品超过 200 种，有时还会出现下架几周后又重新上架的现象，所以本研究的实证样本属于非平衡的面板数据。删除无效或异常数据后，有效样本共 21402 条，其中笔记本电脑记录有 4786 条，包含 1344 款产品；手机记录有 5792 条，包含 1432 款产品；衣服记录有 5934 条，包含 1456 款产品；化妆品有 4890 条，包含 1307 款产品。

四、数据分析与假设检验

本研究使用 Stata12.0 作为面板数据的分析工具。与传统的横截面数据集或时间序列数据相比，面板数据包含的信息更多、变量间共线性更弱，并且可以很好地控制个体的异质性问题。

(一) 回归模型

1. 基本模型

根据本书之前的研究模型及假设，同时为了保证模型的有效性，本研究对部分变量进行了取对数处理。最终得到基本模型为：商家服务质量（Depict）、月累计销量（Hsale）和收藏人数（Collection）对产品销量的影响，具体研究模型如下：

$$Ln\_Wsales = \beta_1 Ln\_Price + \beta_2 Holiday + \varepsilon \quad (5-1)$$

$$Ln\_Wsales = \beta_1 Ln\_Price + \beta_2 Holiday + \beta_3 Depict + \beta_4 Hsales + \beta_5 Collection + ui + \varepsilon \quad (5-2)$$

$$Ln\_Wsales = \beta_1 Ln\_Price + \beta_2 Holiday + \beta_3 Depict + \beta_4 Hsales + \beta_5 Collection + \beta_6 Ln\_Age \times Depict + \beta_7 Ln\_Age \times Hsales + \beta_8 Ln\_Age \times Collection + ui + \varepsilon \quad (5-3)$$

上述模型中 ui 用来控制不可观察的，且不随时间变化的个体差异。模型（5-1）中未加入控制时间差异的变量，这主要是由于变量 $Holiday$ 在一定程度上已反映时间效应，可看作是时间虚拟变量。ε 表示服从正态分布的随机干扰项。第 t 周产品销售量是由过去一周所有解释变量不断变化的瞬时值带来的销量积累而成。但实际数据的收集只能基于离散的时间点完成。本研究进行具体实证分析时各解释变量与控制变量取的是第 t 周初的值，所以模型（5-1）可看作是研究在线观察学习的期初值对当周产品销量的影响。

2. 描述性统计分析

由于因变量与所有控制变量的最大值与最小值之间相差较大，这将导致变量的峰值和偏度较大，使估计结果不稳定。为了减少峰值和偏差，借鉴 Chevalier 和 Mayzlin 等其他类似研究的处理方法，本研究对上述变量取对数，以克服估计误差。表 5-3 显示了变量间的描述性统计分析，表 5-4 对本研究涉及的关键变量进行了相关性分析。

表 5-3 描述性统计分析

变量	均值	标准差	最小值	最大值
Wsales	27.54	132.98	1	5643
Price	56.09	67.32	23	2965
Holiday	0.19	0.39	0	1
Age	38.36	26.81	1	198
Depict	0.068	0.216	-0.406	1
Hsales	235	142.23	1	28754
Collection	198	23.42	13	1190

表5-4 变量间的相关性分析

变量	Ln_Wsales	Ln_Price	Holiday	Ln_Age	Depict	Hsales	Collection
Ln_wsales	1						
Ln_price	0.227	1					
Holiday	0.046	0.014	1				
Ln_age	0.050	-0.211	0.235	1			
Depict	0.232	-0.079	-0.144	0.013	1		
Hsales	0.57	-0.02	-0.04	0.008	0.087	1	
Collection	-0.24	0.04	0.24	0.160	-0.127	0.812	1

(二) 平稳性和协整检验

本研究首先需要在回归分析之前对面板数据模型进行平稳性检验,这是由于一些非平稳的时间序列有时会表现出相同的变化趋势,如果面板数据不经过检验就直接回归,得到 R^2 也可能较高,但结果并没有实际意义。这种情况也被称为虚假回归,平稳性检验可以避免可能存在的虚假回归,确保回归结果的有效性。一般来说,检验数据平稳性最常用的方法就是单位根检验。

关于单位根检验,Levin 和 Lin[397]在非平稳的面板数据的渐进过程中很早就发现了其估计量的极限分布式高斯分布,提出了现在经常使用的 LLC 检验法。Maddala 和 Wu[398]提出的 Fisher-ADF 和 Fisher-PP 面板数据单位根检验法也比较常用,即 ADF-Fisher(不同根单位)和 LLD(相同根单位根检验)。其中,ADF-Fisher 常被用来进行非平稳面板数据的单位根检验。因此本研究采用上述方法对面板数据进行平稳性检验。检验结果如表5-5所示,所有变量都显著平稳。

表5-5 观察学习平稳性检验结果

	统计值	p值
Inverse chi-squared (0) P	3.435	0.023
Inverse normal Z	1.452	0.005
Inverse logit t (4) L*	2.871	0.002
Modified inv. chi-squared Pm	2.112	0.021

在平稳性检验之后,本研究进行了协整检验。协整是指两个或多个非平衡的变量序列的某个线性组合的序列平稳性。协整检验主要用来考察变量之间的长期

均衡关系。检验结果如表5-6所示。

表5-6 面板数据协整检验结果

统计量	搜索型商品			体验型产品		
	统计值	Z值	p值	统计值	Z值	p值
Gt	-6.260	-14.901	0.000	-7.765	-31.602	0.000
Ga	-104.915	-49.345	0.000	-180.973	-131.357	0.000
Pt	-21.823	-12.154	0.000	-41.885	-23.234	0.000
Pa	-106.728	-40.912	0.000	-126.973	-80.592	0.000

从表5-6中可以看出，数据结果通过了该协整检验，这说明各主要变量的方程回归残差平稳，变量之间存在长期稳定的均衡关系，所以原始数据可以进行回归分析。

（三）回归结果分析

1. 整体样本回归分析

使用 Stata 对基本模型的面板数据分别进行固定效应和随机效应分析，通过 BP 检验，发现 p=0.000，即数据样本存在个体效应，所以随机效应模型优于混合 OLS 模型，并用过 Hausman 检验其有效性。根据本研究样本数据的实际情况，最终选定固定效应模型进行参数估计，且估计时均采用聚类稳健性标准差，而非普通标准差。首先按商品类型进行分组，分别对搜索型和体验型商品进行回归。借助回归方程（5-1）~（5-3）得到在线观察学习信息变量对产品销量影响的主效应估计结果，数据结果如表5-7所示。

表5-7 整体样本观察学习信息对产品销量的影响

变量	模型（5-1）	模型（5-2）	模型（5-3）
Constants	2.357*** (0.000)	3.145*** (0.000)	2.076*** (0.000)
控制变量			
Ln_Price	-1.098*** (0.000)	-0.821*** (0.000)	-0.834*** (0.000)
Holiday	0.340*** (0.023)	0.359*** (0.023)	0.345*** (0.023)

续表

变量	模型（5-1）	模型（5-2）	模型（5-3）
自变量			
Depict		0.249*** (0.169)	0.349*** (0.169)
Hsales		0.486*** (0.005)	0.213*** (0.005)
Collection		0.167 (0.712)	0.235 (0.860)
调节作用			
$Ln\_Age \times Depict$			-0.081 (0.120)
$Ln\_Age \times Hsales$			0.275*** (0.012)
$Ln\_Age \times Collection$			0.085*** (0.018)
样本总数			
调整后 R^2	0.418	0.494	0.494
Model fit	164.28***	154.77***	159.14***

注：***表示 $p<0.01$，括号内数值为标准差。

从表5-7中的模型（5-1）可以看出控制变量销售价格（Ln_Price）和节假日（Holiday）对产品销量都有显著影响，其中销售价格对销量具有负向影响，也就是说商品的价格越高，商品的销量会越小，网购过程中销量增长快的商品通常都是性价比较高的商品；当周是否含节假日对产品销量具有显著正向影响。从模型（5-2）中可以看出，商家服务质量"与描述相符"（Depict）对商品销量有显著正向影响，但与"累计月销量"（Hsales）相比对商品销量的影响较小，支持H1、H3、H4，不支持H2。而"收藏人数"（Collection）对商品销量没有显著影响。从模型（5-3）中可以看出，加入交互项后，市场年龄与月销量和收藏人数的交互作用都是显著的正向调节，说明随着商品上架时间的增加，消费者对累计销量和收藏人数这两类观察学习信息更加依赖。而对商家服务质量信息而言，市场年龄对商品销量的交互作用不显著，H6得到部分支持。为了进一步解释这些显著的交互变量，以揭示市场年龄对观察学习信息销量影响的内在调节机制，本研究绘制了调节效应图，具体如图5-3和图5-4所示。从图5-3可以看出,当累计月销量低时,市场年龄的长短对商品销量的影响很小,当累计月销量高时,市场年龄的长短对商品销量的影响显著增加。从图5-4可以看出,收藏人数与市场年龄交互效应不显著,无论收藏人数多少,市场年龄对其都没有显著影响。

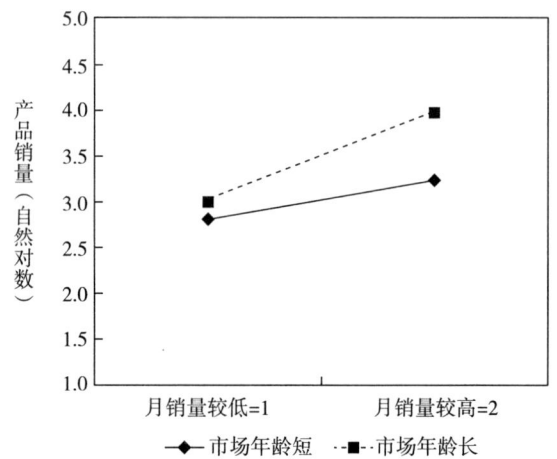

图5-3　市场年龄与累计月销量的交互效应

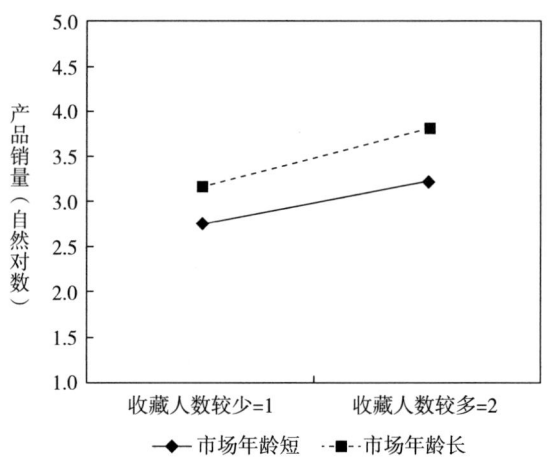

图5-4　市场年龄与收藏人数的交互效应

考虑到模型(5-2)中"收藏人数"对商品销量的影响不显著,可能是由于"收藏人数"与"累计月销量"相关性较高造成的,因此本研究分别对单个变量"累计月销量"和"收藏人数"建立两个回归模型(见表5-8)。

表5-8 累计月销量与收藏人数的回归分析

Model		Sum of Squares	df	Mean Square	F	Sig
	\multicolumn{6}{c}{$Y = 3.501 + 0.392x_1 + e$, $R^2 = 0.17$}
1	Regression	15.231	1	15.233	21.001	0.000
	Residual	75.325	104	0.725		
	Toal	94.584	105			
	\multicolumn{6}{c}{$Y = 4.183 + 0.265x_2 + e$, $R^2 = 0.10$}
2	Regression	9.008	1	9.008	11.58	0.000
	Residual	81.503	104	0.784		
	Toal	90.576	105			

表5-8的数据显示"累计月销量"(x_1)和"收藏人数"(x_2)在模型(5-1)和模型(5-2)中对"商品周销量"(Y)的贡献是显著的。然而,当把它们放到一起时,"收藏人数"(x_2)在组合模型中的贡献变小了,变成不显著,究其原因是"累计月销量"和"收藏人数"两个变量之间有太多的信息重复。这也反映在它们的相关系数(0.812)上,说明这两个变量高度相关。这一现象也可能表明"收藏人数"(x_2)对Y的作用是由"累计月销量"(x_1)所中介的,进一步检验是否存在中介作用。

2. 中介作用的检验

Baron与Kenny(1986)提出了测试中介作用的四个步骤:第一,用x对y做回归,并显示x对y是显著的。第二,用x对z做回归,并显示x对z是显著的。第三,用z对y做回归,并显示z对y是显著的。第四,用x与y对z做回归,并显示x的作用显著降低。Frazier等(2004)总结前人研究认为第一步骤是不必要的,因为一个变量x可能被两个其他变量所中介,而且这两个中介变量具有相反的作用,从而使x的直接作用并不显著。

本研究中"累计月销量"和"收藏人数"到底哪个假设为中介变量呢?维基百科中给出"人气"的解释是决定喜欢谁或什么的社会现象,形容人或事物受欢迎的程度。网络商品的人气通常可以用点击量、转化率、收藏率和销售量来衡量。在社交商务平台的商品页面中商品的"收藏人数"就体现了喜欢和关注该商品的人数,收藏人数越多,关注人数越多,那么该商品的人气就越高。根据营销领域"人气决定销量"理论,本研究将"累计月销量"作为中介变量(见

图5-5)。得到回归结果如表5-9所示。

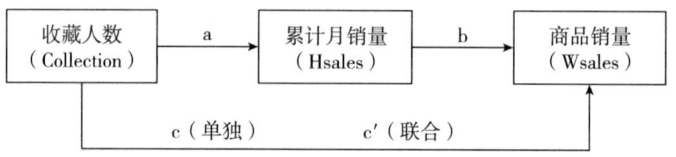

图5-5 中介作用路径

表5-9 中介作用检验

测试步骤	Path	非标准化	SEB	Sig	95%	CI	标准化
Wsales = f（Collection）	(c)	0.288	0.132	0.031	0.027	0.549	0.210*
Hsales = f（Collection）	(a)	0.677	0.090	0.000	0.499	0.856	0.593**
Wsales = f（Coll，Sales）	(c′)	-0.234	0.139	0.096	-0.511	0.043	-0.171
	(b)	0.772	0.122	0.000	0.529	1.013	0.642**

注：*表示 p<0.05，**表示 p<0.01。

表5-9数据显示满足做中介分析的条件，进而计算：

$$s(ab) = \sqrt{b^2 s_a^2 + a^2 s_b^2 + s_a^2 s_b^2}$$
$$= \sqrt{0.772^2 \times 0.90^2 + 0.677^2 \times 0.122^2 + 0.090^2 \times 0.122^2} = 0.108$$
$$ab/s(ab) = 4.814, \quad Z\text{-score} > 1.96$$

因此中介关系成立。进一步验证了社交商务平台中收藏人数越多，该商品在同类商品中排名就越靠前，因此买家在搜索同类商品时，更容易被买家搜到；收藏人数越多，说明该商品就越有机会被淘宝"聚宝盆"收录，这样就会增加商品的浏览量和客源，进而增加商品销量。

3. 商品类型的调节效应检验

在线性回归中调节作用又常被称为交互作用（Interaction Effect）。调节变量可以是连续变量或者类别变量。本章的研究中市场年龄属于连续变量，商品类型属于类别变量，因此需要分别对搜索型商品和体验型商品部分样本进行回归，探讨不同商品类型情况下弱关系社交商务情景下观察学习信息对商品销量的影响。借助回归模型（5-1）~（5-3）得到在线观察学习信息变量对产品销量影响的估计结果，数据结果如表5-10所示。

表5-10 搜索型商品（部分样本）观察学习信息对产品销量的影响

变量	模型（5-1）	模型（5-2）	模型（5-3）
Constants	1.535***	2.106***	1.982***
	(0.000)	(0.000)	(0.000)
控制变量			
Ln_Price	-1.001***	-0.610***	-0.624***
	(0.000)	(0.000)	(0.000)
Holiday	0.326***	0.319***	0.293***
	(0.023)	(0.023)	(0.023)
自变量			
Depict		0.437***	0.408***
		(0.169)	(0.169)
Hsales		0.286***	0.213***
		(0.005)	(0.005)
Collection		0.013	0.027
		(0.712)	(0.860)
调节作用			
Ln_Age × Depict			-0.182**
			(0.120)
Ln_Age × Hsales			0.275***
			(0.012)
Ln_Age × Collection			0.015
			(0.018)
样本总数			
调整后 R^2	0.418	0.494	0.494
Model fit F	164.28***	154.77***	159.14***

注：***表示 $p<0.01$，括号中的数值为标准差。

从表5-10可以看出，对于搜索型而言，模型（5-2）、模型（5-3）中"收藏人数"对产品销量没有显著影响，而"商家服务质量"和"累计月销量"均对"产品销量"显著影响。从模型（5-3）可以看出，加入交互项后，市场年龄与月销量和商家服务质量的交互作用都是显著的，而与"收藏人数"的交互作用不显著。

为了进一步解释这些显著的交互变量，以揭示市场年龄分别对累计销量和商家服务信息销量影响的内在调节机制,本研究绘制了调节效应图,具体如图5-6所示。

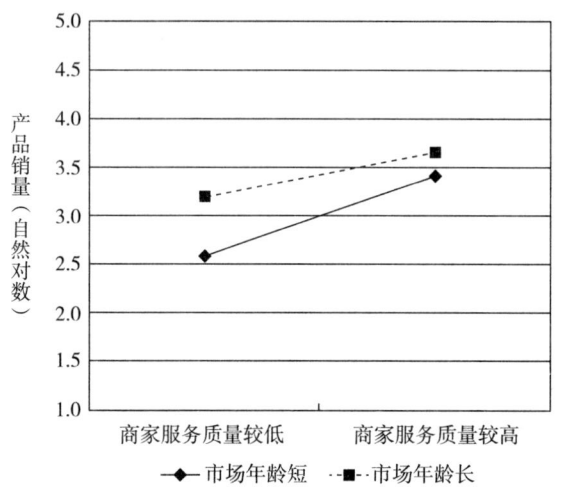

图5-6 搜索型商品市场年龄与商家服务质量的交互效应

从图5-6可以看出,对于搜索型商品而言,商家服务质量较低时,市场年龄较长的商品的销量显著高于市场年龄较短的商品。商家服务质量较高时,市场年龄对商家服务质量与产品销量的关系影响变弱。

从图5-7可以看出,对于搜索型商品而言,累计销量较少时,市场年龄对累计销量与商品销量关系的影响很小。然而当累计销量较多时,商品的上架时间越久销量就越好,这也进一步验证了为什么天猫平台大多数商品设置为累计月销量,而不是总的累计销量。

对体验型商品进行部分样本回归结果如表5-11所示,从模型(5-1)可以看出,控制变量销售价格(Ln_Price)、节假日(Holiday)对产品销量都有显著影响。对于体验型商品来说,模型(5-2)中三种在线观察学习对产品销量的影响均是显著的,与整体样本的模型(5-2)不同的是,体验型商品的"收藏人数"对产品销量影响显著,说明对于体验型商品衣服和化妆品等,人们在购买时,很难通过商家的客观数据判断产品的好坏,因此商品的"人气"也显著影响了商品销量。从模型(5-3)中可以看出,加入交互项后,市场年龄与月销量和收藏人数的交互作用都是显著的,而对商家服务质量信息而言,市场年龄对商品销量的交互作用不显著。为了进一步解释并分析这些显著的交互量,以揭示商品类型与市场年龄分别对在线观察学习信息销量影响的内在调节机制,本研究绘制了调节效应图,具体如图 5-8 所示。

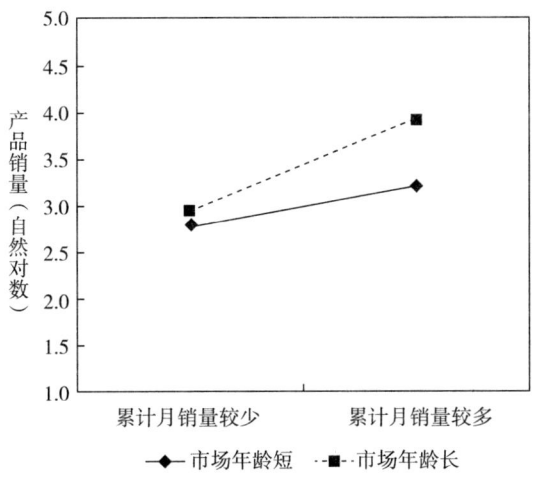

图 5-7 搜索型商品市场年龄与累计月销量的调节效应

表 5-11 体验型商品(部分样本)在线 OL 信息对产品销量的影响

变量	模型(5-1)	模型(5-2)	模型(5-3)
Constant	2.357***	3.145***	2.076***
	(0.000)	(0.000)	(0.000)
控制变量			
Ln_Price	-0.590***	-0.467***	-0.534***
	(0.000)	(0.000)	(0.000)
Holiday	0.230***	0.259***	0.305***
	(0.023)	(0.023)	(0.023)
自变量			
Depict		0.310***	0.349***
		(0.169)	(0.169)
Hsales		0.686***	0.613***
		(0.005)	(0.005)
Collection		0.234**	0.195**
		(0.712)	(0.860)

续表

变量	模型 (5-1)	模型 (5-2)	模型 (5-3)
调节作用			
Ln_ Age × Depict			-0.034 (0.120)
Ln_ Age × Hsales			0.312*** (0.012)
Ln_ Age × Collection			0.485*** (0.018)
样本总数			
调整后 R^2	0.418	0.494	0.494
Model fit F	164.28***	154.77***	159.14***

注：**表示 $p<0.05$，**表示 $p<0.01$，括号中的数值为标准差。

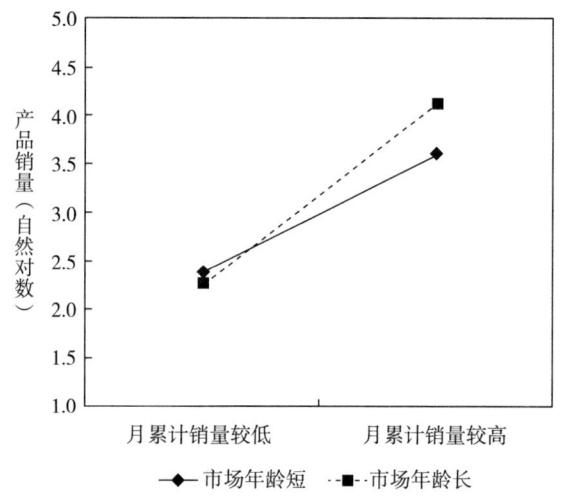

图 5-8 体验型商品市场年龄与累计月销量的交互效应

从图 5-8 可以看出，对于体验型商品来说，月累计销量与产品销量呈正相关，当体验型商品的累计月销量较低时，市场年龄短的商品销量略高，当商品的累计月销量较高时，市场年龄较长的商品销量显著高于市场年龄短的商品。

从图 5-9 可以看出，对于市场年龄短的体验型商品来说，收藏人数的增加对产品销量影响的增幅不大，但是对于市场年龄长的体验型商品，随着收藏人数的增加，产品销量增幅显著。综上所述，商品类型对观察学习与产品销量之间的关系具有调节作用，H5 成立。

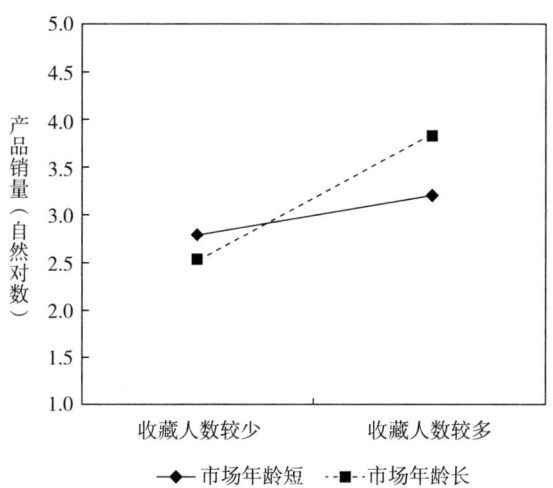

图 5-9　体验型商品市场年龄与收藏人数的交互效应

弱关系观察学习对产品销量的影响作用验证结果汇总如表 5-12 所示。

表 5-12　弱关系观察学习对产品销量的影响作用验证结果汇总

序号	研究假设	假设关系	验证结果
H1	积极的历史销量信息对产品销量的作用	正相关	成立
H2	消极的历史销量信息对产品销量的作用	不相关	不成立
H3	积极的商家服务信息对产品销量的作用	正相关	成立
H4	消极的商家服务信息对产品销量的作用	负相关	成立
H5	商品类型在观察学习信息影响商品销量关系中的作用	调节作用	成立
H6	市场年龄在观察学习信息影响产品销量关系中的作用	调节作用	部分成立

五、结论与讨论

本章节主要是对"累计销量""收藏人数""商家服务质量"三类观察学习信息对产品销量影响作用的探索和明晰，旨在研究特定的弱关系社交商务平台下基于行动的社交互动（观察学习）和产品销量之间复杂的交互作用，并验证了商品类型和市场年龄的联合调节作用。

研究结果显示：①积极的累计销量和商家服务质量对产品销量均具有显著的正向影响，收藏人数对产品销量没有显著影响，但是它对累计销量有显著的正向影响。验证了社交商务平台中收藏人数越多，该商品在同类商品中排名就越靠前，因此买家在搜索同类商品时，更容易被买家搜到；收藏人数越多，该商品就越有机会被淘宝"聚宝盆"收录，这样就会增加商品的浏览量和客源，进而增加商品销量，这提醒商家除了关注基于内容的在线评论外，不能忽视在线观察学习的重要作用，弱关系社交商务平台可以优化网页设计，合理利用有限的页面空间，为消费者提供更多的有价值信息。②在线观察学习对产品销量的影响会显著受到商品类型和市场年龄的联合调解作用。对于搜索型商品而言，当商家服务质量高时，市场年龄对销量的影响很小；在累计月销量高的情况下，市场年龄对商品销量有显著影响；收藏人数对商品销量的影响不显著。对于体验型商品而言，三类观察学习均对产品销量有显著影响，说明人们在购买衣服和化妆品等体验型商品时，相较于搜索型商品更难通过商家的客观数据判断产品的好坏，因此商品的"人气"也显著影响了商品销量。研究结论有助于引导弱关系社交商务平台优化商品页面不同的观察学习信息资源，以增加平台销量。

本章节的理论贡献在于：①本章以三类观察学习信息为切入点，从社会影响的视角为平台和商家提供洞见，为商家如何更好地把握基于行动的社交互动信息促进社交商务的繁荣提供了剖析视角。②通过实证分析检验了弱关系社交商务环境下商品页面观察学习信息与商品销量间的复杂关系，丰富了在线社交互动影响消费者购买行为的研究框架。

六、本章小结

本章构建了弱关系社交商务平台基于行动的社交互动（观察学习）影响消费者购买行为的理论框架，系统地研究了累计销量、收藏人数和商家服务质量三类观察学习信息对消费者购买行为的影响机理。以天猫商城为例，爬取了商品网页信息，采用面板数据分析的方法实证验证了弱关系社交商务环境下的累计销量、收藏人数和商家服务质量三类观察学习信息与消费者购买行为之间的关系，以及商品类型和市场年龄的调节作用。本章的具体研究内容如下：

（1）基于相关理论提出研究假设。首先阐述了矛盾现象和本章的研究目的，并在此基础上提出了本章的研究框架与假设,探索累计销量、收藏人数和商家质量对消费者购买行为的影响,以及商品类型和市场年龄对这一影响的调节作用。

(2) 研究设计与数据采集。首先是明确各个变量如何测量,定义相关变量。其次采用八爪鱼采集器,设置采样规则进行数据采集和筛选。

(3) 数据分析与假设检验。采用 Stata12.0 进行面板数据分析,首先构建回归模型,并进行描述性统计分析;其次进行平稳性和协整检验;最后对模型进行回归分析,进一步验证了三类观察学习信息对消费者购买行为的影响,及商品类型和市场年龄的交互作用。

第六章 用户网络特征对信息分享意愿的影响：搜索与迁移的双重过程视角

一、研究目的

随着社交媒体的普及，微博、微信、Facebook 等逐渐成为人们生活中的基础应用，人们的生活模式和商业模式都发生了巨大的变化。社交媒体用户的行为意向越来越多地受到其所处社交群体的影响。用户间相互交流，分享信息，在这其中有的用户属于"参与式"用户，他们积极分享和参与评论，还有一些用户属于"围观式"用户，他们较少地分享信息和发表评论。作为一种社会交换行为，社交网络中的用户信息分享影响因素也是多方面的，学者们从社会资本[399]、分享动机[400]和用户的人口特征[401]等多角度探讨了信息分享的影响因素。与传统的线下社交网络不同，不同的社交媒体平台具有不同的用户网络特征，有的是强关联网络，如微信朋友圈和 QQ 好友；有的是弱关联网络，如微博和 Pinterest，朋友间共同参与交互活动的频繁程度与网络的规模等因素显著影响了用户信息的传播效果[38]，如网络中心度、网络连通性等势必影响消费者的购买和分享行为。因此在宏观视角下，社交互动的网络特征体现在信息传播和扩散方面，不同关系强度社交商务平台下的社交互动行为会产生不同的用户网络特征，这些特征必然影响产品信息的传播和消费者对产品的认知和采纳。本研究将对用户网络特征、用户双重行为倾向与信息分享意愿三者之间的关系进行系统研究，不仅在理论上揭示了用户网络特征对信息分享的差异化作用机理，也为用户积极参与社交平台实践提供了借鉴和启示。

二、相关研究评述

已有的对社交平台信息共享的研究,主要关注以下两个方面。第一类研究主要关注基于认知学和心理学视角探讨用户参与信息共享的动机。李枫林等基于人际行为模型探讨了用户参与知识贡献和分享信息的动机[402],李力研究了虚拟社区知识搜寻和持续知识贡献的关系[403]。还有学者从情绪视角研究了购买后情绪对消费者转发在线信息的影响[404],Lampe 等基于满足感理论探讨了在线社区用户分享信息的动机[405]。第二类研究关注基于社会网络视角探讨社交网络结构对信息传播的影响。夏火松等[406]基于 R 语言研究了 QQ 群中知识共享行为,认为群组关系和领袖参与对群组内知识共享有积极的影响,Susarla 等基于社交网络结构分析了不同社交过程对信息扩散的影响[407],Thompkins 等以视频内容扩散为例,分析了内容特征和网络结构对用户创造内容扩散的影响[408]。

已有的研究结论为本研究提供了一定的基础,但对于不同用户网络特征与信息分享关系的内在机制缺乏有针对性的研究和深入的探讨。从文献回顾分析得到,社交网络视角探讨社交网络中的知识分享的问题侧重于寻找相关信息资源,这是信息的寻找和认同的过程,可以称之为搜索活动;而从心理学和认知学视角研究用户参与或转发动机,这是对信息的整合和内化吸收的过程,可以称之为迁移活动。本书借鉴这两方面的研究,将社交商务环境下的产品信息分享问题定义为信息搜索和信息迁移的双重过程,研究不同网络特征对消费者信息分享机理的差异性,通过对两个主流的社交网络平台(微信和微博)的问卷调查,实证分析了不同的用户网络特征对消费者信息分享意愿的影响。

(一)搜索和迁移

在社交网络中每个成员面临的一个任务就是寻找和确定零散地分布在网络各处的有用知识。社交网络中的完全搜索需要花费大量的时间成本,这会使搜索过程困难且不确定。因此有效的信息共享和网络间流动非常重要。在搜索过程中不是所有的网络特征都具有相同的作用。根据 Granovetter 提出的观点[19],相比那些强连接的团队,拥有弱连接的项目团队可能在网络搜索方面更具有优势,因为他们之间的交往不太可能提供冗余知识。保持网络上的强连接要比保持弱连接付出的成本更多,需要定期和网络其他成员进行交流,这些交流常常并不和某一特定的任务直接相关。还有另一个原因可以解释弱连接的社交网络可能比强连接拥有更多的搜索优势。借用弱耦合（Loose Coupling）的概念，Weick[409]认为和其他组织联系不那么紧密的组织适应性更好，因为他们受到来自其所在组织系统的限制更小。在一个网络中弱连接的特征既可以通过与其他人分享信息带来的好处，同时还可以避免由于被社交网络过度牵绊带来的不利。弱耦合这个概念可以帮助解释网络中的自主权和连接的问题。网络间的强连接对行动的限制多于弱连接，主要原因在于以下两点：第一，强连接关系总伴随着一种互惠安排，即建议和帮助是双向流动的。与之形成鲜明对比的是网络间的弱连接关系不一定是高度互惠的。第二，与网络惯性（Network Inertia）相关。当网络用户的搜索任务不能在强连接关系网络中有效解决时，搜索可能需要建立弱连接渠道。已有研究表明，用户依赖于他们嵌入较深的已有沟通渠道[410]。网络用户搜索到有用知识后，需要对有用信息进行内化迁移。典型的社会网络论断认为，知识来自和焦点行动者的接触，并不需要花费额外的精力进行知识迁移。当网络连接作为行动者之间的桥梁时，知识通过中间者流向焦点行动者。当那些需要的知识遗留于知识源头时，网络用户就不得不花费精力进行知识迁移。

（二）偏好异质性

DeSarbo等[411]最早提出了偏好异质性的概念，将其定义为消费者在进行判断和选择过程中所体现出的个体选择偏好和观念上的差异。根据偏好差异是否被识别，消费者偏好异质性可区分为两种类型：一类是可观测的消费者偏好信息，即系统性偏好差异；另一类是不可观测的消费者偏好信息，即随机偏好差异。对于消费者偏好异质性的识别一直是学者和业界共同关注的问题。2018年艾瑞调查报告发现，36.7%的用户会同时拥有3个移动社交应用，30.3%的用户会同时拥有2个移动社交应用，还有9%的用户甚至会同时拥有5个以上的移动社交应用，多种社交应用满足用户不同的需求，社交媒体用户也会根据不同的偏好和需求来选择各种社交网络。对于强弱连接不同的两类社交媒体平台存在不同的用户使用偏好。

三、研究假设与研究模型

（一）网络特征对双重行为倾向的影响

网络和在此基础上产生的关系决定了人们如何交流和产生信念[412]，因此社交平台形成的用户网络特征影响了人们的行为倾向。本研究进一步从微观层面上将网络特征定义为偏好异质性和关系强度两个维度,将用户行为倾向定义为信息搜索和迁移的双重过程。社交媒体时代,一种社交网络是基于线下的熟人朋友联系构建起来的社交平台,如微信朋友圈和QQ好友,线下的熟人有了更方便的交流方式;还有一种是基于不同兴趣建立的陌生人的社交平台,尽管彼此素未谋面,却能找到共同的兴趣爱好的朋友,传统意义上的朋友和陌生人的概念被弱化了[13]。从关系强度的维度来看,基于兴趣的陌生人朋友网络属于弱连接网络,而基于熟人朋友的社交网络是强连接网络;从偏好异质性的维度来看,基于兴趣的陌生人朋友网络具有兴趣同质性,即偏好异质性低,而基于熟人朋友的社交网络属于高偏好异质性网络。有学者指出基于兴趣的社交网络的兴起,与线下熟人朋友相比,消费者更倾向于采纳社交网络朋友的意见[412]。基于以上认知,本书提出如下假设:

H1:与偏好异质性较高、强连接关系的网络相比,具有兴趣同质性和弱连接关系的用户网络对信息搜索倾向有较强的影响。

H2:与偏好异质性较高、强连接关系的网络相比,具有兴趣同质性和弱连接关系的用户网络对信息迁移倾向有较强的影响。

(二) 双重行为倾向对信息共享的影响

社交媒体的发展使用户可以在网络上分享其采用商品的经验,将商品采纳者转化为产品信息的分享者是社交商务成功实现的重要因素。在关于消费者导向的相关研究中,只有当消费者偏好得到满足时,消费者才会产生积极的行为态度[413]。同时有学者发现产品知识共享行为受到多方面因素的影响,如产品知识发送者的特征、产品知识本身的特性和接受者的特征等都会对共享行为产生影响[414]。当人们在搜寻产品或服务时,他们面临的首要任务就是寻找和确定网络中的有用知识,因此搜索过程积极影响了信息分享和推荐;同时根据社会影响理论,当知识发送者与接收者偏好一致时,所发送的信息更容易内化和迁移[415],因此高效的信息迁移有助于信息分享和推荐。基于以上认知,本章提出如下假设:

H3:信息的搜索过程对信息分享意愿有正向显著影响。

H4:信息的迁移过程对信息分享意愿有正向显著影响。

基于以上假设及分析,本章构建了用户网络特征对信息分享意愿的理论模型,如图6-1所示。

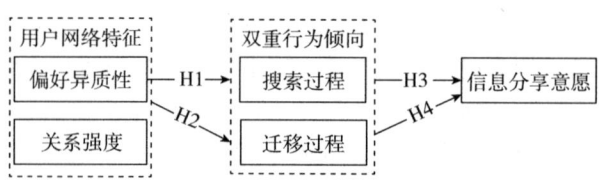

图 6-1 研究模型

四、研究设计

(一) 用户群体大数据特征

本研究选取微信和微博作为对比研究的对象,从业界常用的监测网站 360 指数大数据分析(http://index.so.com)对两个社交平台分别进行查询和对比用户特征如图 6-2 所示。可以看出两个平台的客户人群年龄分布基本一致,性别存在差异,微信使用者男性多于女性,而微博使用者女性多于男性。

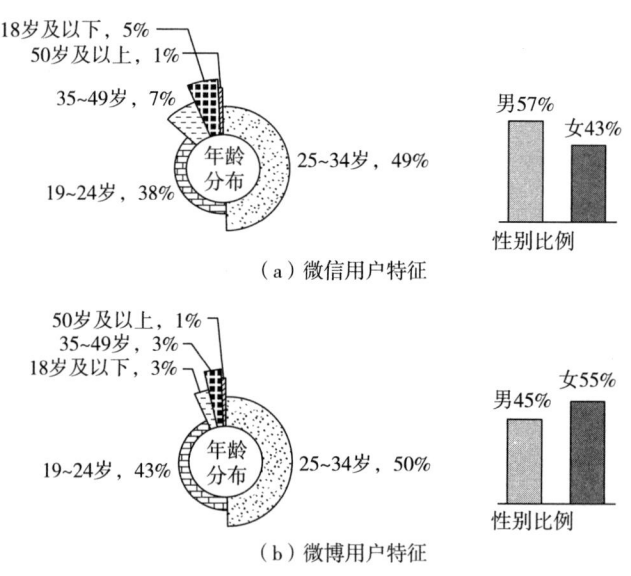

(a) 微信用户特征

(b) 微博用户特征

图 6-2 网络用户特征比较

对两个平台的用户属性对比研究如图 6-3 所示,可以看出两个社交平台最主要的四个属性均为网络高手、交友达人、购物狂、影视 fans,即可以认为两个平台兼具社交和商务的特征。通过对比可以看出微博的"交友达人"功能强于微信,因此微博属于兴趣同质性网络即偏好异质性低的网络;微信的"网络高手"功能强于微博,说明用户的微信交流很频繁,因此微信属于强关联网络。微信是基于熟人的社交平台,更加注重线下熟人关系的在线延伸,交友功能较弱。而微博是基于兴趣的平台,人们更多的是在上面找到与自己兴趣爱好相投的"知音",所以有强的交友功能。因此通过对用户群体特征的数据分析得出微信用户网络属于偏好异质性高的强关系网络,而微博属于偏好异质性低的弱关系网络,符合前文分析的基于熟人的社交平台特征和基于兴趣的社交商务平台特征。

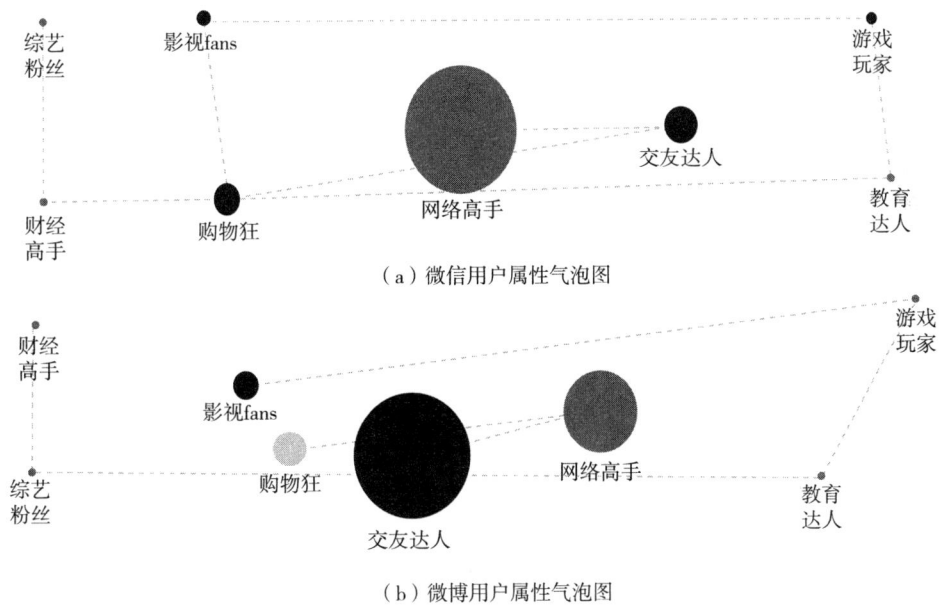

图 6-3　网络用户特征属性比较

(二) 研究量表与样本收集

本研究主要探讨社交网络环境下,不同的用户网络特征对产品信息分享的影响,采用问卷调查收集数据。问卷设计采用李克特 5 级量表,①从偏好异质性和关系强度两方面来测量用户网络特征,它是一个二值变量,将偏好异质性高的强关系用户网络编码为 0,将偏好异质性低的弱关系用户网络编码为 1。②搜索和迁移的双重过程分别通过感知有用性和感知相似性来度量[416,417]。③信息分享通过在线转发来测量[418,419]。为了确保测量效度,本研究构念的测量题目都源自相关研究的成熟量表,个别题目做了微小改动。问卷选取在微信用户人群和微博用户人群中发放,初始问卷在35人的大学班级中进行了小规模前测,将表达不清晰的问题进行了重新设计和修正,形成了具有较高信度和效度的最终问卷,正式问卷的发放在2017年3月进行,考虑到问卷填写的有效性和准确性,本研究采用现场发放问卷的方式收集问卷,首先被试被告知具体的情景,然后正式填写问卷。最终问卷在高校6个自然班级中发放,共计417份。最终收回微信用户的有效问卷201份,其中男性110人,占54.7%,女性91人,占45.3%;微博用户的有效问卷208份,其中男性86人,占41.3%,女性122人,占58.6%。

五、数据分析

(一) 描述性统计分析

表6-1是相关变量的描述性统计分析,从表中可以看出搜索过程和信息分享意愿的均值均大于4,两种网络特征环境下有差异,但差异不大,而迁移过程的均值变化较大。从表6-2的变量相关系数可以看出各构念之间具有良好的区分度,说明可以进行后续统计检验。

表6-1 样本数据描述性统计

变量	微信				微博			
	均值	标准差	最小值	最大值	均值	标准差	最小值	最大值
搜索过程	4.045	0.635	2	5	4.183	1.003	1	5
迁移过程	2.304	0.456	2	4	3.788	1.230	2	5
信息分享意愿	4.213	1.122	2	5	4.756	0.983	2	5

表6-2 变量之间的皮尔逊相关系数

变量	用户网络特征	搜索过程	迁移过程	信息分享意愿
用户网络特征	1			
搜索过程	0.237**	1		
迁移过程	0.366**	0.245**	1	
信息分享意愿	0.357**	0.238**	0.209**	1

注: ** 表示 $p < 0.05$。

(二) 方差分析

根据不同的用户网络特征进行分组，分别对搜索过程、迁移过程和信息分享意愿进行了单因素方差分析（见表 6-3），为了能够更加直观地展示影响效果，本研究进行了比较均值绘图，如图 6-4 所示，结果显示 p 值都小于 0.001，不同用户网络特征的用户信息分享行为的差异非常显著，与微信相比，偏好异质性低的弱关系的微博网络会导致较高的搜索行为倾向、迁移行为倾向和信息分享。微博用户迁移过程倾向显著高于微信用户网络，验证了基于兴趣的社交网络更加有助于信息和知识的迁移；微博用户搜索过程倾向略高于微信用户网络，说明从信息搜索的角度来看，弱关系网络信息寻找和确认的效果更好，弱关系网络的搜寻优势得到了验证；微博用户的信息分享意愿明显高于微信用户的信息分享意愿，因此本研究提出的所有假设都得到了方差分析的初步支持。

表 6-3　用户特征分组方差分析结果

变量		平方和	自由度	均方	F	显著性 p 值
搜索过程	组间	748.72	1	748.72	1053.13	0.000
迁移过程	组间	689.15	1	689.15	1282.01	0.000
信息分享意愿	组间	712.33	1	712.33	1006.45	0.000

注：上述 Batlett 的方差齐性检验结果，$Prob > chi^2 = 0.000$。

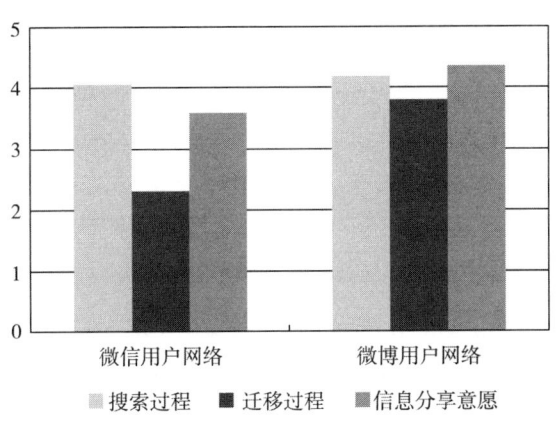

图 6-4　均值比较

(三) 回归分析

回归分析的步骤如下：首先直接用自变量对因变量进行回归，其次加入控制变量进行二次回归。本研究为了获取不同用户网络对信息分享影响的总体解释水平，以用户网络特征（un）为自变量，分别对因变量搜索行为倾向（pu）、迁移行为倾向（ps）和信息分享意愿（Is）进行回归分析。

（1）用户网络特征与双重行为倾向的回归分析。

本研究分别对双重行为倾向：搜索行为倾向（pu）和迁移过程（ps）构造如下回归模型，并对这一模型进行两次回归，其回归结果如表6-4所示。

表6-4 用户网络特征对行为倾向的回归结果

变量	第一次回归			第二次回归		
	系数	标准误差	T值	系数	标准误差	T值
因变量 pu	调整 $R^2=0.036$			调整 $R^2=0.038$		
un	0.107***	0.003	30.620	0.129***	0.009	13.71
$gender$				0.002	0.001	1.28
age				0.048	0.009	5.10
$gender \times un$				0.006***	0.002	2.85
$age \times un$				0.043	0.010	4.41
constant	1.414***	0.002	76.700	1.420***	0.007	216.77
因变量 ps	调整 $R^2=0.178$			调整 $R^2=0.201$		
un	0.693***	0.009	73.410	0.346***	0.025	13.85
$gender$				0.089	0.004	24.18
age				0.035	0.025	1.43
$gender \times un$				0.062***	0.005	11.58
$age \times un$				0.107	0.028	3.84
constant	4.486***	0.007	71.750	4.096***	0.017	237.27

注：***表示 $p<0.01$。

$$pu = \beta_{10} + \beta_{11}un + \beta_{12}gender + \beta_{13}age + \beta_{14}gender \times un + \beta_{15}age \times un + \varepsilon_1$$

$$ps = \beta_{20} + \beta_{21}un + \beta_{22}gender + \beta_{23}age + \beta_{24}gender \times un + \beta_{25}age \times un + \varepsilon_2$$

第一次回归显示用户网络特征（un）与搜索行为倾向（pu）显著正相关，调整 R^2 为0.036，p值小于0.001；用户网络特征（un）与迁移行为倾向（ps）显著正相关，调整 R^2 为0.178，p值小于0.001。第二次回归显示性别（$gender$）和年龄（age）对双重行为倾向的影响均不显著，但性别（$gender$）对搜索（pu）和迁移（ps）双重行为均具有调节作用。第二次回归分析添加了控制变量，从表6-4可以看出，添加了控制变量后对回归方程的解释水平有改善但不明显，搜索行为倾向（pu）的解释水平 R^2 由 0.036 提高到 0.038，而迁移行为倾向（ps）的解释水平 R^2 由 0.178 调整到 0.201。因此在控制了其他因素的情况下，与偏好异质性较高、强连接关系的网络相比，兴趣同质性和弱连接关系的网络环境对信息搜索和迁移倾向均有较强的影响，H1 和 H2 得到统计支持。

（2）双重行为倾向对信息共享的回归分析。

本研究分别构建搜索过程和迁移过程影响信息分享意原（Is）的回归模型，并对这一模型进行两次回归，其回归结果如表 6-5 所示。

$$Is = \beta_{30} + \beta_{31}un + \beta_{32}gender + \beta_{33}age + \beta_{34}gender \times pu + \beta_{35}age \times pu + \varepsilon_3$$

$$Is = \beta_{40} + \beta_{41}un + \beta_{42}gender + \beta_{43}age + \beta_{44}gender \times ps + \beta_{45}age \times ps + \varepsilon_4$$

第一次回归显示行为倾向 pu 和 ps 与信息分享意愿（Is）显著正相关，第二次回归显示性别（gender）和年龄（age）对双重行为倾向的影响均不显著。第二次回归分析中添加了控制变量，从表 6-5 中可以看出，添加了控制变量后对回归方程的解释水平有改善但不明显，因此在控制了其他因素的情况下，搜索与迁移的双重行为过程对信息分享意愿有显著的正向影响，H3 和 H4 得到统计支持。

表 6-5 行为倾向对信息共享意愿的回归分析

变量	第一次回归			第二次回归		
	系数	标准误差	T 值	系数	标准误差	T 值
因变量 Is	调整 $R^2 = 0.031$			调整 $R^2 = 0.033$		
pu	0.230***	0.003	30.610	0.229***	0.007	13.14
gender				0.001	0.020	1.23
age				0.027	0.011	4.21
gender × un				0.009	0.012	3.15
age × un				0.014	0.010	4.42
constant	1.514***	0.002	75.230	1.623***	0.004	221.56
因变量 Is	调整 $R^2 = 0.156$			调整 $R^2 = 0.197$		
ps	0.630***	0.009	72.220	0.316***	0.035	12.54
gender				0.090	0.012	23.81
age				0.043	0.033	2.34
gender × un				0.046	0.006	14.01
age × un				0.097	0.028	3.44
constant	4.162***	0.007	70.570	4.136***	0.016	232.71

注：*** 表示 $p < 0.01$。

(3) 关系特征与信息分享意愿的回归分析。

本研究的理论模型是用户网络特征（un）通过搜索行为倾向（pu）和迁移过程（ps）间接影响因变量信息分享意愿（Is）。根据 Sobel 的中介变量检验方法，需要再进行两次回归，首先因变量分别对自变量进行回归，然后加入中介变量后，因变量再对中介变量和自变量进行回归（见表 6-6）。如果加入中介变量后，因变量对它们的回归效果显著，而没加中介变量时，因变量对自变量的回归不显著或显著性降低，则说明存在中介作用，因此本研究构建回归模型如下：

$Is = \beta_{50} + \beta_{51} un + \varepsilon_5$

$Is = \beta_{60} + \beta_{61} un + \beta_{62} pu + \varepsilon_6$

$Is = \beta_{70} + \beta_{71} un + \beta_{72} ps + \varepsilon_7$

表 6-6 信息分享意愿的回归结果

变量	回归系数	标准误差	T 值	显著性 p 值
信息分享意愿对用户网络特征的回归：调整 $R^2 = 0.005$				
un	0.578 ***	0.045	13.11	0.000
constant	0.611 ***	0.032	19.61	0.000
信息分享意愿对用户网络特征和搜索行为倾向的回归：调整 $R^2 = 0.013$				
un	0.373 ***	0.045	10.41	0.00
pu	1.068 ***	0.081	13.13	0.00
constant	2.142 ***	0.120	17.85	0.00
信息分享意愿对用户网络特征和迁移行为倾向的回归：调整 $R^2 = 0.024$				
un	0.102 **	0.039	2.7	0.007
ps	0.637 ***	0.035	21.99	0.000
constant	2.316 ***	0.137	15.89	0.000

注：*** 和 ** 分别表示在 0.001 和 0.01 水平（双侧）上显著相关；Ramscy 参数误差检验和 Breusch - Pagan 异方差检验的 p 值小于 0.001，共线性检验方差膨胀因子 VIF 都小于 10。

回归结果显示信息分享意愿（Is）对用户网络特征（un）回归结果显著；加入中介变量搜索行为倾向（pu）和迁移行为倾向（ps）后，信息分享意愿（Is）对用户网络特征（un）的回归系数显著性降低，进一步说明了双重过程倾向对用户网络特征（un）与信息共享意愿（Is）影响的中介作用显著，因此搜索和迁移双重行为倾向的中介作用机理得到支持。

六、结论与讨论

本章节基于社会网络和知识共享理论研究了用户社交网络、双重行为倾向与信息分享意愿的关系。研究发现：①搜索与迁移的双重过程在用户网络特征与信息分享意愿间起到了部分中介作用。社交商务平台信息分享与参与意愿的增加需要经过信息的寻找认同与吸收内化的过程，即搜寻与迁移的双重过程。②与偏好异质性高的强关系网络相比，偏好异质性低的弱关系网络对双重行为倾向均有较强的影响，因此与微信用户相比，微博用户信息的搜索和迁移过程更好，进而信息分享效果更好。

本研究的理论贡献主要体现在：①从偏好异质性和关系强度两个维度来定义用户社交网络特征，使得社交网络的划分更符合实际情景。②将信息分享过程定义为搜索与迁移的双重过程有助于解读不同社交网络环境下用户网络特征对信息分享意愿改变的根源和程度。③偏好异质性高的强关系网络和偏好异质性低的弱关系网络对信息分享意愿的影响存在显著差异，这一结论也弥补了前人研究的不足，为解释社交媒体环境下的新现象提供了新的理论支持。

七、本章小结

基于社会网络理论从搜索与迁移的双重过程视角出发，以微信和微博作为研究对象，通过问卷调查实证研究了用户网络特征对信息共享意愿的影响机制及不同用户网络信息分享机制的差异性。研究结果表明搜索与迁移的双重过程在用户网络特征与信息分享意愿间起到了部分中介作用；与偏好异质性高的强关系网络相比，偏好异质性低的弱关系网络对双重行为倾向均有较强的影响。深挖用户使用各种社交应用和社交媒体的原因：一是社交需求，要体现在"求新"和"求同"两个方面，求新即"认识新朋友，扩大朋友圈"，求同即"找到志趣相投的伙伴"；二是求知过程，获取自己需要的知识或信息。研究结论丰富了知识共享理论体系，并且有助于社交商务平台有针对性地设计交互功能促进商务活动和商家选择合适的营销策略提高收益。本章的具体研究内容如下：

（1）基于相关理论提出研究假设。这一部分阐述了矛盾现象和本章的研究目的,并在此基础上提出了本章的研究框架与假设,探索网络特征对消费者分享行为的影响,以及搜索过程和迁移过程的中介作用。

(2)研究设计与数据采集。首先是明确各个变量如何测量,定义相关变量;其次通过问卷调查收集数据。

(3)数据分析与假设检验。采用 SPSS 进行数据分析,首先构建回归模型,并进行描述性统计分析;其次验证了社交互动形成的用户网络特征对消费者分享行为的内在机理。

第七章 社交互动对消费者购买行为动态影响的建模与仿真

本章将从宏观视角分析社交互动的网络形成机制和扩散情景,以社交互动的动态影响过程为研究对象,考虑消费者社交商务环境下的社交互动决策规则,基于 SIR 传播动力学模型构建消费者社交互动动态演化的两阶段模型,并基于实证研究结论挖掘强关系社交商务平台和弱关系社交商务平台的差异化网络特征,最后将这一社会影响的动态过程通过 Netlogo5.3 软件进行类比仿真实验,并对仿真结果进行讨论分析。

一、社交互动的动态影响过程机理分析

社会影响理论认为个体行为的改变来源于外在的诱导,包括他人或群体的影响等[286]。根据 Kelman 的研究,社会影响过程是个体受到所处环境中影响源的引导,影响源引导个体明确所需回应,个体选择做出所诱导的行为,使个体目标达成。其中,引导是指影响源提供给个体某种行为选择,为个体做出某种行为提供可能。

本章致力于对社交商务环境下在线社交互动的社会影响动态过程机理进行分析,我们认为图 7-1 所示的社会影响过程同样适用于社交互动的社会动态影响情况。例如,一个消费者处于社交商务环境下想要购买某种商品或者仅仅是"闲逛",在这一环境下会出现很多其他人发布的评论、分享的某商品或服务的信息、观察到其他人的购买和收藏情况等社交互动信息,其中有些互动会引起消费者的关注并被该消费者感知和认同,那么他就会做出转发或评论等一系列行为,最终达成社交互动目的,表现为该消费者了解该商品和决定购买该产品。这一过程中,消费者是个体,社交商务平台是个体所处环境,与他人社交互动的内容特征

是影响源,它是对消费者进行引导的具体途径和表现形式,使消费者通过回应这些内容进行社交互动,从而做出影响源所诱导的行为,最终达成购买新产品的目标。为了更加清晰地反映这一过程,明确消费者、社交互动和产品采纳在这一过程中的关系,本研究将这一过程描述为图7-2。

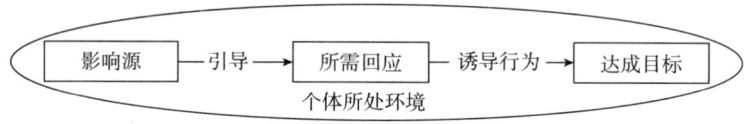

图7-1 社会影响的发生过程

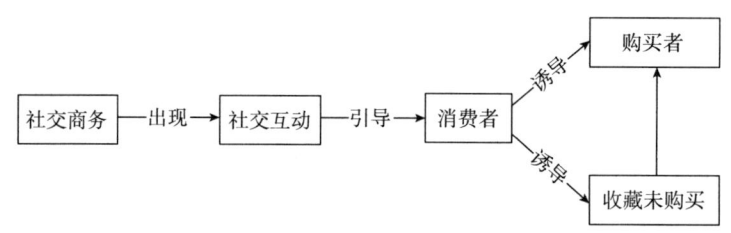

图7-2 未知信息者受到其他人社交互动的影响购买或分享商品信息的过程

图7-2所示的社交商务环境下社交互动的动态影响过程类似于传染病传播过程。易感染的个体与具有感染性的个体在接触过程中,单位时间以一定的概率被感染,同时已感染的个体以一定概率被治愈后又重新成为健康易感的个体。健康个体(消费者)所处环境中出现了感染个体(认同和购买者),未购买消费者会再以一定的概率被感染,即购买该产品。由于环境的影响,已购买的消费者还会后续购买,类似于再次感染。基于以上分析可以发现,消费者受到社交互动影响而持续做出采纳行为的过程与传染病传播过程相对应。而传染病动力学模型是对病毒的传播以及信息传播规律进行理论分析的有力工具,它能够通过建立数学模型,对模型进行定性和定量分析,对具体参数进行数值模拟来反映传染病的发展过程,进而揭示其传染规律。

传统的传染病仓室模型假设人群是完全均匀混合的,而实际上,每个人在有限时间内,会因某种行为和一定数量的人接触,如商品购买过程,所以传统的传染病仓室模型不能很好地考虑社交商务环境下的消费者接触网络对病毒感染的影响,如强关系社交商务和弱关系社交商务具有不同的结构特征,而网络结构对在线社交互动的动态影响是不容忽视的。

二、社交互动的动态影响过程模型构建

（一）网络的形成机制与社会影响的动态情景描述

网络是一个用来描述相互作用的重要工具，经济社会学家们早就开始倡导运用网络描述个体间的相互关系，来解决宏观视角问题，并形成经济社会网络学[420]。在这些研究中，社会组织和个人是网络中的顶点，他们之间的关系是网络中的边。基于网络特征来审视社交互动，我们发现消费者网络的形成有以下两种机制：①信息效用和交流效用。就社交商务环境下的社交互动而言，首要目的是获取信息和同伴交流，因为对一个产品的了解很难获取最全面的信息，个体在网络中与其他个体交流时找到自己想要的信息，同时在交流的过程中找到"知音"，即那些与自己兴趣偏好相同的朋友。这与社会影响分类中的信息性社会影响相呼应。②从众效用和学习效用。社会心理学家的研究表明，当个体在处理不确定程度高的决策时通常会表现出从众效应，别人怎么做我就怎么做，在社交商务环境下表现为朋友怎么做我就怎么做，或是当某种产品的价值越高时，个体面临的决策风险越大，就越倾向于征求其他个体的意见，这些机制最终的表现形式是决策的外部性。这一网络特征对信息扩散过程的影响与消费者的决策外部性机制有关。每一个消费者都是嵌套在网络中的，个体对某种新产品的主观评价不可避免地会受到所处群体规范的影响，这种影响可以体现为改变消费者的信念和偏好，本研究中称这种偏好为朋友间的认同价值。这与社会影响理论中的规范性社会影响相呼应。

复杂性理论指出复杂系统的结构决定了它的功能，进而影响发生在系统上的动力学行为[421]，因此潜在个体及其人际圈子所形成的网络结构会影响系统功能，进一步影响社交互动的动态过程和信息的传播扩散。受社交互动影响的信息传播扩散情景如下：一方面，新产品信息在消费者网络中传播让未知个体知道了产品信息；另一方面，网络个体是否会采纳该产品受到已采用该产品的网络邻居数目的影响，因此本研究将社交商务环境下社交互动影响消费者采纳行为的过程分为两个阶段：第一个阶段是产品意识的形成阶段，即社交互动的初步影响阶段，个别消费者知道了新产品信息。这一阶段商家通过社交商务平台推广他们的新产品，广泛地向消费者网络个体传播新产品信息，那些不知道该产品的人通过与平台中其他人的接触知道了该产品，从而对该产品一无所知转变为了解该产品，第二阶段是购买决策阶段，由于消费者社交互动的深入，那些知道该产品而未购买该产品的人可能转变为产品的购买者。社交互动的初始阶段如图7-3（a）所示，社交互动影响消费者购买行为的动态过程如图7-3（b）所示。

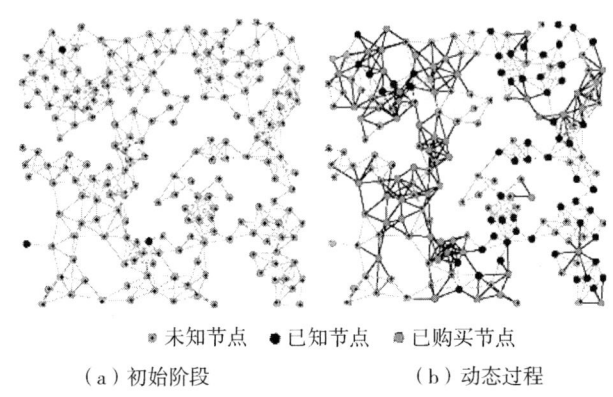

·未知节点 ●已知节点 ■已购买节点

（a）初始阶段　　　　　　（b）动态过程

图7-3　社交互动影响消费者采纳的初始阶段

（二）构建两阶段模型

当人们接触到已经购买商品的消费者时，他人的观念和建议对消费者决定是否购买尤为重要，因此我们认为社交商务平台上信息的传播不仅与消费者网络结构属性有关，如网络平均度、中介中心性、网络异质性程度以及节点互动频繁程度等，还与其外部行为属性有关，如已知但观望的人数和他人的劝说程度（是否与自己的兴趣相投）等，据上述分析可知，社交互动对消费者购买行为影响的动态过程与传染病的传播过程相似。本研究采用改进的 SIR 模型模拟社交互动的动态影响过程。

1. 模型假设

（1）在研究时间段内消费者购买或拒绝商品的数量相互持平，因此不考虑出生率和死亡率等种群因素。社交商务平台上消费者人数总能保持一个常数，所以 $u_k(t) + i_k(t) + a_k(t) = 1$。

（2）社交互动被认为是接触性传播，一个消费者与商品购买者就必然具有一定的传染率。

（3）假定消费者采纳商品后，会有一段免疫期（8 小时），本研究设定为受社交互动影响的商品购买者变为免疫者的时间为 8 小时。

2. 社交互动动态影响两阶段模型的构建

消费者网络中的边表示社交互动，任意节点的度表示与其他节点接触数，用

$k(k=1,\cdots,N-1)$ 来表示。度分布 $P(k)$ 表示消费者网络中任选一个节点度为 k 的概率是 $P(k)$。社交商务网络具有小世界和无标度特性,度分布满足 $P(k) \sim k^{-r}$,消费者网络本质是大量决策个体构成的,因而可以假设消费者网络度分布 $P(k) = Ck^{-r}$,其中 C 为归一化因子,以便满足 $\sum_{k=1}^{n} P(k) = 1$。消费者网络中每一个顶点有两个状态"0"和"1"。"0"表示个体还没有在社交互动的影响下采用新产品,叫作潜在采用顶点。"1"表示主体已经在社交互动的影响下采用新产品,叫作采用顶点。对于度为 k 的顶点,如果有 m 个邻居采用了新产品,那么该顶点在邻居的影响下转化为采用顶点的概率为 $F(k,m)$。决策规则函数 F 的形式与具体顶点无关。为了较好地获得社交互动影响新产品传播的扩散过程,商家通过打折、赠样或其他方式取得数目为 N_0 的初始用户,因此模型的初始采用比例为 $R_0 = \frac{N_0}{N}$。在模型假设的条件下,所有节点按照度进行分类,$N_k(t)(k=1,2,3,\cdots,n)$ 表示 t 时刻网络中度为 k 的节点总数。网络节点规模为 $N = \sum_{k=1}^{n} N_k(t)$,那么 t 时刻网络的度分布为 $P_k(t) = \frac{N_k(t)}{N}$。社交商务环境下的社交互动影响消费者采纳行为的动态模式如图 7-4 所示。当某个新产品信息出现在市场上时,商家鼓励消费者在社交商务平台上分享和推荐该商品信息,因此本研究将 t 时刻度为 k 的人群进行分类:第一类是在第一阶段中对产品信息一无所知的人,用 $U_k(t)$ 表示;第二类是那些知道该产品而未转发和购买的人,用 $I_k(t)$ 表示;第三类是购买该产品的人,用 $A_k(t)$ 表示,其中 $N_k(t) = U_k(t) + I_k(t) + A_k(t)$,它们的相对密度分别为 $u_k(t)$、$i_k(t)$、$a_k(t)$、$u_k(t) + i_k(t) + a_k(t) = 1$。

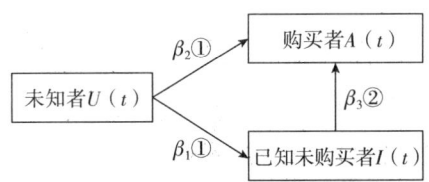

图 7-4 消费者采纳新产品模式

考虑上述①②两个阶段,根据 SIR 平均场动力学模型,本研究构建了社交商务环境下社交互动对消费购买行为动态影响的两阶段模型如下:

$$\begin{cases} \dfrac{dU_k(t)}{dt} = -\beta_1 k U_k(t)\theta_1(t) - \beta_2 k U_k(t)\theta_2(t) \\ \dfrac{dI_k(t)}{dt} = -\gamma I_k(t) + \beta_1 k U_k(t)\theta_1(t) + \beta_2 k U_k(t)\theta_2(t) - \beta_3 k I_k(t)\theta_2(t) \\ \dfrac{dA_k(t)}{dt} = -\alpha I_k(t) + \beta_2 k U_k(t)\theta_2(t) + \beta_3 k I_k(t)\theta_2(t) \end{cases} \quad (7-1)$$

其中，$\theta_1(t) = \dfrac{\sum_{k=1}^{n} k I_k(t) i_k(t)}{\sum_{k=1}^{n} k N_k(t)}$，$\theta_2(t) = \dfrac{\sum_{k=1}^{n} k A_k(t) a_k(t)}{\sum_{k=1}^{n} k N_k(t)}$ 分别表示该边指向的节点是采纳信息节点和购买节点的概率。参数 β_1、β_2 分别表示单位时间内，接触社交互动后 $U_k(t)$ 向 $I_k(t)$ 的有效转换系数和 $U_k(t)$ 向 $A_k(t)$ 的有效转换系数，β_3 为接触社交网络后 $I_k(t)$ 向 $A_k(t)$ 的有效转换系数，α 为商品信息扩散的第二阶段，单位时间内，受到社交互动影响 $I_k(t)$ 向 $A_k(t)$ 的转化比例，γ 表示单位时间内从 $I_k(t)$ 向 $U_k(t)$ 的返回比例。显然当 $\dfrac{dN_k(t)}{dt} = \dfrac{dU_k(t)}{dt} + \dfrac{dI_k(t)}{dt} + \dfrac{dA_k(t)}{dt} = 0$ 时，度分布 $P_k(t)$ 也不会随时间而变化，记为 P_k，此时网络为静态网络。

3. 异质网络模型与分析

如果将人群 $U_k(t)$、$I_k(t)$ 和 $A_k(t)$ 的相对密度分别记为 $u_k(t)$、$i_k(t)$ 和 $a_k(t)$，那么式（7-1）可以变为式（7-2）：

$$\begin{cases} \dfrac{du_k(t)}{dt} = -\beta_1 k u_k(t)\theta_1(t) - \beta_2 k u_k(t)\theta_2(t) \\ \dfrac{di_k(t)}{dt} = -\gamma i_k(t) + \beta_1 k u_k(t)\theta_1(t) + \beta_2 k u_k(t)\theta_2(t) - \beta_3 k i_k(t)\theta_2(t) \\ \dfrac{da_k(t)}{dt} = -\alpha u_k(t) + \beta_2 k u_k(t)\theta_2(t) + \beta_3 k i_k(t)\theta_2(t) \end{cases} \quad (7-2)$$

由于社交网络的度分布均服从幂律分布，满足 $P(k) = Ck^{-r}$，其中 C 为归一化因子，推导式（7-2）中

$$\theta_1(t) = \dfrac{1}{<k>} \sum_{k=1}^{n} k p_k i_k(t) \quad (7-3)$$

$$\theta_2(t) = \dfrac{1}{<k>} \sum_{k=1}^{n} k p_k a_k(t) \quad (7-4)$$

由于 $u_k(t) + i_k(t) + a_k(t) = 1$，利用这一条件将式（7-2）降维得到式（7-5）：

$$\begin{cases} \dfrac{di_k(t)}{dt} = (\beta_1 k\theta_1(t) + \beta_2 k\theta_2(t))(1 - i_k(t) - a_k(t)) - (\beta_3 k\theta_2(t) + \gamma)i_k(t) \\ \dfrac{da_k(t)}{dt} = \beta_2 k\theta_2(t)(1 - i_k(t) - a_k(t)) + (\beta_3 k\theta_2(t) - \alpha)i_k(t) \end{cases}$$

(7 - 5)

考虑到社交商务环境下消费者的决策具有外部性，社交商务平台的关系类型用决策规则函数来刻画。消费者在做出购买决策时受到家人朋友或陌生人的影响，因此消费者在进行购买决策时不仅需要考虑采用新产品的成本和采用新产品的数目，还需要考虑其他人的认同价值。对于度为 k 的潜在节点，如果有 m 个朋友购买了该新产品，那么该节点在朋友的影响下采纳该产品的概率为 $F(k, m)$。消费者网络中消费主体购买新产品的成本 C_i 是一个随机变量，它服从均匀分布 $U(x)$，$x \in [0, C_0]$，C_0 表示主体购买新产品的成本，m 表示朋友中采用了新产品的节点个数，b 表示如果消费者采纳了新产品时与每一个采纳新产品的朋友协调决策而获得的认同价值。消费者网络中的主体在 t 时刻是否会购买新产品主要取决于 m、b、c，如果该主体 i 购买产品得到的认同价值大于购买成本，则购买新产品；反之，不购买新产品。因此得到模型的第二阶段的决策规则函数为：

$$F_0(k, m) = P(c_i < mb) = \begin{cases} \dfrac{mb}{kc_0}, & mb \leq c_0 \\ 1, & mb > c_0 \end{cases}$$

(7 - 6)

其中，m 的值是随扩散过程动态变化的，随着购买新产品的主体的增多而增大，从而购买新产品的概率增加。t 时刻，$I_k(t)$ 转化为 $A_k(t)$ 的比例是 β_3，从消费者网络中任意选择一条边，该边指向的节点是购买节点的概率为 $\theta(t)$；度为 k 的节点刚好有 m 个邻居节点是购买节点的概率服从二项分布，其概率值是 $C_k^m(\theta(t))^m(1-\theta(t))^{k-m}$。该顶点受邻居影响也购买新产品的概率是 $F(k, m)C_k^m\theta(t)^m(1-\theta(t))^{k-m}$，因此度为 k 的节点在 t 时刻从已知产品信息而未购买者转化为购买者的概率为 $H_k(\theta(t)) = \sum_{a=0}^{k} F(k,m)C_k^m(\theta(t)^m(1-\theta(t)))^{k-m}$。因此两阶段模型中的式（7 - 5）降维得到式（7 - 7）：

$$\begin{cases} \dfrac{di_k(t)}{dt} = (\beta_1 k H_k(\theta_1(t)) + \beta_2 k H_k(\theta_2(t)))(1 - i_k(t) - a_k(t)) - \\ \qquad (\beta_3 k H_k(\theta_2(t)) + \gamma)i_k(t) \\ \dfrac{da_k(t)}{dt} = \beta_2 k H_k(\theta_2(t))(1 - i_k(t) - a_k(t)) + (\beta_3 k H_k(\theta_2(t)) - \alpha)i_k(t) \end{cases}$$

(7 - 7)

其中，$\theta_1(t) = \frac{1}{<k>} \sum_{k=1}^{n} k p_k i_k(t)$，$\theta_2(t) = \frac{1}{<k>} \sum_{k=1}^{n} k p_k a_k(t)$。

三、社交商务网络的特征差异

由于不同关系特征的社交商务网络可能具有不同的网络结构特征，为了验证社交商务网络的特征差异对社交互动的影响，本研究根据第二章中归纳整理的社交商务平台的分类情况，分别选取了两个典型的社交商务平台的数据集：弱关系特征的微博和强关系特征的兴趣社区豆瓣，进行实验分析和结果比较。

（一）用户网络特征主要指标

1. 度分布（Degree Distribution）

度是刻画网络结构的最重要的概念，在无向网络中，节点 i 的度 k_i 是指与该节点直接连接的总边数，在没有自环和重边的简单图中，即节点连接的总边数。网络节点的平均度是将网络中各个节点的度求和并求平均值。记为：

$$<k> = \frac{\sum_{i=1}^{n} k_i}{N} \tag{7-8}$$

在有向网络中，每个节点的度包括出度（Out – degree）和入度（In – degree）。其中点的出度是指由该节点发出的总边数，节点的入度指网络中进入到该节点的总边数。

2. 聚类系数（Clustering Coefficient）

聚类系数反映了网络中节点间的紧密程度。假设网络中的一个节点 i 的度为 k_i，如果这 k_i 个邻居之间都彼此互为邻居，存在实际边数为 E_i，那么节点 i 的所有邻居节点之间存在的实际边数与所有可能存在的边数之比来定义节点 i 的聚类系数 C_i，记为：

$$C_i = \frac{2E_i}{k_i(k_i - 1)} \tag{7-9}$$

3. 中介中心度

中介中心度是指一个节点担任其他两个节点之间最短路的桥梁次数。一个节点充当"中介"次数越高，它的中介中心度就越大。经过点 Y 并且连接这两点的短程线占这两点之间短程线总数之比，假设节点 j 和 k 之间存在的捷径数目用 g_{jk} 来表示。第三个点 i 能够控制此两点的交往的能力用 $b_{jk}(i)$ 来表示，即 i 处于

点 j 和 k 之间的捷径上的概率。点 j 和 k 之间存在的经过点 i 的捷径数目用 $g_{jk}(i)$ 来表示,那么,$b_{jk}(i) = g_{jk}(i)/g_{jk}$,计算点 i 的绝对中介中心度,记为 C_{ABi}:

$$C_{ABi} = \sum_{j=1}^{n} \sum_{k=1}^{n} b_{jk}(i), \ j \neq k \neq i, \ j < k \tag{7-10}$$

4. 割点

割点是指除去此节点后,子网络结构数比原网络结构数多的节点[422],它能代表网络中的重要用户。如果没有此节点,传至此节点的信息不能扩散到另一群节点。由于社交商务平台是由用户之间的关系形成的,这一关系可提供信息的传播途径。因此,寻找网络中的割点用户能够更好地获取网络信息分布的重点位置。图 7-5 中 5 为割点。本研究将采用 Tarjan 算法来计算割点。

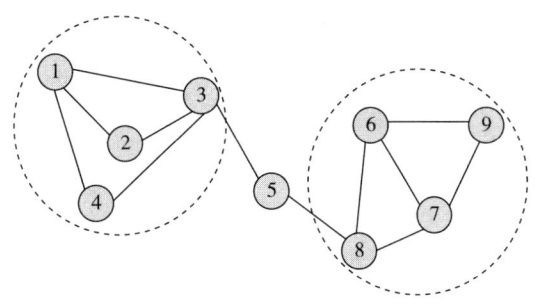

图 7-5 割点图

(二) 基于主题的社交商务用户网络结构特征

微博网络为有向网络,有向边表明了用户之间存在的关注关系;豆瓣网络为无向网络,无向边表明了用户之间的好友关系。有向网络和无向网络的物理属性可能存在差异。本研究选取了微博和豆瓣参与美食主题讨论的用户数据,对比两者的结构特征。由于参与美食主题讨论的用户数众多,不能考察全部用户的网络结构,为了保证两种类型的网络结构处于同一量级上,分别对两类网络抽取 956 名微博用户和 1020 名豆瓣用户。利用 Python 整理出两种类型网络的网络结构和物理属性。

1. 社交商务网络的物理属性

对不同社交商务用户网络的分析是研究网络结构差异的首要前提。本研究根据社会网络分析理论,分析了社交商务用户网络的平均密度、度分布、聚类系数和中介中心性等主要物理属性,两个网络的物理属性如表 7-1 所示,首先可以看出,微博网络的平均密度较低,说明有些用户间关注程度很高,而一些用户之间关注程度很低；豆瓣网络中的平均密度略高于微博网络，说明豆瓣好友之间的关注程度较高。其次两个网络的平均度差异较大，微博网络中的平均度为15.1，豆瓣朋友圈网络中的平均度为7.6；而豆瓣朋友圈的聚类系数为0.389，明显高于微博网络的0.088，说明豆瓣网络节点的紧密程度较高，即豆瓣朋友圈好友间的交流较为频繁，而微博用户网络的节点间交互程度低。

表7-1 社交网络结构的物理属性

	用户数	边数	平均密度	平均度	聚类系数	中介中心度
豆瓣	940	2980	0.0143	7.6	0.389	0.136
微博	1202	2090	0.0026	15.1	0.088	0.145

2. 基于割点的影响力用户发现

为了进一步研究两个网络的差异，本研究对微博用户网络和豆瓣用户网络进行割点划分。从网络结构的角度寻找一次性影响两位以上用户的用户节点编号进行排序，表7-2为两个网络割点影响值前10名的节点对比。

表7-2 割点用户影响值对比

序号	微博用户节点编号	影响值	豆瓣用户节点编号	影响值
1	4	54	213	7
2	18	22	53	7
3	9	11	24	6
4	96	9	148	5
5	123	8	381	5
6	55	7	693	5
7	87	7	654	5
8	90	6	307	5
9	435	6	35	5
10	21	6	218	4

对比具有高割点影响值的节点，微博用户网络的节点影响力（前三名分别为54、22、11）明显高于豆瓣用户网络的节点影响力（前三名分别为7、7、6）。从总体割点的角度来看，微博用户网络的影响力用户的信息传播能力强于豆瓣用户网络。从各网络割点影响值来看，微博用户网络结构中抽样用户的节点度差异较大，最大影响值为54，最小仅为6，而豆瓣抽样网络用户的节点度差异较为平

均，最大影响值为7，最小为4。微博用户网络中的少数主体与其他主体有很多交互，大部分主体之间交互较少，说明微博用户网络的异质程度较高；豆瓣用户网络中的大部分主体交互较多，说明豆瓣用户网络相较于微博用户网络异质性程度低。

基于上述对微博用户网络和豆瓣用户网络的特征分析得到如下结论：①两个网络的异质性程度不同，弱关系社交商务平台（微博）的异质性高于强关系社交商务平台（豆瓣）。②弱关系平台的平均度大于强关系平台的平均度，对应仿真实验扩散网络参数为：平均度 And（Average Node Degree）。③强关系网络（豆瓣）的聚类系数大于弱关系网络（微博），聚类系数大说明网络用户交互频繁，对应仿真实验扩散网络参数为：交互频率 Vcf（Virus Check Frequency）。

四、数值仿真及讨论

为了讨论和证明上述动态影响模型在理论上是可行的。下文将选取仿真软件 Netlogo5.3 对模型进行仿真分析，Netlogo5.3 能够与网络结构分析很好地结合，描述社会影响的动态过程所处的网络环境和多主体交互的过程。网络结构的异质性程度可以通过调整度函数的幂指数来实现，幂指数越大网络的异质性程度就越高；同时度为 k 的节点其相邻节点有 m 个是购买节点，对应节点的平均度 And；模型中 b 表示协调决策的交互频率，对应参数 Vcf。因此需要讨论度分布函数中的幂指数 r、平均度 And、互动频率 Vcf 对社交互动的动态影响（见表7-3）。仿真分析具体设置为针对同一初始状态下设置不同的参数进行三次对比实验。

表 7-3　参数符号及描述

	符号	描述
模型属性参数	$U(t)$	未知者人数
	$I(t)$	已知但观望的人数
	$A(t)$	购买者人数
	Grc	传播免疫力，对应 k 节点协调决策的认同价值 b 的倒数
	t	模型收敛时间
网络属性参数	r	度函数的幂指数，值越大表示网络的异质性程度越高
	And	消费者网络节点平均度
	Vcf	节点间交互频率

（一）第一阶段：产品意识的形成阶段

首先对新产品扩散的消费者产品意识的形成阶段进行仿真分析。社交网络幂指数通常为 $r \in [2,3]$。度分布函数中的幂指数 r 越大，网络的异质性程度越高。利用 Netlogo5.3 软件构建如式（7-2）所示的动力学模型，令 $\beta_3 = 0$，然后进行消费者网络的设置：初始化 500 个节点的无标度网络，分别设置网络的度分布为 $P = 6k^{-3}$ 的弱关系网络和 $P = 6k^{-2}$ 的强关系网络。设置初始采纳节点为 3，分别设置参数 $And = 15$、$Vcf = 1$ 和 $And = 7$、$Vcf = 3$。各个变量的初始值汇总如表 7-4 所示。

表 7-4　变量的初始值（$\beta_3 = 0$）

初始变量	初始值	
	强关系网络	弱关系网络
$U(t)$	500	500
$I(t)$	3	3
$A(t)$	0	0
r	2	3
And	7	15
Vcf	3	1

仿真结果如图 7-6 所示。图 7-6（a）在 $t = 102$ 秒达到峰值，$U(t)$ 向 $I(t)$ 的扩散率高达 91%，之后渐渐收敛，而图 7-6（b）在 $t = 289$ 秒达到峰值，$U(t)$ 向 $I(t)$ 的扩散率远低于图 7-6（a），因此分析得出在无标度网络下社交互动动态影响模型的第一阶段，异质性程度较高的弱关系网络的扩散速度和扩散效果更好。一方面，弱关系网络最先到达峰值，且峰值高于强关系网络；另一方面，弱关系网络扩散收敛过程中影响节点呈现持续缓慢下降的状态，而强关系网络中在扩散的中间阶段扩散效果呈现断崖式下降状态。因此，在社交互动动态影响的第一阶段异质程度高的弱关系网络显著优于异质性程度较低的强关系网络。

（二）第二阶段：购买决策的转化阶段

在社交互动影响的第二阶段，消费者将由"知道某新产品"转化为"购买该产品"。首先利用 Netlogo5.3 构建如式（7-2）所示的动力学模型，令 $\beta_3 \neq 0$，设置初始化 500 个节点的无标度网络，分别设置网络的度分布为 $P = 6k^{-3}$ 的弱关系网络和 $P = 6k^{-2}$ 的强关系网络。初始购买节点为 3 个，分别设置参数 $And = 15$、$Vcf = 1$ 和 $And = 7$、$Vcf = 3$。模型属性参数和网络属性参数的初始值汇总如表 7-5 所示。

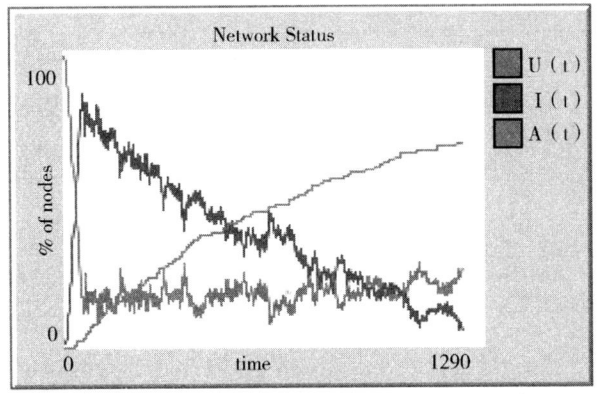

(a) 弱关系网络扩散第一阶段（平均度 $And=15$，交互频率 $Vcf=1$）

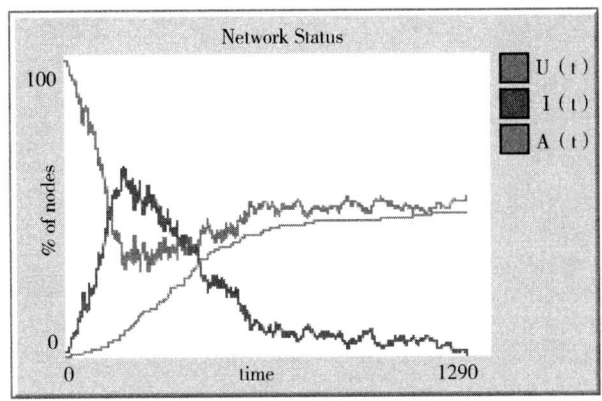

(b) 强关系网络扩散第一阶段（平均度 $And=7$，交互频率 $Vcf=3$）

图 7-6　社交互动动态影响的第一阶段

表 7-5　变量的初始值（$\beta_3 \neq 0$）

初始变量	初始值	
	强关系网络	弱关系网络
$U(t)$	500	500
$I(t)$	3	3
$A(t)$	0	0
r	2	3
And	7	15
Vcf	3	1

仿真结果如图 7-7 所示。通过图 7-7（a）与图 7-7（b）对比，可以看出

图7-7（b）的扩散时间明显长于图7-7（a），而图7-7（b）达到的峰值高于图7-7（a），也就是说，一方面，强关系网络的扩散时间更长，几乎是弱关系网络扩散时间的4倍，说明消费者个体由"知道某商品"到"购买某商品"的转化效果好。另一方面，强关系网络扩散达到峰值更高，即在商品扩散的峰值时刻由"知道某商品"到"购买某商品"的转化人数更多，因此在社交互动影响的第二阶段，即 $I(t)$ 向 $A(t)$ 的转化阶段，异质程度较低，但交互频率高的强关系网络中新产品扩散速度较慢，且扩散效果显著优于弱关系网络。

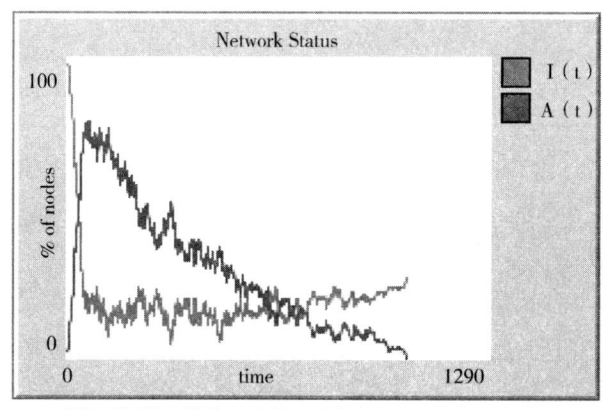

（a）弱关系网络扩散第二阶段（平均度And=15，交互频率Vcf=1）

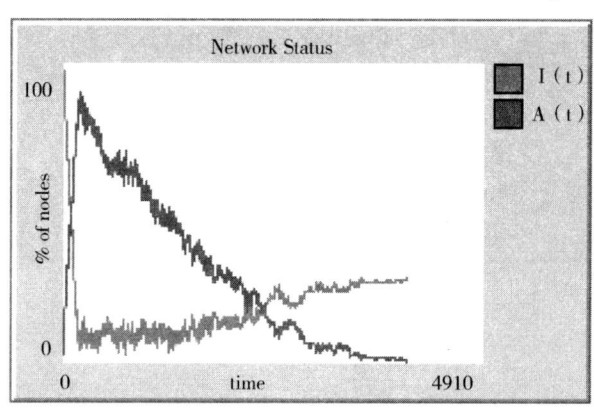

（b）强关系网络扩散第二阶段（平均度And=7，交互频率Vcf=3）

图7-7 社交互动动态影响的第二阶段

（三）考虑决策外部性

进一步考虑到社交网络中的购买具有决策外部性的特征，即由知道新产品转化为新产品购买者会受到社交商务平台圈子中朋友的影响，即社交圈子中朋友认同价值的劝说效用，两阶段模型（7-6）中的认同价值 b 对应仿真实验的参数传播免疫力 Grc（Gain Resistance Chance），认同价值越大，朋友的劝说效用越大，对拒绝朋友劝说的免疫力就越小。利用 Netlogo5.3 构建考虑消费者个人决策规则之后的多主体动力学模型。仍然初始化 500 个节点，分别设置网络的度分布为 $P=6k^{-3}$ 的弱关系网络和 $P=6k^{-2}$ 的强关系网络。初始邻居采纳节点为 3 个，为了获得明显的对比效果，选取 $t=333$ 时刻的仿真结果。分别设置参数 $And=15$、$Vcf=1$、$Grc=5$ 和 $And=7$、$Vcf=3$、$Grc=4$。各个变量的初始值汇总如表 7-6 所示。

表 7-6 变量的初始值汇总（考虑决策规则）

初始变量	初始值	
	强关系网络	弱关系网络
$U(t)$	500	500
$I(t)$	3	3
$A(t)$	0	0
r	2	3
And	7	15
Vcf	3	1
Grc	4	5
t	333	

仿真结果如图 7-8 所示，图 7-8（a）中在 $t=89$ 时达到扩散峰值，但之后扩散比率迅速收敛，而在图 7-8（b）中达到扩散峰值较迟，但峰值明显高于图 7-8（a），且后续的扩散持续保持，呈缓慢收敛。

在考虑决策外部性情况的第二阶段，一方面，强关系网络的收敛速度更慢，即扩散时间长于弱关系网络。另一方面，强关系网络的扩散峰值也高于强关系网络，即朋友的购买行为对个体的影响显著，因此结论分析得出，在增加了个人决策规则的第二阶段动态模型中，异质性较低且大部分节点互动较好的强关系网络的扩散效果明显优于异质性高的弱关系网络。

通过上述对两阶段社交互动的动态影响模型的仿真实验分析，可以看出在社交互动动态影响过程的第一阶段：消费者产品意识形成阶段，弱关系消费者网络明显优于强关系消费者网络。而在社交互动动态影响过程的第二阶段：产品购买的转化阶段，强关系消费者网络扩散收敛速度较慢，扩散时间比较长，扩散效果显著优于弱关系网络。

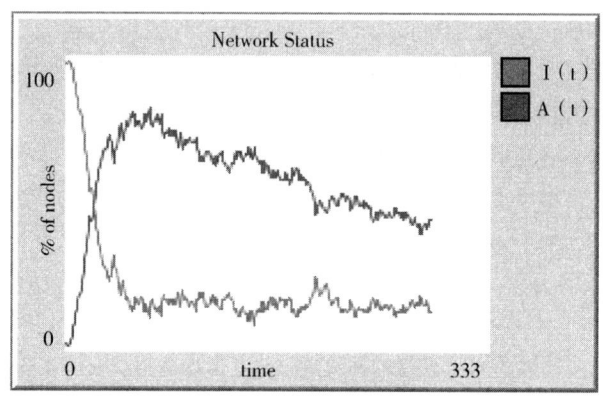

(a) 弱关系网络社交互动的动态影响
(平均度 $And=15$,交互频率 $Vcf=1$,劝说免疫 $Grc=5$)

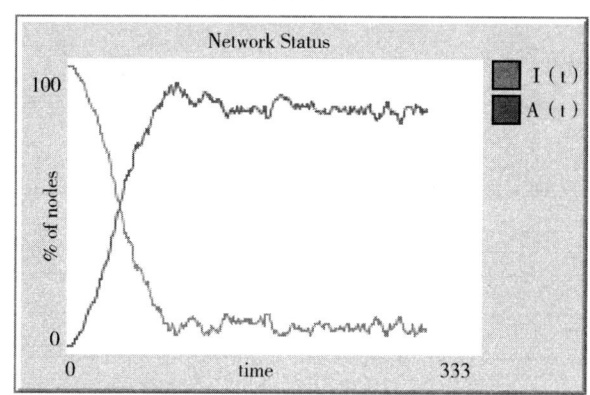

(b) 强关系网络社交互动的动态影响
(平均度 $And=7$,交互频率 $Vcf=3$,劝说免疫 $Grc=4$)

图7-8 社交互动动态影响的第二阶段(考虑决策规则)

五、结论与讨论

本章首先在分析了社交商务网络形成机制和扩散情景的基础上,基于复杂网络扩散动力学构建了社交商务情景下在线社交互动对消费者购买行为动态影响的两阶段模型,并在该模型中引入了消费者决策具有外部性的个人决策规则,使模型更符合实际情景,因此具有更强的解释力度。其次选取无标度网络作为消费者扩散网络,分别对豆瓣网络和微博网络的用户网络物理特征进行了实证研究,研究结果为仿真实验参数的选取提供客观数据支撑。最后多主体仿真实验的结果表明:①在社交互动动态影响的第一阶段,即产品意识的形成阶段,由于异质性较高的弱关系网络扩散效果显著优于强关系网络,因此建议商家在初始阶段采用微博网络推广新产品信息,采用微博网络的曝光率更高,可以让更多的人知道该产品。②在社交互动动态影响的第二阶段,即购买决策的转化阶段,已经有很多人知道该产品,考虑到消费者购买具有决策的外部性特征,异质性较低的豆瓣或微信等强关系网络扩散效果优于异质性高的微博网络,因此建议商家在这一阶段采用强关系网络进行客户维护,虽然这一阶段的扩散时间可能较长,但会明显提高新产品购买的转化率。

六、本章小结

本章对强弱关系社交商务平台用户社交互动的社会影响进行了传染病动力学建模,构建了社交商务平台信息扩散两阶段模型。比较研究了强关系社交商务和弱关系社交商务情景下在线社交互动社会影响的动态过程。研究结论有助于商家掌握强弱关系不同的社交互动影响的差异性,针对不同的社交商务平台开展活动提高收益。本章的具体研究内容如下:

(1)基于网络形成机制构建两阶段模型。这一部分首先对社交互动网络的两种形成机制——信息交流效用和从众学习效用进行了详细阐述,在此基础上分析了社交商务平台上信息扩散情景,进而基于 SIR 理论构建了两阶段扩散模型。

(2)比较无标度网络特征的差异性。这一部分强关系网络以豆瓣为例,弱关系网络以微博为例,首先通过数据堂获取了微博网络数据,其次设置滚雪球抽取原则爬取了豆瓣网络结构数据,最后利用 Python 编程整理出两个网络的网络特征和物理属性。

(3)数值仿真及分析讨论。基于上述网络特征和物理属性设置仿真参数,采用 Netlogo5.3 分别对强关系网络和弱关系网络扩散的两阶段模型进行比较研究,进一步验证强弱关系不同的社交商务环境下社交互动动态影响的差异性。

第八章 弹幕互动对用户选择行为的影响研究

一、研究目的

Web2.0 技术的蓬勃发展促进了参与式视频网站的发展，这类网站也属于社交商务平台的一种。在过去，内容提供商的投放环境是简单的线性模式，他们通过有线的传播渠道将内容直接推送给用户，被动等待用户将注意力集中到所投放的内容上。而如今的内容提供商面临的是非线性投放环境，用户可以自主选择在何时和何地以何种方式访问媒体。在这种非线性模式中，平台必须主动吸引用户，他们需要提供比投放内容本身更多的信息，并且吸引用户积极参与进来。弹幕功能的出现改变了人们传统的交互方式[423]。弹幕中我们常常可以看到很多"神吐槽""科普帝""字幕君"等，这些弹幕使视频内容更加丰富。弹幕功能可以调节用户互动的积极性，刺激用户参与行为，如评论、浏览等。因此，充分理解弹幕对用户媒体内容选择的影响对于社交平台非常重要。由于目前弹幕最广泛的应用场景为在线视频和在线游戏，因此本章节研究背景选定为这类平台。用户浏览在线视频网页时面对的是各个平台动辄上千万的视频资源，除一些推荐和筛选技术外，与视频相关的热度指标如弹幕数量、收藏数量等，这些指标并非视频本身的内容价值，但代表了历史用户的互动参与水平，也会在一定程度上影响消费者选择行为。以往有大量的文献是关于在线视频热度预测的研究，其中历史浏览量和用户评论是研究次数最多的两个预测因子，因此我们认为在线媒体的用户行为模式也会受到所包含弹幕数量的影响。本章节将基于在线视频网站的实证数据探讨弹幕互动对用户行为模式的影响，包括弹幕数量对用户选择行为的影响和弹幕内容对用户体验的影响两个部分。

二、弹幕文化及其影响力

弹幕最早为军事用语,本意是指游戏中密集的子弹,过于密集以至于像一张幕布一样,英文称"Bullet Curtain"[424]。弹幕网站可以让观看者发送即时评论以滑动字幕的形式显示出来。当大量的评论从屏幕上飘过时,其效果看上去像射击游戏中的弹幕,由此得名。第一个弹幕视频是来自日本的 Niconico 动漫网站,成立于 2006 年。在 Niconico 的基础上,2007 年中国出现了第一个弹幕网站 Acfun,相继出现哔哩哔哩、豆泡等,并且优酷、土豆等传统的视频网站也相继推出弹幕功能,由此可见弹幕的受欢迎程度。以哔哩哔哩弹幕视频网站为例,作为目前国内第一大弹幕视频网站,据 2018 年末统计,哔哩哔哩的月活跃用户量已经达到了 9000 万人[425],主要视频类型是日本动漫和视频创作者原创视频,每一个视频里弹幕量从零到几万条,甚至几十万条。作为一种新型的交互方式,弹幕交流已经逐步被称为弹幕文化。

参与感强、具有认知共鸣和情感传播都是弹幕文化非常重要的组成因素[426]。不了解弹幕文化的人会觉得看弹幕这种行为有点像一边看视频一边刷微博,但微博视频下评论的交流始终是异步的,很难有画面上的融入感。相较于传统评论,弹幕互动突破时间和空间的限制进行交流与互动,它会随着观看视频时内容的变动而发生变化,也可以同时显示对某一特定主题的评论,在同一内容画面中像是在与其他观看的用户进行话语交流,是与视频内容同步出现的,所以制造了一种"实时互动"的错觉,用户在视频中每个时间节点的体验较于传统评论更加能体现出来。从互动视角而言,弹幕实际是对视频内容的二次创作,它给视频内容赋予了新的意义。对于普通用户来说,弹幕是观看视频的调味剂,是获得视频信息的实时互动方式。对于弹幕爱好者来说,弹幕内容才是他们观看视频的焦点。弹幕文本中蕴含的内容常常成为社交的重心和内容的主角。传统评论与弹幕评论的区别如表 8-1 所示。

表 8-1 弹幕评论与传统评论形式的差异

比较内容	弹幕评论	传统评论
与视频画面相对位置	重合	独立
评论内容时间排序	同步	异步
讨论效率	稍弱	稍强

续表

比较内容	弹幕评论	传统评论
行为发生频率	较高	较低
文本长度	短	长
内容集中程度	高	低

三、弹幕数据抓取和介绍

　　本书主要研究弹幕数量是否影响用户选择行为和弹幕内容如何影响用户体验行为两个问题，所以需要将数据分成两类，然后有针对性地去爬取有效的数据字段。弹幕数据都来自于国内的哔哩哔哩弹幕视频网站中，因为其属于国内起步比较早的弹幕视频网站，知名度比较高，所以全站数据量较多，种类也非常丰富，月平均活跃量已经超过一亿用户量，哔哩哔哩是一个专门做弹幕功能的视屏网站，而"单机游戏"区相对其他大区热度比较高，网络流行语也会在这频繁出现，数据也更有价值，因此本研究以此类作为主要分析对象分析弹幕互动对用户行为和体验的影响。由于哔哩哔哩弹幕视频网站上的投稿视频不同于传统的电视剧、综艺等受众范围比较广的影视作品，它们的产生主要因为视频创作者和用户的兴趣，再加上视频创作者的创作风格和粉丝基数，受众相对较少，所以我们只爬取前100个比较有代表性的视频基础数据。以弹幕数量为热度指标进行降序排行，爬取前100名投稿视频的基础信息。爬取内容为视频创作者、视频标题、播放量、传统评论数、收藏数量和发布时间。由于爬取的每一个视频中的弹幕数量都很大，所以弹幕内容的详细数据只选取前40个视频文件来进行深度分析。

　　本研究的首要目标是检验用户参与弹幕互动与视频热度之间的关系。直观地说就是越多人参与互动讨论的内容通常会吸引更多的人观看，如口碑效应。在过去如电影、书籍之类的传统内容需要花费相当长的时间积累自身的口碑，从而吸引更多的消费者，而Web2.0技术的诞生与广泛的应用，使社交媒体平台可以直接呈现内容以外的附加信息，如衡量用户间交互质量的指标，通过这些互动质量指标促进内容自身的消费。作为增强型评论的弹幕在一定程度上反映了用户互动参与水平。如果视频拥有较多的弹幕，则说明该视频具有参与互动的价值，代表其他用户对视频的"认可"。用户决策所需的信息来源包括自有信息和他有信息，后者主要是指通过观察其他人的行为与决策衍生出来的信息。在这一研究中

第八章 弹幕互动对用户选择行为的影响研究

需要爬取的信息有：视频的标题、创作者、播放量、弹幕数量、传统的评论数量等基于行为的互动信息视频，如表8-2所示。

表8-2 弹幕热度相关数据

	弹幕热度相关数据	描述
视频基础属性	标题	视频标题，体现视频主题
	视频创作者	自媒体拍摄和发布视频的作者
	播放量	此视频的总播放数量
	弹幕数量	视频中一共有多少条弹幕
	传统评论数量	视频下方一共有多少条传统评论
	发布时间	视频发布的自然时间

本节第二个研究问题是基于弹幕内容的用户情感体验分析。通过使用弹幕功能，用户可以在观看视频的同时直接在视频画面阅读或者发布评论，这些评论会和视频播放的某个特定时间点同步，用户不仅能够和视频内容互动，还能够和其他用户进行"拟同步"交互。弹幕将每个视频变成用户互动和社交的独立空间，使视频网站能够营造出虚拟"现场感"，为用户提供更加丰富的参与式观影体验。爬取的具体信息如表8-3所示。由于每个视频的弹幕信息很多，因此分析爬取数据的前四十个视频列表的详细内容。

表8-3 弹幕内容相关数据

	弹幕内容相关数据	描述
视频基础属性	标题	视频标题，体现视频主题
	视频创作者	自媒体拍摄和发布视频的作者
	发布时间	视频发布的自然时间
弹幕基础属性	发送用户	弹幕发送者，每一条弹幕都有
	时间节点	弹幕在视频哪个时间点出现
	内容	弹幕内容
	发送时间	发送弹幕的自然时间

（一）爬虫程序设计

爬虫程序主要使用目前比较实用便捷的Python编程语言。Scrapy-Redis是

Python 语言中一种比较应用广泛的爬虫框架（见图 8-1），框架中的 Scrapy Engine（引擎）负责通信、信号、数据传递等；Scheduler（爬虫调度器）负责接受引擎发送过来的 Request（请求），并按照一定的方式进行整理排列入队，当引擎需要时，再交还给引擎；Downloader（下载器）负责下载 Scrapy Engine（引擎）发送的所有 Requests（请求），并将其获取到的 Responses 交还给 Scrapy Engine（引擎），由引擎交给 Spider 来处理；Spider（爬虫）负责处理所有 Responses，从中分析提取数据，获取 Item 字段需要的数据，并将需要跟进的 url 提交给引擎，再次进入 Scheduler（爬虫调度器）；Item Pipeline（管道）负责处理 Spider 中获取到的 Item，并进行后期处理（详细分析、过滤、存储等）和把 Items 存放于 redis 数据中。通过编写框架里组件的逻辑来实现爬取网站内容，简单处理数据和存放数据的功能。

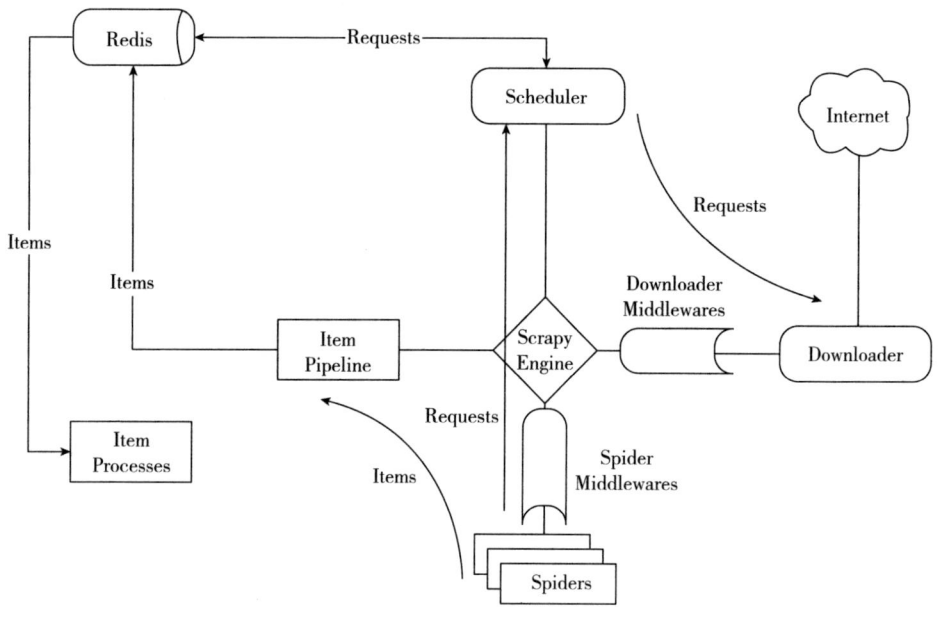

图 8-1　Scrapy-Redis 框架

本研究主要爬取国内弹幕视频网站比较有代表性和用户量比较多的哔哩哔哩弹幕视频网站。首先需要查看哔哩哔哩弹幕视频网站的后台结构，从 Network 网络请求中查找加载项，分别查找网页框架和后台弹幕文件的加载项（见图 8-2）。

如图 8-2 所示，从网站后台 Network 选项中找到当前网页的框架加载文件 av50727399，可以从 Headers 选项中获取到此网页的相关请求信息，在爬虫程序

第八章　弹幕互动对用户选择行为的影响研究

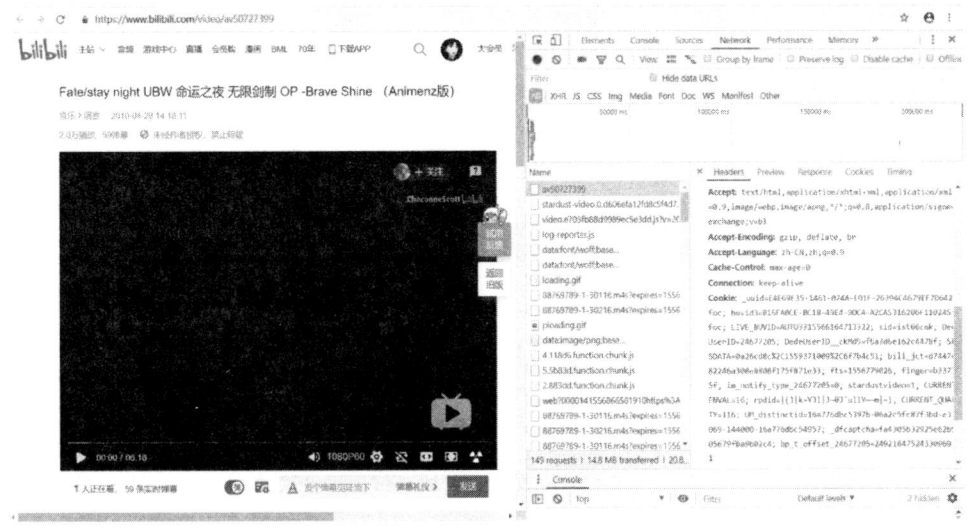

图 8-2　网页请求信息

中需要使用这些信息去伪装网络请求头部，可以将机器爬虫程序伪造成已登录用户对网站进行信息提取，以用来避免网站对本地 IP 地址的查封，也因为网站内容需要用户登录才能加载。

经过在 Network 列表里面查找，可以找到一个名为 list. so. oid = 88769789 的文件地址，打开可以发现里面的弹幕详细内容就存放在这个 xml 文件里面（见图 8-3）。首先可以直接看出，一个 d 标签里装着一条弹幕的全部信息，p 标签里从左到右分别是弹幕视频时间节点、滚动模式、字号、字体颜色、时间戳、弹幕池、发送者 id 和历史弹幕功能，标签中的 text 内容就是出现在视频里的弹幕内容。

获取了弹幕数据的加载位置和加载方式后，就可以着手爬虫程序。整个 Scrapy - Redis 框架是由调度器开始执行的，首先执行 Spider 组件，刚开始先确定爬虫的起始网站 url，这里以主机游戏分类热度排行列表页面为起始 url，一级视频网页的数据提取，从一级数据中提取出来的 response 里查找视频标题、视频发布时间、发布者和可以跳转二级弹幕页面的关键字段，如图 8-4 所示，对第二级页面中的关键字段进行处理组合成第三级页面 url，交给第三级爬虫程序进行第三级页面即弹幕 xml 文件的数据提取，这是比较关键的一步，数据文件字段需要自己用正则表达式去匹配，不能直接获取到后台网站的 url，并且哔哩哔哩网站把这关键字段藏在 input 标签里，直接使用 xpath 来获取是办不到的，在视频中

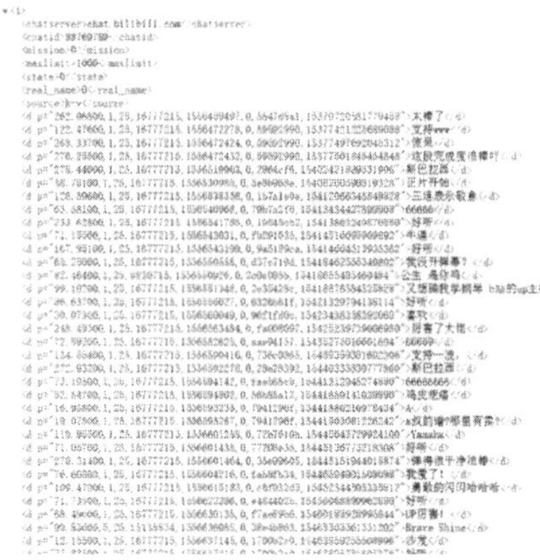

图 8-3 哔哩哔哩视频网站后台弹幕 xml 文件

```
# 获取每一个视频对应的弹幕url
def get_danmaku_url(self, response,view_time):
    url = []
    # 切割cid编码
    pattern = re.compile(r'cid=\d+')
    cid_num = pattern.search(str(response.body))
    danmaku_num = re.sub(r'cid=', '', cid_num.group(0))
    # 后台弹幕页面格式
    danmaku_urls = 'https://api.bilibili.com/x/v2/dm/history?type=1&oid='
    # 获取时间
    t = str(re.split(' ', view_time)[0])
    ts = datetime.datetime.strptime(t, "%Y-%m-%d")
    for i in range(0, 20):
        strTime = str(ts)
        dates = strTime.split(' ')[0]
        danmaku_url = danmaku_urls + danmaku_num + '&date=' + dates
        url.append(danmaku_url)
        # 时间自增二十天
        ts = ts + datetime.timedelta(days=1)
    return url
```

图 8-4 拼接三级弹幕 url

关键字段的标识名和后台弹幕数据文件的标识名也不一样，前者是 aid，后者是 oid，所以程序需要从视频 url 返回的 response 中去找 aid，把后面关键字段内容截取下来，然后再根据弹幕数据文件的 url，把关键字段拼接到相应的位置，即可爬取弹幕数据。接着编写 Item 组件来处理弹幕数据，给需要提取的数据字段编写 get 方法,把数据以字典的形式存放于列表,即每一个列表是一条弹幕的全部信息,由键值形式组成的字典形式。以遍历的方法来对数据进行提取,放置 redis 数据库中,等待进一步的数据处理,基本的爬虫程序就完成了。由于哔哩哔哩弹幕视频网站中弹幕文件仅对登录用户开放,普通游客是无法查看的。因此在爬取过程中需要注意到一些网站的规则,即只要爬虫程序里编写好登录用的 cookie 就可以对网站的开放数据进行操作,所以程序不用遵循机器人协议也不用特意用 selenium 来模拟人操作。另外,需要注意的是爬虫程序会对网站的服务器造成一定的负担,网站不允许爬虫程序一秒内爬取 150 个数据文件,否则会根据 cookie 和代理对爬虫程序进行封禁,因此在程序中用到 sleep( ) 方法来避免这一情况发生。在弹幕信息中都会进行不同程度的编码处理,需要找到对应的规则解码。

(二) 数据清洗

与传统的以电视剧、综艺、体育等为主的视频网站相比较,哔哩哔哩弹幕视频网站中投稿视频的主要特征是短视频消费,视频创作者往往创作的视频时长在 20 分钟以下。用户在观看弹幕数量巨大的视频时,往往会很快就忘记之前看到过的内容,也导致了此类视频的存活时长会比传统视频短,所以本研究采取的爬取规则是抽取自视频发布时间,二十天的时长,以视频热度还处于比较良好的不重复弹幕数据为主,弹幕数据里所有信息完全一致的会被删除。哔哩哔哩网站的后台弹幕加载方式比较特殊,它分成以天为计数的 xml 文件,并且每一天的文件都有一个上限,所以在数据里面会存在这样的情况,前一天的数据出现在第二天的 xml 文件里面。因此,还需要利用到的是 Python 中 set 集的不重复特性对数据进行一轮清洗,具体的判断条件是当弹幕的发送人、视频时间节点和自然时间都相同的情况下,不会再添加到数据文件中,清理后得出 285513 条有效弹幕数据。弹幕数据爬取且经过去重处理后,再使用 Python 语言编写程序将 redis 数据库中弹幕数据字典转化成列表格式,让数据按照 excel 表格的格式对应插入 excel 文件,方便在做分析时对数据进行数据可视化、统计计算、分类等数据操作,如图 8 - 5 所示。

哔哩哔哩弹幕视频网站的视频种类非常丰富,数量也非常巨大,如"电视剧""电影""动漫"等。由于站内文化以 ACG 和宅文化为主题,因此单机游戏类视频的站内热度相较于其他类型视频高出不少,所以本研究获取的视频弹幕数据主要以"单机游戏"为主。表 8 - 4 给出了数据集的具体统计结果,显然用户在弹幕上的活跃度要大于在传统评论上的活跃度,弹幕的数量是传统评论数量的 3.3 倍;平均每个用户发出的弹幕数量是传统评论数量的 2 倍。这些比较结果反映了弹幕可以极大地提升用户活跃度,而且用户更倾向于发表弹幕而非传统评论。而播放量是弹幕数量的 103 倍左右，说明弹幕的使用频率是非常高的。

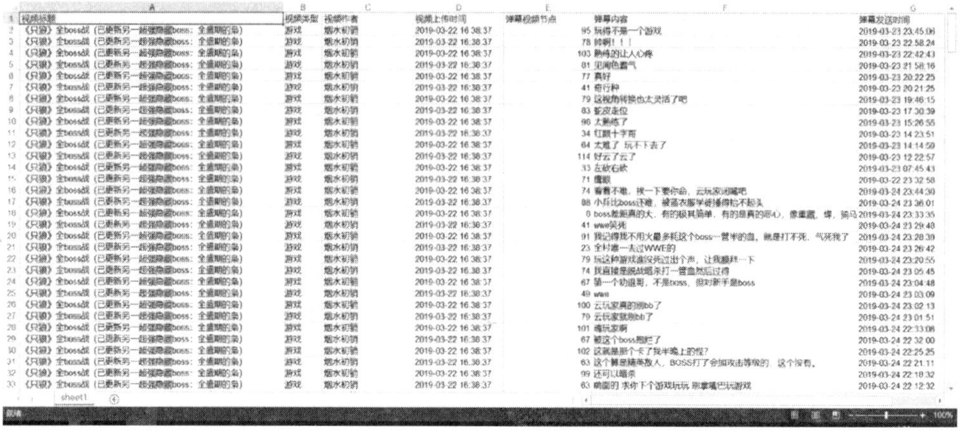

图 8-5 弹幕数据 excel 文件

表 8-4 数据统计

属性	频次
视频总数量	100 个
播放数量	104862787 次
弹幕数量	1009463 条
视频平均弹幕数量	10094.63 条
视频传统评论数	312318 条
视频平均传统评论数	3123.18 条
详细分析弹幕的视频数	40 个
具体内容的弹幕数	285513 条

从表 8-4 中可以看出，视频的弹幕数量和评论数量远远低于播放量。说明看过视频会发送弹幕和评论的用户是少数，大多数用户会针对看过的视频选择性地发表自己的观点，这符合大多数人的使用习惯。结合 360 指数调查用户画像显示哔哩哔哩的用户群体中 18 岁及以下的占 22%，19~24 岁的占 54%，所以可以看出哔哩哔哩用户以"95 后"为主，年轻人在网络上发表评论参与互动的意愿程度高于网民总体。学者们将视频网站上只进行视频播放行为的用户定义为被动内容消费者，只播放视频而不参与其他互动活动的消费模式被称为被动型内容消费。

第八章 弹幕互动对用户选择行为的影响研究

四、基于弹幕热度的用户选择行为分析

Godes 等[3]将社交互动行为分为两种，基于内容的社交互动和基于行为的社交互动。基于行为的社交互动是以众多用户行为的统计量为基础的一种互动方式。此类信息揭示了消费者选择行为产生的综合结果，视频网站中的热度指数（Popularity Indication）就属于基于行为的社交互动。本章通过 Tableau 工具对视频的播放量、传统评论数量和弹幕数量进行可视化探索分析，进一步构建回归模型，通过 SPSS 检验模型以判断弹幕热度对用户哪些方面的选择行为产生影响。

（一）弹幕数量和传统评论数量的对比分析

弹幕本质是和传统评论一样的，都是属于用户讨论行为，但由于其中的特征差异比较明显，所以本节通过对它们在数量上的一些比较，分析弹幕的特点。

如图 8-6 所示，对比视频弹幕数量和评论数量的分布，我们发现两者的分布情况较为相似，数量大幅度减低的节点非常接近，都在第 38 名的视频位置，而且 8 次数量的波峰都非常接近。由此可以得出，只要在视频中存在诱导用户发送弹幕的热议点存在，传统评论也会出现相同的用户热议行为。因此可以将弹幕理解为一种增强型的用户评论，与传统评论相比，弹幕能够让用户感知更高水平的同步性，能够具体针对每一帧视频发表评论。

如图 8-7 所示，浅色表示弹幕数量，深色表示传统评论数量，按照播放量降序排序。可以看出，大部分浅色柱体比深色柱体要高出 50% 左右，即用户在观看视频时发送的弹幕更多，这得益于弹幕评论比传统评论更加方便、更有互动感受、更加精短的特性，也进一步说明了弹幕互动比用户评论行为更加活跃。

从图 8-8 中我们可以看出，相较于传统评论，弹幕数量的区间跨越幅度比较大，数量是传统评论的 2~3 倍，而传统评论的条数均在 10K 以下。进一步说明当视频有热议点的时候，用户更愿意参与弹幕互动，充分体现了弹幕让用户体验更加好，参与感更加强烈。由此，我们将弹幕描述为一种增强型和认知共鸣性质的用户评论。综上，可以得出弹幕让用户互动更加活跃，以往只能发传统评论的，甚至不喜欢发传统评论的用户愿意在视频里快速表达自己的感受和在参与其他用户的互动中，产生了认知共鸣和共鸣传播的特性，弹幕提高了用户的参与感和观影感受。

图8-6 弹幕数量与传统评论数量曲线对比

第八章 弹幕互动对用户选择行为的影响研究

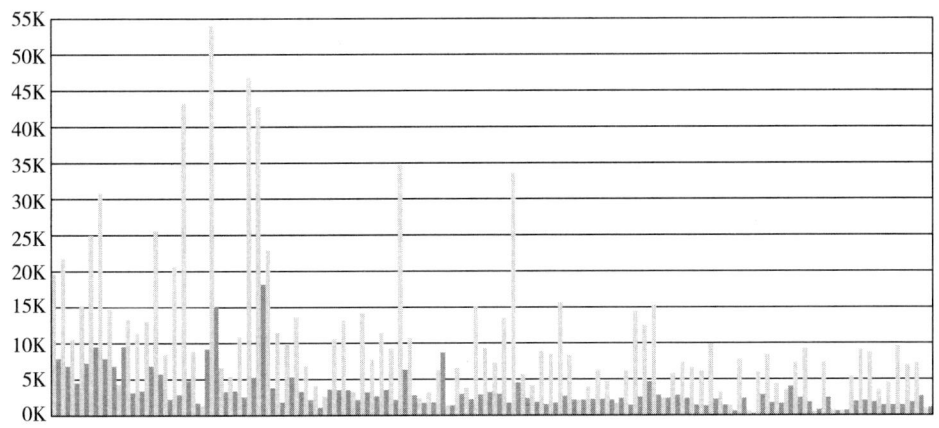

图8-7 弹幕数量与传统评论数量对比

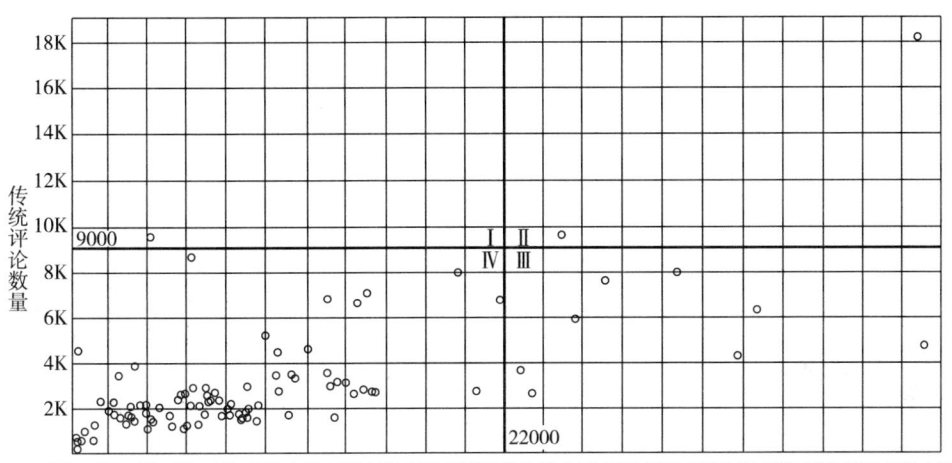

图8-8 弹幕数量与传统评论数量坐标

(二) 视频弹幕数量和播放量对比分析

本研究主要以弹幕数量作为热度指标来对视频进行排行，爬取视频的播放量和弹幕数量，探究弹幕数量和播放量的关系，进而探讨基于弹幕数量的用户的点击播放选择行为。

如图8-9所示，通过以视频标题作为维度来进行显示，可以看出弹幕数量

·159·

和播放量有明显的差异。在弹幕数量比较平稳的排序中，播放量呈现的是参差不齐、无规律的分布，而且弹幕数量的最小值是最大值的0.9%，播放量的最小值是最大值的11.7%，可以看出弹幕数量的差异比播放量的差异要大得多。在图8-10中作一条辅助线划分较高弹幕区和较低弹幕区，可以看出在高弹幕区里视频的播放量出现的峰值数量（峰值指数量上相对其他高出很多的值）要比低弹幕区多出不少，可以知道虽然规律性不强，但也会对用户点击播放行为有一定的影响。

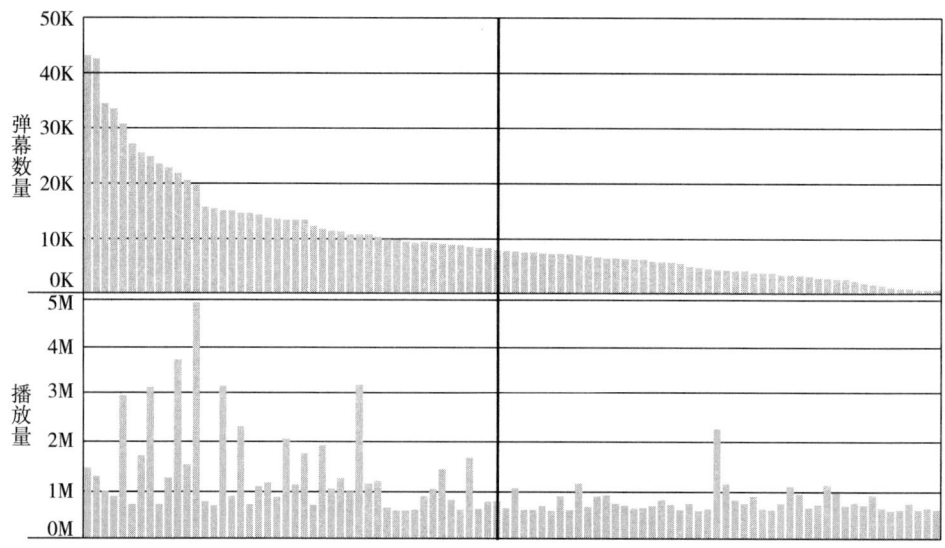

图8-9 视频弹幕数量与播放量对比

对弹幕数量和播放量进行线性拟合，如图8-10所示，趋势线与数据坐标点的位置，由此可见弹幕数量和播放量是不能形成正比的，看不出弹幕数量对播放量是否有影响，视频的热度不一定会引起用户去发送弹幕表达自己的感受，对于点击播放行为，发送弹幕参与讨论是用户比较高级的行为，诱导因素也相对比较复杂，差异自然就比较大，在弹幕数量很低的情况下，播放量依然不会很低，可以得出，弹幕数量对于用户在选择是否观看视频时的影响并不明显，而是否会影响到用户的其他选择行为还需要进一步的分析。

在观察到数量级的差距，播放量最高为4897649（约等于500万条）的视频弹幕数量只有19685（约等于2万条），相当于是25∶1。简单来看，即使弹幕有很好的实时互动性和快速便捷性，不会去发送弹幕的被动内容消费者还是占了相当大的一部分。

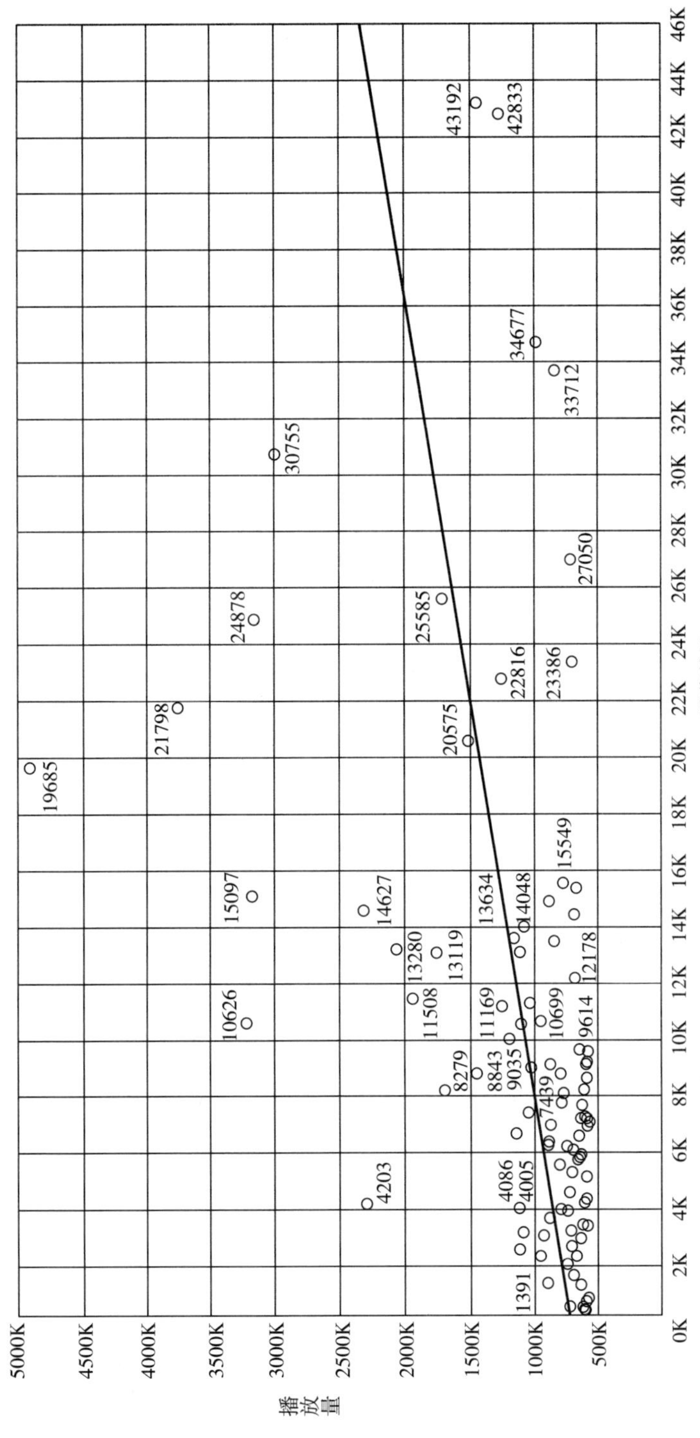

图 8-10 弹幕数量与播放量的拟合

为了进一步分析，对图 8-10 进行了象限的划分，如图 8-11 所示，平均线把数据分为 4 个象限，可以发现在第Ⅳ象限的视频占比最高，有 85 个视频，占总数的 85%，可见大多数视频的播放量在 2500K 以下，弹幕条数在 22K 以下，部分小众视频的播放量极高。说明大部分的用户参与行为比较相似，简言之，弹幕数量和视频播放量都在平均数以下的视频占比较多，对于第Ⅱ象限中弹幕数量和播放量都很高的视频，得出符合大部分用户口味的视频属于小部分；第Ⅰ象限表示的是弹幕数量不高但播放量很高的视频，第Ⅲ象限则是弹幕数量很高但播放量不高的视频，这两者形成了很明显的对比。由此可见，用户会形成两极化的情况，一些播放量很高的视频的观看用户都不喜欢发弹幕，而一些播放量低的小众视频的弹幕热议点很多引发用户发布很多弹幕。而前者只播放视频而不发弹幕所需要的用户参与程度最低，弹幕数量不能作为用户参与的信号指标，这一行为只能体现用户在浏览视频网站中最基本的活动（如"点击"行为）[18]。第Ⅰ象限的用户属于典型的被动内容消费者，只播放视频而不参与其他任何活动的消费模式被称作被动型内容消费。图 8-11 中第Ⅰ象限和第Ⅱ象限可以看出对于播放量高的视频，弹幕热度并不是用户选择判断的依据，其对用户选择行为的影响较少，而对于播放量低于平均数的视频，弹幕热度对用户选择行为的影响比较明显。因此，弹幕样本数据集中视频所拥有的弹幕条数整体上要远远低于视频的点击播放量与已有文献所述相符，由此我们认为该数据集中的用户弹幕互动行为表现合理，也说明了在视频播放量不高的情况下，弹幕热度会影响用户的播放点击选择行为。

（三）弹幕数量与播放量、传统评论数量回归分析

进一步对弹幕数量、播放量和传统评论数量进行相关性分析和回归分析，Spearman 相关性是衡量两个变量的依赖性的非参数指标，它利用单调方程评价两个统计变量的相关性。从统计学层面上分析三者之间的交互影响，如表 8-5 所示。

上文在可视化中已经可以看出三者变量在数量上的一些差别，不是连续数据、正态分布以及线性关系，因此在本小节用到了 Spearman 分析方法来进行相关性分析。Spearman 相关系数是衡量两个变量的依赖性的非参数指标，当 Spearman 系数为 +1 或者 -1 时，两个变量则是完全单调相关。根据上述描述性统计分析播放量大于平均值的视频，其弹幕数量与播放量不存在相关性，因为本研究仅对弹幕数量低于平均值的视频进行相关性分析。右上角有两个星号表示相关系数在 0.01 的显著水平下显著；Sig.（双尾）中 p 值表示显著，也因为这三个因数不具有方向性，所以采用双尾检验；N 表示因数的数量。从表 8-5 可以看出，传统评论数量与弹幕数量的相关性很强，相关系数为 0.642，p 值为 0，这

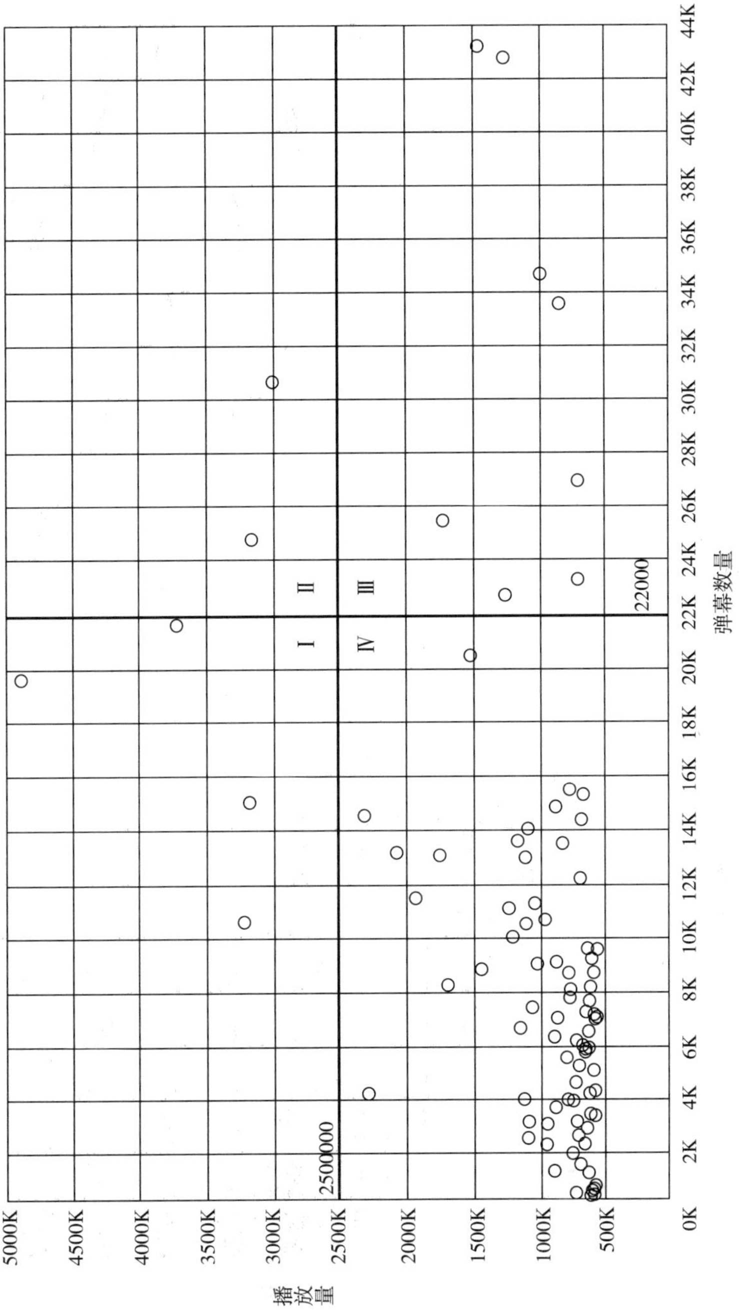

图 8-11 播放量与弹幕数量坐标

表 8-5 Spearman 相关性分析

		播放量	传统评论	弹幕
传统评论	相关系数	0.618	1.000	0.642
	Sig.（双尾）	0.000		0.000
	N	100	100	100
弹幕	相关系数	0.497	0.642	1.000
	Sig.（双尾）	0.000	0.000	
	N	100	100	100

进一步印证了前文描述性统计分析的结果。当视频中存在热议点时，评论数量和弹幕数量都会增加。另外从表 8-5 可以看到，传统评论数量与播放量的相关系数为 0.618，p 值为 0，表示有较强的正相关性，而弹幕数量与播放量的相关性数为 0.497，稍微低于平均值，但 p 值也为 0，存在正相关性，但相关性弱于传统评论数量。

从表 8-6 中的回归系数的显著性一项可以得出，弹幕与传统评论呈现显著相关性，弹幕与播放量呈现弱相关性。结合前面两小节内容，可以得出的结论是，弹幕数量与播放量、传统评论数量具有正相关性；弹幕和传统评论都属于交互方式，只是特性不太相同，目的都是参与互动，数量曲线的变化趋势比较相似，在相关性分析中也呈现出较强的相关性。

表 8-6 弹幕数量与播放量、传统评论数量回归分析

	未标准化的系数		标准化系数		
	B	标准错误	Beta	t	显著性
弹幕数量	2582601	1246.560		2.072	0.041
播放量	0.001	0.001	0.059	0.625	0.534
传统评论数量	2.167	0.327	0.629	6.623	0.000

五、基于弹幕内容的用户情感体验分析

本节主要对发送弹幕的用户 id、弹幕文本等弹幕具体内容进行分析，通过关键词分析词云、高频词分析和情感计分等方法来探索弹幕互动的用户情感体验。

（一）弹幕内容关键词分析

获取关键词热度本身属于大数据分析技术，目前国内关于关键词热点发掘主要面向微博、博客、贴吧、论坛等主流平台和面向对各大热门的视频网站的关键词提取。目前国外热门视频网站 Youtube、Vimeo 等，每一个视频网站后台都有基于 Java、Python 等技术支持的对视频的评论和弹幕等信息进行收集分析，进行提取关键词，然后根据不同的用户提供个性化服务。例如，哔哩哔哩弹幕视频网站通过后台对巨大的数据归类分析，可以从每个视频的评论和弹幕中提取出其关键词热度和播放时长等重要信息。视频创作者可以根据关键词热度的排序对本身的作品进行调整和完善，创作更好的作品，每一年也总结出年度关键词，以此来了解用户习惯和用户关注点，促进视频内容做更好的推广。

1. 关键词提取方法

关键词提取是指从文本信息中提取相对重要的特征性、重复性较强的词句。文本关键词提取是信息处理的重要技术，也是文本分析的重要工作，对后期文本相似度对比、文本语义理解等方面研究都具有十分重要的作用。本书通过对哔哩哔哩网站的用户在视频中所发送的弹幕进行用户体验的特征分析，为每一个人发布的视频里出现的弹幕做一个词语频率分析和关键词提取，通过弹幕出现的规律和弹幕里出现的词语频率有助于更加快速地分析出视频发布者的性格特征、关注方向和其视频的特色元素、大热原因。不仅为视频发布者提供有价值的数据分析，更是为舆论个体监控和网络环境良好发展提高了工作效率，节省了大量的时间成本，在海量网络数据的信息挖掘中具有一定的理论意义和实践意义。

本研究中的关键词提取需要对弹幕文本内容的关键字段进行处理。由于爬取出来的每一条弹幕数据都有 14 个属性，所以需要在剔除其他无关属性后对文本进行关键词提取。文本分词中，中英文的分词方式不一样，英文主要以空格为主，而中文相对比较复杂，需要根据词义进行分词，所以程序中用到 jieba.cut 这一方法，主要作用是对文本进行分词处理，以回车键为一个句子，把文本中的所有内容逐条读取，然后以列表的形式存于程序中指定的变量，用以后面的数据操作。如图 8-12 所示，用 WordCloud 来对上面已经存放好的列表进行遍历，设置允许显示最大词汇量、生成图片的大小、提取关键词时的步长（步长意思是处理文本时以多少长度为一个词来进行处理，可以预防长句子中重复的内容），配置好以上设置即可按照以上已经规定好的规则进行关键词的提取，生成词云图片。

```
cloud = WordCloud(
    # 设置字体，不指定就会出现乱码
    font_path="E:\Python\Bilibili\msyh.ttc",
    # 步长
    font_step=6,
    stopwords=STOPWORDS.add("屏蔽内容"),
    # 设置背景色
    background_color='white',
    # 允许最大词汇
    max_words=50,
    # 图片大小
    width=500,
    height=500,
    # 字体
    max_font_size=300,
)
```

图8-12　词云代码

2. 高频词统计

"词云"是对网络文本中出现频率较高的"关键词"以视觉上的突出，形成"关键词云层"，从而过滤掉大量的文本信息，使浏览网页者只要一眼扫过文本就可以领略文本的主旨。Python中有很多开源的第三方包，其中WorldCloud就是用来制作词云的，只需要把已经收集好的数据进一步简单处理成文本格式就可以自动生成。本书以弹幕内容本身为主来制作词云，不包含其他较为复杂的弹幕数据，可以比较清晰地观察视频里用户都喜欢发什么样的弹幕，得知用户在视频中的体验感受。

3. 用户发送弹幕的诱因

虽然是同一个视频分区，但每个视频之间还是存在比较大的差异的，高频词产生的原因可能有以下几点：①视频类型所带来的直接感受，比较有特征性的会让观众记住并且发送弹幕；②视频创作者在视频里的一些语言引导，这是非常重要的一点，无论在哪一个领域，语言都能起到引导人思维的作用，视频创作者的语言引导可以让观众产生互动感，加上弹幕的特性，观众就会通过发送弹幕来寻求互动。弹幕词云可以说是把一个视频内容的比较关键信息都显示出来了，如视频的主题是什么，带给用户一个怎样的感受，弹幕的氛围，用户在视频里交流的内容和观影体验。

综上,年轻用户群体发弹幕和看弹幕已经成为在线观影"标配"。在用户观看影视内容的过程中,弹幕功能提供了情感表达、互动交流的渠道,进而搭建起边聊边看的"网络聚会",可以在一定程度上消解用户孤独感。同时可以看出弹幕数据中在这一分区的视频整体呈现出比较正面的内容,每个视频的关键词都存在异同,用户会因为视频的内容和视频创作者的语言引导去发送弹幕。流行语的拼音首字母缩写也向来是弹幕视频网站中的高频词汇,它与弹幕文化即时性强、即兴发布、停留时间短暂的特性最为匹配。关键词的出现体现了用户基于内容产生的情感,弹幕互动让用户的情感抒发成为集体共鸣。可见,弹幕已逐步成为用户表达情感、进行影视游戏内容娱乐互动的一种方式。

(二)弹幕内容情感分析

文本情感分析是对带有情感色彩的主观性文本进行分析、处理、归纳和推理的过程[427]。信息互联网上各类媒体社交产生了大量的用户参与的,对于诸如人物、事件、产品、多媒体等有价值的评论信息。这些评论信息表达了人们的各种情感色彩和情感倾向性,如喜、怒、哀、乐、批评和赞扬等。基于此,潜在的用户就可以通过浏览这些主观色彩的评论来了解大众舆论对于某一事件或产品的看法。同理,视频里面的弹幕往往也是用户带有一定情感而发送的,可能是表达自己当时的感受,可能是对视频内容有意见,也可能是对前面其他用户发送的弹幕的评论等,所以相对于传统评论来说,可以从弹幕内容中看出视频用户在观看视频时每一个时间节点所包含的情绪,这些弹幕内容所带来的情绪也会影响到以后的观看用户,对他们的体验行为产生一定的影响。

1. 排行情感分析

每个人都会有自己倾向的事物,而且人往往会对其产生一定的情感依赖,如喜欢种植物、喜欢养宠物、喜欢打球等,都属于情感依赖行为,人们会从中获取自己需要的情感和精神食粮。短视频和直播盛行的时代又出现了新形式的情感依赖,如对主播的情感依赖、对视频创作者的情感依赖等,通过观看他们的视频,因为他们的某些特点而让自身产生了认同感和共鸣感,获取到了精神上的满足。首先通过对视频创作者分类,统计每个视频创作者视频产生的弹幕数量,以此观察用户是否对视频创作者有情感依赖。

从图8-13可以得到,视频创作者播放量前五分别是"老番茄""敖厂长""独立菌儿""EdmundDZhang"和"某幻君";弹幕数量前五是"渗透之C君""某幻君""逍遥散人""老番茄"和"敖厂长";传统评论数量前五是"渗透之C君""敖厂长""独立菌儿""老番茄"和"某幻君"。根据哔哩哔哩视频网站的推送机制,即只要用户的账号关注了这名视频创作者的账号,其发布视频的时候会自动第一时间推送到用户的账号上,所以我们去调查了这几名视频创作者的粉丝量。如表8-7所示,7个视频创作者中有6个人的粉丝量都超过了200万人,还有一个名为"敖厂长"的粉丝量甚至多于500万人,证明了基础粉丝量加速了视频的传播,并且在视频中发布弹幕和参与评论的人数也会比较多。但其中"独立菌儿"是个特例,虽然粉丝量没有一般大牌视频创作者多,但其投稿视频也会产生较高的播放量。

播放量 user_name		传统评论数量 user_name		弹幕数量 user_name	
['老番茄']	4,897,649	['渗透之C君']	18,189	['渗透之C君']	43,192
['老番茄']	3,726,194	['敖厂长']	9,557	['渗透之C君']	42,833
['老番茄']	3,202,957	['独立菌儿']	9,482	['某幻君']	34,677
['敖厂长']	3,170,998	['黑镖客梦回']	8,594	['逍遥散人']	33,712
['敖厂长']	3,152,386	['老番茄']	7,906	['老番茄']	30,755

图8-13 播放量、传统评论数量、弹幕数量排行榜

表8-7 各视频创作者粉丝数量　　　　　　　　　单位:万人

视频创作者用户名	粉丝数量
老番茄	441.8
渗透之C君	385.0
敖厂长	517.7
某幻君	315.5
独立菌儿	49.8
逍遥散人	266.0
EdmundDZhang	223.9

通过对前100名视频的视频创作者进行计数统计,生成图8-14,从图中可以知道100个视频里的视频创作者只有42个,再仔细观察发现有3个视频创作者都占据6个视频的名额。

再观察到图8-15中的"独立菌儿"的弹幕数量相对于图中其他几个人,明显少了不少,粉丝量多的视频创作者所创作的视频弹幕数量远超于粉丝量少的,可以得出用户对于视频创作者是具有一定的情感依赖,在粉丝量较多的基础上,视频创作者投稿的视频热度更容易升高,弹幕也会随之增多,在第四章中出现的词云也是建立在这一基础上,才会出现具有特征性的关键词,用户体验有一部分也是由对视频创作者的情感依赖所带来的。

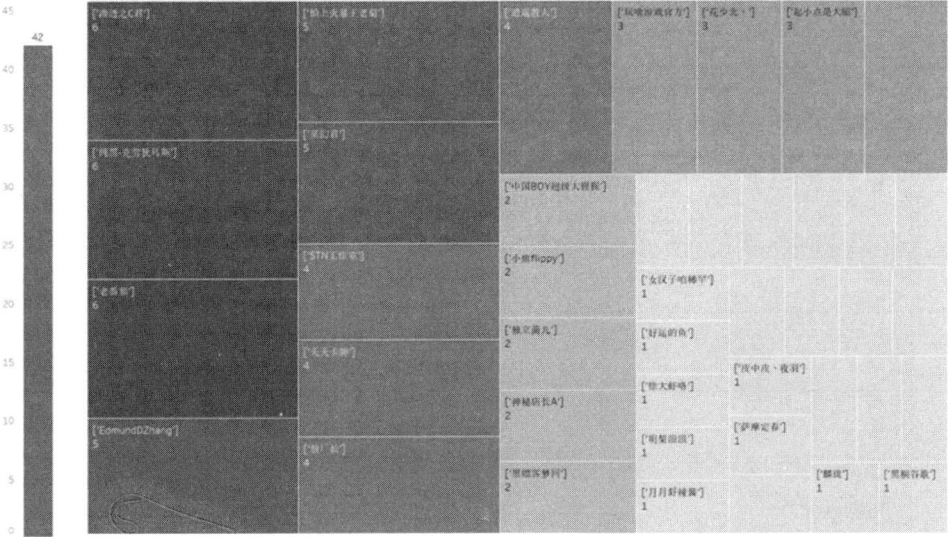

图 8-14 视频创作者视频统计

综上,从播放量上是无法看到用户对视频创作者的情感依赖,而弹幕数量可以很好地看出视频创作者的粉丝群体有多少。因此可以得出,用户对视频创作者的情感依赖是会通过发送弹幕尝试与视频创作者的间接交流来实现的。

2. 用户弹幕贡献度分析

本小节主要对弹幕内容数据中的观看用户 id 进行统计,以视频标题为分类标准,分析用户在视频中的贡献度,研究其中得到的信息,分析用户使用弹幕频率高或者低,不同类型的视频是否会对用户发送弹幕的体验有影响。如图 8-16,挑选 6 个不同类型的视频作为例子,对弹幕内容中的用户 id 进行统计,以降序的形式可视化显示,可以看出每个视频用户的参与度和参与频率。

发送弹幕的用户比仅仅点击播放视频的用户在数量级上要少很多,但是想要知道发送弹幕中的用户到底对发送弹幕的行为愿意程度有多高呢,我们可以对视频里发送弹幕的用户 id 进行统计,如表 8-8 所示。首先对每一个视频的类型做了分类;其次统计每个视频中参与次数最大值(即根据用户 id 进行分类,统计他们在同一个视频中发送的弹幕数量);最后统计视频的弹幕数量,可见单个用户发送量最高 143 条,最低 12 条,具有明显的差异性,弹幕数量最大差值为 23100 条。从统计数据可以发现恐怖游戏类型的视频弹幕数量相对于其他类型要高出不少,而且还发现不同视频创作者做恐怖游戏也一样会引发弹幕热议点,用户所发送的弹幕量也相对比较高。

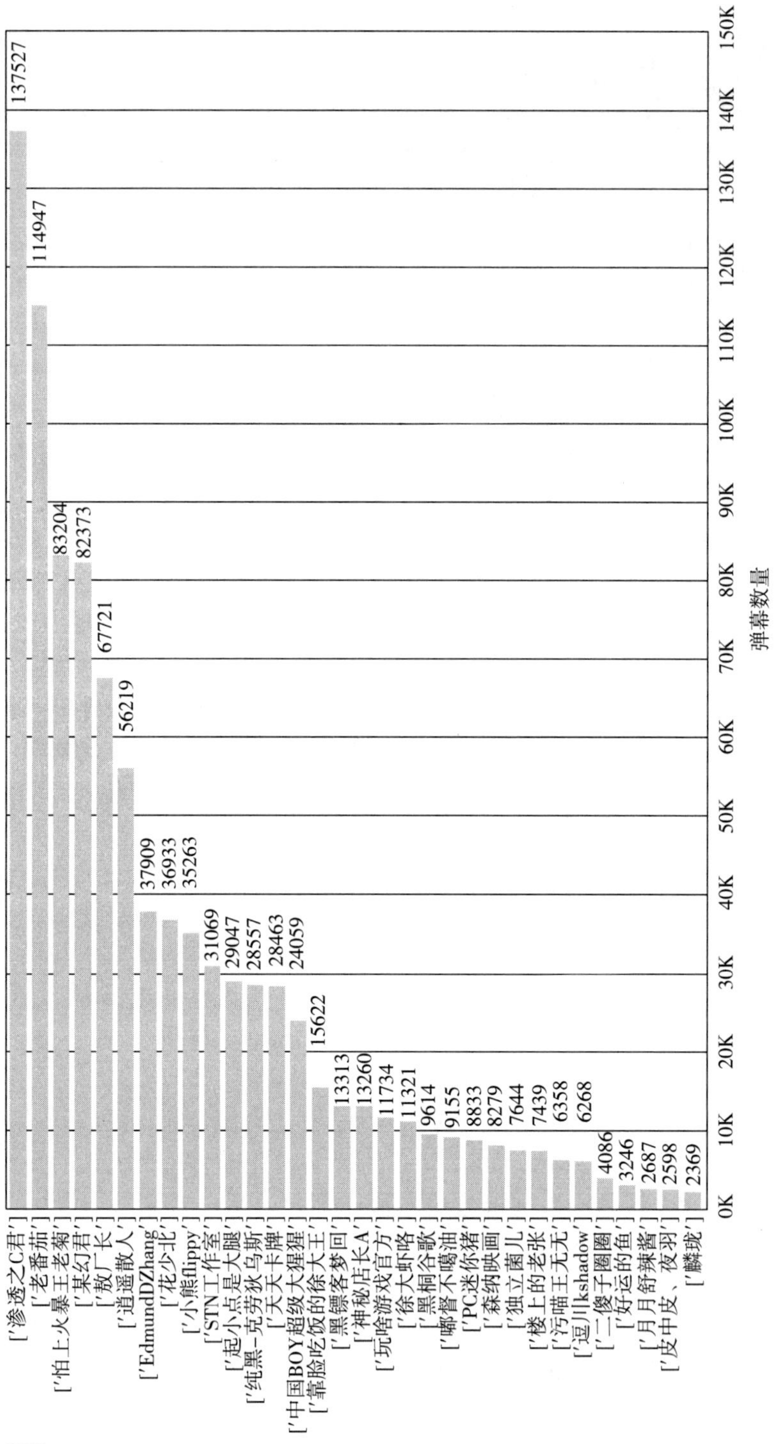

社交商务时代的在线互动与消费者行为

图 8-15 视频创作者视频中的弹幕数量综合

第八章 弹幕互动对用户选择行为的影响研究

图 8-16 发送弹幕用户的 id 统计

表8-8 发送弹幕用户id统计及视频弹幕数量

视频标题	类型	单个用户最高发送量	弹幕数量
['【C菌】国产虚幻引擎恐怖游戏大作《纸人》抢先试玩实况！']	恐怖游戏	114	22614
['【散人】恐怖纸人 中式古宅里的奇幻爱恋（第一章完结 共三P）']	恐怖游戏	143	24606
['【Unheard-疑案追声】这是一个偷听别人对话的推理游戏']	侦探游戏	27	8665
['【敖厂长】10年前席卷全国的体育游戏']	探索游戏	12	3800
['【老E】三分钟了解"只狼"这款游戏到底有多难']	技术游戏	15	1506
['【老番茄】史上最骚杀手（第四集）']	搞笑游戏	27	7642

根据网络资源调查，恐怖游戏相对于平常比较轻松的游戏，游戏中的生存、恐怖的氛围很大程度上刺激了人的感觉，从而在其中得到快感。视频创作者在创作这类视频中再加上自己本身的一些节目效果，如自己被吓得大喊大叫，观众也会从中得到快乐，所以这一类视频更加能让用户通过弹幕互动的方式来参与进视频中讨论，也进一步印证了前文的视频内容会影响用户的弹幕体验。从所有的数据也可以发现，无论哪一类视频，都会有用户愿意多次发表弹幕评论来表达自己的想法。

3. 弹幕文本情感分析

弹幕文本是用户在视频时间节点上所说的话语，也最能反映用户的情感，本小节从弹幕文本内容入手进行情感分析。文本情感分析是对带有情感色彩的主观性文本进行分析、处理、归纳和推理的过程。互联网上产生了大量的用户参与的，对于诸如人物、事件、产品等有价值的评论信息。这些评论信息表达了人们的各种情感色彩和情感倾向性，如喜、怒、哀、乐、批评和赞扬等。基于此，潜在的用户就可以通过浏览这些带有主观色彩的评论来了解大众舆论对于某一事件或产品的看法。

弹幕相较于传统评论，可以让用户在视频中的每一个时间节点都可以发送，正因为这种特性，弹幕评论能够反映用户的瞬间感受，而传统评论则是用户在观看完视频后发表的感触和观点，所以对于弹幕相对于传统评论会比较杂乱，总结性比较低,更多的是用户的情感体现或者玩"梗"居多,我们用 jieba 第三方包里的 jieba.cut 方法对短文本分词处理比较困难,从分出来的词汇中比较难看出来具体的信息,需要重新回到文本本身对词语再一次进行搜索才能更好地理解其中想要表达的意思。

首先使用 Python 编写程序对文本进行分词,统计前 40 名视频中出现词汇的次数。表 8-9 为统计前 20 名的词汇和频次,前 5 名的词汇都是表达比较正面的情绪,后面 15 名为具有特征性的词和无特征性的词,本小节主要以第六名"弹幕"为例进行分析。仅从"弹幕"这一词无法得出什么结论,也无法看出任何特征,所以利用正则表达式提取含有"弹幕"两字的所有弹幕文本,想要对短文本进行全面分析需要用到人工智能,而且时间可能较长,且弹幕内容比较随意,有些没有明确的情绪词语,所以本研究人工将文本转为数字集合分类统计,分 4 部分,表达正面情绪弹幕用 1 来表示,负面情绪弹幕用 0 来表示,中立弹幕为空,疑问弹幕用 2 来表示。对其文本进行积分,正面情绪弹幕 +2 分,负面情绪弹幕 -2 分,中立弹幕 +1 分,疑问弹幕 -1 分来进行得分计算,通过这种方法来计算出视频的情感分值,判断视频在情感方面是属于哪一种情绪。

表 8-9 高频词汇统计

词汇	频次	词汇	频次
哈哈	129086	护眼	3667
哈哈哈	109933	不是	3655
啊啊啊	109015	就是	3126
哈哈哈哈	91789	你们	3038
喜欢	6944	合影	2870
弹幕	6829	真的	2860
这个	5583	一个	2609
游戏	5065	可以	2600
什么	4590	没有	2544
高能	3740	怎么	2140

如表 8-10 所示,包含"弹幕"关键词的弹幕出现数量为 6829 次,占总弹幕数的 1.4%,在 35 个视频里面出现,占总视频数的 87.5%,可以看出包含"弹幕"这一关键词出现在不同视频里的频率是比较高的,但是数量并没有很多,可能是因为弹幕本身内容差异化比较明显,我们还可以得出包含"弹幕"这个关键词的表达正负面情绪的弹幕内容仅占 27%,中立的弹幕内容占 62%,疑问的弹幕内容占 11%,可以看出中立立场占了大部分。通过上面的情感分类

计算规则进行计算,得到的情感分数为1730分,说明35个视频的弹幕是正面积极的情绪方向,但是发现在中立这一类中分数比重比较大,如果排除中立和疑问这两类情绪表达比较弱的弹幕,只计算强情绪弹幕分数,则得分为 -352 分,负数表示弹幕处于负面情绪的较多。

表 8-10　弹幕分类统计分析

类别	次数
正面情绪	472
负面情绪	648
中立	2524
疑问	442

我们进一步对负面内容再进行分析。如图 8-17 所示,负面弹幕多数出现在一个标题里包含抑郁症的视频里面,经过统计得出,视频的正面情绪弹幕数量为

弹幕	
发弹幕前想想别人	0
我震惊了嘲讽的弹幕比病友多啊,看看置顶再发弹幕吧各位	0
再次提醒某些人发弹幕前请先看看评论置顶	0
我得提醒喜欢评论的各位,你们的弹幕可以幼稚,但是你们得对自己说的话负责	0
建议屏蔽弹幕说真的	0
有的小学生弹幕实在是尬	0
某些人在发弹幕前请先看看评论置顶	0
我啥病没有也有点不太舒服,可能是色调和声音的原因还有弹幕!那么多胸闷的看得我都闷了	0
前面那个质疑不舒服为什么还发弹幕的,我不舒服就连发弹幕的权利都没有?	0
这些糟心的弹幕能不能点左上角出去	0
不敢看这个游戏了,又害怕画面,又不敢看弹幕	0
恶心弹幕	0
底部弹幕求你们闭嘴谢谢,挡住字幕了	0
请关闭弹幕以屏蔽那些假装自己是抑郁症患者的某些人	0
真是抑郁还会在这里发弹幕?	0
屏蔽一些弹幕后好多了	0
弹幕说抑郁症还发弹幕的都是装,难道不怕自己的言论伤害到那些只是想发出一点求救信号的人吗	0
↑边犯哮喘边发弹幕,你也蛮拼的↑	0
关弹幕保智商	0
请关闭弹幕使用	0
再见,我关弹幕了	0
有些弹幕说话能留点口德吗?	0
关弹幕8	0
抑郁症不发弹幕???我哈哈哈死你	0
真正的抑郁症并不会发弹幕去吸引别人注意	0
所以为什么要在弹幕说自己抑郁……	0

图 8-17　负面情绪弹幕

52条，中立和疑问弹幕分别是16条、32条，而负面情绪弹幕有447条，占负面情绪弹幕总数的68%，比重较大，通过计算这个视频的情绪分数为-806分，比前面35个视频的总计分数还要低，可以看出这个视频对分数影响较大，排除后仅计算其他34个视频的弹幕情绪分数变为438分，情感呈正方向，第四章中结论相同，视频整体情感比较正面。

对中立内容的分析如图8-18所示，"弹幕护体"是主要的内容，经过详细调查，此类弹幕大多出现在一些恐怖游戏类型的视频中，在恐怖场景或者会令人产生不适的画面中出现频率比较高，以至于起到遮挡屏幕的作用，而且会在同一时间节点有不同的用户大量发送相同的内容。

['【敖厂长】世界最早的恐怖游戏真的很高能吗？']	求弹幕护体
['【敖厂长】世界最早的恐怖游戏真的很高能吗？']	弹幕护体弹幕护体弹幕护体弹幕护体
['【敖厂长】世界最早的恐怖游戏真的很高能吗？']	弹幕呢？
['【敖厂长】世界最早的恐怖游戏真的很高能吗？']	弹幕护体
['【敖厂长】世界最早的恐怖游戏真的很高能吗？']	弹幕附体
['【敖厂长】世界最早的恐怖游戏真的很高能吗？']	弹幕附体
['【敖厂长】世界最早的恐怖游戏真的很高能吗？']	弹幕附体真的恐怖
['【敖厂长】世界最早的恐怖游戏真的很高能吗？']	弹幕护（fu）体
['【敖厂长】世界最早的恐怖游戏真的很高能吗？']	弹幕护体
['【敖厂长】世界最早的恐怖游戏真的很高能吗？']	弹幕护体
['【敖厂长】世界最早的恐怖游戏真的很高能吗？']	弹幕呢
['【敖厂长】世界最早的恐怖游戏真的很高能吗？']	弹幕护体
['【敖厂长】世界最早的恐怖游戏真的很高能吗？']	弹幕附体！！
['【敖厂长】世界最早的恐怖游戏真的很高能吗？']	弹幕附体
['【敖厂长】世界最早的恐怖游戏真的很高能吗？']	弹幕呢
['【敖厂长】世界最早的恐怖游戏真的很高能吗？']	一条弹幕????
['【敖厂长】世界最早的恐怖游戏真的很高能吗？']	弹幕附体 哈哈哈
['【敖厂长】世界最早的恐怖游戏真的很高能吗？']	为什么我没弹幕
['【敖厂长】世界最早的恐怖游戏真的很高能吗？']	试试能不能发弹幕
['【敖厂长】世界最早的恐怖游戏真的很高能吗？']	试试能不能发弹幕

图8-18 包含"弹幕"的弹幕内容

综上，充分地体现了用户体验在弹幕方面的认知共鸣和共鸣传播这两种特性，不同的用户会随着同样的视频内容产生一样的情绪，也会随着看到的弹幕内容产生一样的情绪，在发送弹幕时会发送与其他用户一样的弹幕内容，从共鸣传播到认知共鸣，产生认同感，这也是传统评论因为其独立于视频内容而不会具备的特性。

六、结论与讨论

在线视频的迅猛发展,使人们的生活变得更加轻松多彩,尤其在满足了大众娱乐需求的前提下,在工作和学习方面也提供了丰富的资源。可是,传统评论这种与视频内容相对独立的互动形式已经无法满足甚至阻碍到用户追求的信息交流速度,弹幕互动作为一种新的用户与视频交互方式,恰巧弥补了传统评论的滞后性,也成为用户互动的热点。不同于传统评论具有一定的总结性,弹幕互动更像是人们在日常生活中所频繁使用的话语,更加直接地表达用户的体验感受。它提供了新鲜的用户体验,使原本的视频资料变成了视频加弹幕的形式。弹幕实际上是对视频的二次创作,这一部分是用户生成内容,再以弹幕的形式反馈回去,完成视频二次创作部分的传播。另外,弹幕评论还具有在特定时刻对本视频的补充解释的功能。比如,在观看弹幕视频的时候有弹幕发"求 BGM"(求告知视频里的背景音乐)。也有的弹幕在国外视频里自愿担当起翻译的职责;还有的视频因为涉及国内外文化方面的差异,为了让国内观众能够看到视频内容,懂这方面的观众主动承担起介绍某些情节和视频中提到内容的来源,以此让视频被更多的人看懂,推动了用户的二次选择观看。

本书利用数据挖掘方法对弹幕的一些特征性进行分析,通过与传统评论和视频播放量等热度指标的对比验证和相关性分析来深入探究弹幕互动与传统评论的互补特性。通过对弹幕内容的关键词分析和情感分析,深层次地挖掘弹幕互动的用户情感体验。本书研究结果如下:

(1)弹幕数量与视频播放量在排除极值时具有正相关性,弹幕数量是会在一定程度上影响用户的选择行为,但如果播放量很高时,弹幕数量对用户选择行为影响就相对降低;弹幕与传统评论在数量上变化曲线非常相似,但弹幕数量远超于传统评论,波峰相对传统评论也更加多,证明弹幕作为新的交流方式是进步的,使用户在观看视频时更好地参与讨论,因此可以判断弹幕热度信息会对用户在点击播放和参与弹幕讨论的选择行为产生一定的影响。爱奇艺于 2018 年 9 月正式关闭显示前台播放量,以综合用户讨论度、互动量、多维度播放类指标的内容热度代替播放量。这也进一步印证了本书的观点,在线视频等参与式网站可以充分利用近年来用户观影互动行为的增加,考虑将包括弹幕在内的互动行为纳入内容热度评价体系,此举不仅有利于行业的健康发展,更有助于在线视频网站打造完善的多维评价体系。

（2）用户会根据视频内容和视频创作者的语言引导去发送相关的弹幕内容；用户对视频创作者的感情依赖是通过发送弹幕与视频创作者间接交流实现的；用户在不同类型的视频中参与度和弹幕贡献量也有比较大的差异；从弹幕中可以看出用户观看视频都受到比较正面的情绪影响，还会跟随用户自身看到的弹幕内容，如网络流行弹幕、引战弹幕等，去跟风发送弹幕或者具有异议的弹幕。本书的研究结论可以为弹幕视频网站和视频创作者提供有价值的数据参考，网站可以根据弹幕热度来给用户推送视频，让用户能体验到参与感和认知共鸣较强的网络视频，既然用户偏向弹幕交流而不是传统评论，因此在功能上就要加强弹幕功能性，让使用弹幕更加方便快捷。对于视频创作者，可以让他们的视频从弹幕方面做功夫，增加和提高视频的热议点，从而影响用户在点击播放的选择行为，提高视频的播放量。

第九章 结论与展望

近年来社交商务模式蓬勃发展,商家和社交商务平台都期望能够通过社交互动来促进商品销售,但市场调查报告显示消费者购买朋友推荐商品率低且许多消费者选择拉黑经常推荐商品信息的朋友,针对这一现象,本书提出了"社交商务时代的在线社交互动如何影响消费者行为?"的研究主题,分析了社交商务的分类和特点,以在线社交互动为研究对象,基于科尔曼微观—宏观研究框架提出了在线社交互动影响消费者购买行为的理论框架,从微观视角来看,本书从社交互动的关系特征维度和内容特征维度深入剖析了社交互动对消费者购买行为和认知行为的影响机理。从宏观视角来看,本书探索了社交商务平台上的消费者群体互动行为的社会影响的动态过程。在第三章至第八章的五个子研究的顺序安排上,本书遵循以下研究逻辑展开:子研究一探寻强关系社交商务环境下社交互动影响购买决策的发生机制。子研究二主要回答了弱关系社交商务环境下在线评论形式对消费者评论认知的影响。子研究三在子研究二的基础上,进一步探讨了弱关系社交商务环境下多种观察学习信息对商品销量的影响以及商品类型和市场年龄的调节作用。子研究四在之前三个子研究的基础上,通过建模与仿真探索了宏观层面社交互动对消费者购买行为的动态影响。子研究五通过实证分析探讨了弱关系弹幕互动对用户选择的影响以及弹幕带来的用户情感体验。

一、主要研究结论

基于研究的核心问题,本书设计了四个研究焦点、五个研究内容,并针对这些问题进行了问卷调查、实验研究、面板数据分析和多主体仿真建模研究,得出以下六方面的研究结论:

(1) 从微观—宏观视角跨层次地分析了社交互动对消费者购买行为的影响,

全面地揭示了社交互动的内容特征、关系特征和网络特征对消费者购买决策的交互影响。利用实证数据驱动多主体仿真,揭示了社会系统中系统宏观行为和个体微观行为之间的动力学机制,考察了微观社交互动机理涌现出的宏观扩散现象,为后续学者研究社交商务模式下的社交互动问题提供了新的视角和较为完整的理论框架。

(2) 从微观层面构建了强关系平台下社交互动对消费者购买意愿的模型以及认同与内化的中介作用,基于社会影响理论揭示了强关系社交商务平台环境下基于内容的社交互动和基于行为的互动影响消费者购买行为的有效路径和作用机理。本研究首先提出了强关系社交商务环境下社交互动内容特征的界定;其次深入剖析了这些社交互动影响消费者购买行为的路径,基于修订的社会影响理论提出了内化和认同机制在社交互动与消费者购买行为之间的完全中介作用,用以解释处于强关系社交商务环境下为什么许多消费者会出现抵触情绪,且商务行为的转化率低的问题。鉴于研究目标和数据收集方面的考虑,本研究采用结构方程模型对问卷调查数据进行实证检验。研究结果表明:强关系社交商务平台下基于内容的社交互动(朋友评论)与基于行动的社交互动(推荐和点赞)对认同和内化均有显著正向影响;社交互动的内化机制积极影响了其认同机制,并且认同和内化在强关系社交互动与购买意愿之间起到了完全中介作用。这一研究结论有助于我们对研究背景中的矛盾现象做出合理的解释,说明了社交商务环境下的社交互动并不必然带来购买行为,消费者商务行为的增加需要社交互动经过认同和内化的过程。

(3) 从微观层面构建了弱关系平台下基于内容的社交互动(在线评论)形式对消费者认知行为影响模型,揭示了在线评论的不同形式(纯文字评论和含有图片评论)对消费者评论认知影响机理的差异性。本研究采用问卷调查和眼动实验相结合的方法进行实证检验,其中眼动实验方法为研究消费者行为以及探索人脑内在认知机制提供了新的视角。研究结果表明:商品类型对消费者在线评论形式的认知过程有着重要的影响。问卷调查和眼动实验均证实了商品类型和评论形式具有显著的交互效应,意味着弱关系社交商务环境下在线评论形式能够影响消费者的评论认知,同时这一影响受到商品类型的调节作用;消费者在购买搜索型商品时更加依赖纯文字评论做出购买决策。眼动实验证实了在购买搜索型商品时,消费者对网页中纯文字评论的关注度更高,注视时间更长。而对于体验型商品,女生组的眼动实验数据支持了所有研究假设,即当女性消费者购买体验型商品时,她们对网页中含有图片评论的关注度更高;当女性消费者购买搜索型商品时,她们对网页中纯文字评论的关注度更高。研究结果证实了在弱关系社交商务平台中性别在商品类型影响评论认知关系中起到了调节作用,即男性消费者和女性消费者对不同商品类型的评论形式存在认知差异,对于女性消费者来说,无论是哪种类型的商品,对含有图片评论的关注度都高于男性消费者。对于男性消费者来说,他们在购物时更加关注纯文字评论。

(4)从微观层面构建了弱关系平台下基于行动的社交互动(观察学习)对消费者购买行为影响的理论模型,系统地研究了累计销量、收藏人数和商家服务质量三类观察学习信息对消费者购买行为的影响机理。本研究以天猫商城为例,首先爬取了商品网页观察学习信息;其次采用面板数据分析的方法实证分析了弱关系社交商务环境下的累计销量、收藏人数和商家服务质量三类观察学习信息与消费者购买行为之间的关系,以及商品类型和市场年龄的调节作用。研究结果表明:累计销量与商家信誉均对商品销量有着正向影响。收藏人数间接影响了商品销量,其中累计月销量起到了中介作用。市场年龄与月销量和收藏人数的交互作用都是显著的正向调节,说明随着商品上架时间的增加,消费者对累计销量和收藏人数这两类观察信息都会更加依赖。商品类型对观察学习影响商品销量的关系具有调节效应。对搜索型商品而言,累计月销量和商家信誉对商品销量具有显著的正向影响。当商家服务质量较低时,市场年龄较长的商品销量显著高于市场年龄较短的商品,当商家服务质量较高时,市场年龄对商家服务质量与产品销量的影响变弱。而对于体验型商品而言,三种观察学习对商品销量的影响均是显著的,体验型商品的收藏人数对产品销量的显著影响说明对于体验型商品,如衣服、化妆品和书籍等,人们在购买较难判断的产品时,商品"人气"就显得尤为重要。

(5)从宏观层面上构建了社交商务环境下社交互动动态影响的两阶段模型,并通过仿真分析深入探讨了群体社交互动的演化机理。本研究通过构建信息扩散的两阶段模型比较研究了强关系社交商务和弱关系社交商务情景下社交互动社会影响的动态过程。本研究有力地补充了个人层面单一地探寻社交商务平台下社交互动影响消费者行为的不足,探讨了不同的社交商务网络特征下社交互动影响信息扩散的演化过程,研究结果表明:在社交互动动态影响的第一阶段,即产品意识的形成阶段,由于异质性较高的弱关系网络扩散效果显著优于强关系网络,说明商家可以在初始阶段采用微博这类弱关系社交商务平台推广新产品,能让更多的人知道该产品,采用弱关系平台的曝光率更高。在社交互动动态影响的第二阶段,即购买决策的转化阶段,已经有很多人知道该产品,考虑到消费者购买决策具有外部性特征,异质性较低的强关系社交商务网络的扩散效果优于异质性高的微博用户网络,商家可以在这一阶段采用强关系网络进行客户维护和朋友的劝说,虽然这一阶段的扩散时间明显较长,但会显著提高新产品购买的转化率。研究结论有助于商家掌握强弱关系不同的社交互动影响的差异性,针对不同的社交商务平台开展活动提高收益。

（6）从弹幕热度和弹幕内容两方面探索性地分析了弹幕互动对用户选择行为和用户情感体验的影响。本研究以哔哩哔哩网站为例，首先爬取了游戏视频类型排行前100的视频播放量、弹幕数量和传统评论数量等弹幕热度信息和创作者、创作时间和弹幕评论内容等弹幕内容信息；其次实证分析了弱关系社交媒体下的弹幕数量、传统评论数量和播放量的交互关系，以及通过对弹幕内容文本分析和情感分析探索弹幕互动的用户情感体验。研究结果表明：当视频播放量很高时，弹幕数量与用户选择行为不相关，因为视频播放量本身为用户提供了判断线索，当视频播放量较低时，弹幕数量正向影响了用户的选择行为；弹幕与传统评论在数量上变化曲线非常相似，但弹幕数量和波峰都远超传统评论，说明弹幕互动更能够促进用户的参与并引发共鸣，使用户获得新的观影体验。从弹幕内容来看，发送弹幕的用户对视频创作者存在情感依赖，弹幕中的热议话题会激发用户的参与感和认知共鸣。弹幕内容也有效地推动用户再次观影。

二、理论贡献

通过微观到宏观的五个子问题的研究设计，本书试图回答核心研究问题。从理论意义来看，本研究旨在构建社交商务环境下在线社交互动对消费者行为的作用框架，丰富了社交商务概念及社交互动理论的内容，以下主要从过程机理、驱动机制和情景化研究三个方面打开研究问题的黑箱，并贡献于现有理论。

（1）从过程机理刻画微观到宏观的影响关系，丰富了社交互动价值实现理论。

1）本研究主要顺应国家《电子商务"十三五"发展规划》中"鼓励社交商务的运营模式，为消费者提供个性化电子商务服务以促进网络消费持续增长"的发展趋势，以新兴商业模式下丰富的社交互动形式为切入点展开研究。在该研究背景下，消费者面临信息过载和复杂的不确定性，平台和商家需要更加理性地从多方面考察多种社交互动形式的效果和价值。本书针对我国众多社交商务平台涌现的情景下，社交互动影响购买行为的内在机制展开深入剖析，为社交商务实践提供了新的洞见。

2）以新视角打开了新兴社交商务模式下对消费者购买行为影响的过程黑箱。社交媒体的普及使得人们的交互方式从线上线下融为一体，网络购物突破了地理空间的限制，以其便利性受到人们的青睐。在线社交互动成为了社交商务得以实现的驱动力。因此，从微观到宏观的视角来探索消费者社交互动对购买行为的影响，能够更深层次地挖掘社交互动的本质特征，为新兴的社交商务情景下的消费者行为研究提供了新的视角。

（2）从驱动机制剖析社交互动的内在特征，扩充了在线社交互动的理论概念。

1）本书从具体商品页面的社交互动信息入手，深入分析和实证检验了其对消费者购买行为的驱动作用。通过文献综述发现，现有相关研究中对具体商品页面中的社交互动信息的研究是新的趋势，因此本研究顺应这一趋势，并更加深入地挖掘了有图片评论、纯文字评论、累计销量、收藏人数、朋友推荐和商家服务质量等多种社交互动形式，全面地揭示了社交商务环境下多样化的社交互动对于消费者购买行为的驱动机制。

2）本书基于社会影响理论和相关消费者行为理论，识别和验证了消费者社交互动对购买或传播行为的驱动作用。尽管采用社会影响理论研究个体在线互动影响机制是学术界普遍认同的经典理论框架，但这一理论框架也受到了多样的交互形式和复杂的社交商务情景的挑战。本研究以此为研究背景进行理论推演，并通过实证研究检验了在线社交互动对消费者购买行为的驱动作用，为解决"在线社交互动对消费者行为的影响研究"这一传统而又具有挑战的命题提供了一种新的研究思路和研究框架。

3）从消费者的个人特征和商品类型特征的角度识别了社交商务情景下影响消费者社交互动对购买行为关系的调节作用。在新兴的社交商务情景下，社群经济和"她"经济的蓬勃发展都需要商家或社交商务平台提供更为精准的产品服务，这无疑对商家和平台都是一个挑战，因此考量消费者个人特征和商品类型特征对社交互动与消费者购买行为关系的影响作用，丰富了现有社交互动价值实现理论的研究内容。

（3）从研究情景化视角挖掘社交商务的分类与社交互动的演化，拓展了社交商务理论及消费者行为理论。

1）本书依托我国社交商务情景，梳理了社交商务的概念及演变，归纳了社交互动的形式和特征，为进一步开展消费者社交互动研究提供了支持。本书从社交互动的内容特征、关系特征和网络特征出发，搭建了跨层次的研究框架，并在不同的研究层次使用了实证研究和建模仿真等多种研究方法，对强弱关系不同的社交商务情景及用户网络结构的区分研究更加符合新兴社交商务模式的实际情景，因此丰富的研究情景拓展了研究理论的解释力度和研究模型的普适性，丰富了消费者行为理论的应用情景。

2）本书在分析新兴的社交商务背景下的现实问题的基础上，进行了多层次、整合性研究,为消费者社交互动对于购买行为的影响作用和实现社交商务成功实践提供洞见。首先在子研究一中,本书通过问卷调查实证分析了强关系社交商务情景下基于内容的社交互动(朋友评论)和基于行为的社交互动(朋友推荐和点赞)对消费者购买意愿的驱动作用。其次在子研究二和子研究三中分别探讨了弱关系情景下,基于内容的社交互动(在线评论)和基于行为的社交互动(观察学习)对消费者认知和购买的影响作用。最后以子研究一到子研究三为基础展开子研究四,从宏观视角构建了消费者社交互动动态影响的数据模型,并结合实证研究数据进行仿真研究。

综上,本书在原有的相关研究的基础上,构建了社交商务环境下在线社交互动对消费者购买行为影响的研究框架,为消费者行为理论和社交商务实践提供参考。

三、管理启示

在我国大力发展社交商务,促进网络经济蓬勃发展的大背景下,如何充分发挥消费者社交互动的积极作用,是推动经济发展的重要途径。将社交媒体与电子商务相结合,不仅是新常态经济发展的驱动力,也是商务模式发展的新特征。因此,对于商家和社交商务平台而言,如何快速有效地适应市场变化,并对消费者进行精准营销,成为商家和平台关注的焦点问题,同时面对各种社交商务平台的多样化,商家也需要更加理性地从平台关系和网络结构差异性等因素多方面考虑社交商务平台的选取。本书研究结果的现实启示有如下三个方面:

(1) 为社交商务平台交互页面的设计和推广其商务应用提供借鉴。

首先,由于社交互动并不必然带来商务行为,认同和内化机制起到了中介作用,因此商家与社交平台在产品推广时需要相应地进行一系列互动设计和场景设计来引导消费者参与和活跃社交互动,并挖掘长效的互动机制以促进消费者认同和内化的感知过程。其次,社交商务平台需要根据各自的关系特征和网络特征,有针对性地关注消费者不同的信息认知和搜索行为,区别设计多样化的社交互动形式。最后,不能忽视消费者个体特性和商品类型特征的差异,区别对待商品的推广,快速提高将消费者对商品或服务的观望态度转化为购买行为的能力。

(2) 为产品商家选择合适的社交商务平台展开营销提供战略思路。

首先,通过本书的研究发现:与强关系社交商务平台相比,采用弱关系平台的曝光率更高,因此建议商家在消费者购买意识的形成阶段采用弱关系社会化平台推广新产品信息，提高产品的传播扩散效率。在消费者的购买决策阶段，商家可以考虑采用强关系社交商务平台进行客户的维护和朋友的劝说，尽管这一阶段的扩散时间较长，但弱关系社交商务平台能够显著提高新产品购买的转化率。其次，商家制定销售策略时需要具有社群思维，也就是营销目标不再是某个人，而变成了具有相同兴趣或偏好的某类人。面对社交商务平台上的某类人，商家要从消费者个体特征和该类人群的社交体验出发，区别他们对不同社交互动形式的感知，同时在营销策略上区别对待。最后，由于商品类型调节了在线社交互动对消费者购买行为的影响，因此商家在推销自己商品时，不需要一味地激励"买家秀"，应该根据不同的商品类型展开营销活动，同时根据不同的商品类型选择商品页面上各种观察学习信息的排列方式，这必将会对商家的产品销售起到巨大的推动作用。

（3）为商家和社交商务平台提升消费者的满意度和忠诚度提供了经验和参考。

首先，本书的研究发现强关系社交互动的高度内化能够有效提升购买行为的发生，因此这类社交商务平台需增加更加丰富的社交功能以促进其社交互动高度内化机制的形成。其次，对于弱关系的社交互动，商家和平台需针对商品类型，给予不同的关注。对于搜索型商品而言，当商家服务质量高时，市场年龄对销量的影响很小；在累计销量高的情况下，市场年龄对商品销量有显著影响；收藏人数对商品销量的影响不显著。对于体验型商品而言，三类观察学习均对产品销量有显著影响，这说明人们在购买衣服和化妆品等体验型商品时，相较于搜索型商品更难通过商家的客观数据判断产品的好坏，因此商品的"人气"也显著影响了商品销量。最后，平台和商家需要分配更多的资源给特定社交互动元素，并为其分配更多版面，以增加社交互动的价值和趣味性，同时必须要提高消费者对不同形式社交互动的感知，以提升消费者的忠诚度和满意度，这将更有利于消费者快速构建各类社交商务平台上社交互动的有用性感知，有利于消费者高效地完成信息搜索和购买行为。

四、研究展望

本研究是针对信息系统领域热点问题"社交商务"和"社交互动价值"的研究，分别从个人层面和群体层面研究了社交商务环境下在线社交互动对消费者行为的影响，不但丰富了相关理论，也为商家和社交商务平台提供了有价值的决策支持。由于社交商务模式在不断变化,针对消费者交互特征和社交商务平台特点从微观和宏观两个视角的研究成果较少,已有的理论不能很好地解释新的社会现象,因此本书在相关理论基础上进行了探索性研究。但是鉴于社交商务情景和社交互动的复杂性,以及样本数据获取方面的障碍,仍有大量的未知需要深入研究,这也是本书未来的研究方向。本书未来的研究从以下三个方面展开:

(1)微观宏观视角的在线社交互动对消费者行为影响的理论模型研究具有探索性特征,跨层次的研究也是近几年管理学研究的趋势,虽然本书试图通过问卷调查、实验研究和扩散动力学理论等方法验证模型和方法的有效性,并成功进行了实证验证和仿真分析。但本书的研究框架是基于理性人的假设提出的,而消费者基于社交互动的决策行为并非总是受到个人理性的掌控,也会受到无意识的惯性反映或情绪等非理性因素的影响,如冲动性购买。因此在后续研究中进一步探讨消费者情绪等非理性因素的情况下社交互动对消费者行为的影响将非常有意义。

(2)从研究方法来看,本书选择了问卷调查、眼动实验、面板数据等多种实证研究测量方法,虽然遵循了严格筛选标准,样本数据也具有典型性和代表性,并很好地验证了研究假设,但由于一些社交商务平台的用户数据难以获取,本研究在宏观视角和微观视角分析问题时强弱关系平台采用了不同的样本数据。在微观视角下研究强弱关系社交互动对消费者购买行为的影响分别选取了微信朋友圈的问卷数据和天猫平台的客观数据,由于很难获取微信和天猫平台的后台销售数据,因此在子研究四的宏观视角下研究强弱关系社交互动动态影响的研究中采用了"数据堂"提供的弱关系平台微博用户数据集和强关系平台豆瓣用户数据集,因此后续研究需要进一步统一样本数据,验证研究方法和结论的普适性。

(3)社交商务平台下的购物或分享是一个复杂的过程,具体情景和购买任务复杂度都可能对消费者行为产生差异化影响。为了便于分析研究问题的实质,本书的研究未将网购限时促销的时间压力和购买任务复杂性等要素纳入研究范围,但这些因素对于社交互动成功驱动商务行为也是不可忽视的。后续研究将会考虑时间压力和购买任务复杂度等因素在社交互动影响消费者购买行为关系中的调节作用,对本书的研究结论进一步深入扩展。

参考文献

[1] Liang T P, Turban E. Introduction to the special issue social commerce: A research framework for social commerce [J]. International Journal of Electronic Commerce, 2011, 16 (2): 5-14.

[2] Hajli M J I M, Security C. A research framework for social commerce adoption [J]. Information Management & Computer Security, 2013, 21 (3): 144-154.

[3] Godes D, Mayzlin D. Using online conversations to study word-of-mouth communication [J]. Marketing Science, 2004, 23 (4): 545-560.

[4] Wiener M, Mehrabian A. Language within language: Immediacy, a channel in verbal communication [M]. Ardent Media, 1968.

[5] 艾四林. 哈贝马斯交往理论评析 [J]. 清华大学学报（哲学社会科学版），1995 (3): 11-18.

[6] 李旭军. 基于交互行为特征的社交网络信息传播研究 [D]. 合肥工业大学博士学位论文，2016.

[7] Stephen A T, Toubia O. Deriving value from social commerce networks [J]. Journal of Marketing Research, 2010, 47 (2): 215-228.

[8] Wigand R T, Benjamin R I, Birkland J L. Web 2.0 and beyond: Implications for electronic commerce [C]. Proceedings of the 10th International Conference on Electronic Commerce: ACM, 2008: 7.

[9] Chiu C M, Cheng H L, Huang H Y, et al. Exploring individuals' subjective well-being and loyalty towards social network sites from the perspective of network externalities: The Facebook case [J]. International Journal of Information Management, 2013, 33 (3): 539-552.

[10] Hogg M A J P. A social identity theory of leadership [J]. Personality and Social Psychology Review, 2001, 5 (3): 184-200.

[11] Greenhow C, Burton L. Help from my "friends": Social capital in the social network sites of low-income students [J]. Journal of Educational Computing Research, 2011, 45 (2): 223-245.

[12] Baek Y M, Bae Y, Jang H, et al. Social and parasocial relationships on social network sites and their differential relationships with users' psychological well-being [J]. Cyberpsychology, Behavior, and Social Networking, 2013, 16 (7): 512-517.

[13] Nabi R L, Prestin A, et al. Facebook friends with (health) benefits? Exploring social network site use and perceptions of social support, stress, and well-being [J]. Cyberpsychology, Behavior, and Social Networking, 2013, 16 (10): 721-727.

[14] Li T, Berens G, de Maertelaere M. Corporate Twitter channels: The impact of engagement and informedness on corporate reputation [J]. International Joural of Electronic Commerce, 2013, 18 (2): 97-126.

[15] Steinfield C, Ellison N B, Lampe C. Social capital, self-esteem, and use of online social network sites: A longitudinal analysis [J]. Journal of Applied Developmental Psychology, 2008, 29 (6): 434-445.

[16] Chang Y P, Zhu D H J. Understanding social networking sites adoption in China: A comparison of pre-adoption and post-adoption [J]. Computers in Human Behavior, 2011, 27 (5): 1840-1848.

[17] Fishbein M, Ajzen I. Belief, attitude, intention, and behavior: An introduction to theory and research [J]. Journal of Business Venturing, 1977 (5): 177-189.

[18] Pastor-Satorras R, Vespignani A. Epidemic dynamics in finite size scale-free networks [J]. Physical Review E, 2002, 65 (3): 1-4.

[19] Granovetter M S. The strength of weak ties, in social networks [J]. Social networks, 1977 (2): 347-367.

[20] 冯娇, 姚忠. 基于强弱关系理论的社交商务购买意愿影响因素研究 [J]. 管理评论, 2015, 27 (12): 99-109.

[21] Liang T P, Ho Y T, Li Y W, et al. What drives social commerce: The role of social support and relationship quality [J]. International Joural of Electronic Commerce, 2011, 16 (2): 69-90.

[22] Stanko M A, Bonner J M, Calantone R. Building commitment in buyer-seller relationships: A tie strength perspective [J]. Industrial Marketing Manage-

ment，2007，36（8）：1094－1103.

［23］孙睿，罗万伯. 网络舆论中节点重要性评估方法综述［J］. 计算机应用研究，2012，29（10）：3607－3628.

［24］方文侃，周涛. 社会交互对社交商务用户行为作用机理研究［J］. 情报杂志，2017（1）：167－172.

［25］Wiener N. Cybernetics［J］. Scientific American，1948，179（5）：14－19.

［26］Haeckel S H. About the nature and future of interactive marketing［J］. Journal of Interactive Marketing，1998，12（1）：63－71.

［27］Brian L，Massey & Mark R L. Interactivity，online journalism，and English－language Web newspapers in Asia［J］. Jouralism & Mass Conmunication Quarterly，1999，76（1）：138－151.

［28］Hoffman D L，Novak T P. Marketing in hypermedia computer－mediated environments：Conceptual foundations［J］. The Journal of Marketing，1996（3）：50－68.

［29］Becker G S. A note on restaurant pricing and other examples of social influences on price［J］. Journal of Politcal Economy，1991，99（5）：1109－1116.

［30］Jiménez F R，Mendoza N A. Too popular to ignore：The influence of online reviews on purchase intentions of search and experience products［J］. Journal of Interactive Marketing，2013，27（3）：226－235.

［31］黄敏学，王艺婷，廖俊云等. 评论不一致性对消费者的双面影响：产品属性与调节定向的调节［J］. 心理学报，2017，49（3）：370－382.

［32］Chen J V，Su B，Widjaja A E. Facebook C2C social commerce：A study of online impulse buying［J］. Decision Support Systems，2016（83）：57－69.

［33］Boyd D M，Ellison N B. Social network sites：Definition，history，and scholarship［J］. Journal of Computer－mediated Communication，2007，13（1）：210－230.

［34］Ou C X，Pavlou P，Davison R. Swift guanxi in online marketplaces：The role of computer－mediated communication technologies［J］. MIS Quarterly，2014，38（1）：209－230.

［35］李淑萍. 网络拓扑结构对传播的影响研究［D］. 中北大学博士学位论文，2015.

［36］张亮. 基于主题的 Web2.0 社交网络影响力用户发现［J］. 情报杂志，2015，34（6）：158－162.

[37] Gao S, Ma J, Chen Z, et al. Ranking the spreading ability of nodes in complex networks based on local structure [J]. Physica A: Statistical Mechanics and its Applications, 2014 (403): 130 – 147.

[38] Zhang J, Liu Y, Chen Y. Social learning in networks of friends versus strangers [J]. Marketing Science, 2015, 34 (4): 573 – 589.

[39] Coleman J S. Social theory, social research, and a theory of action [J]. American Journal of Sociology, 1986, 91 (6): 1309 – 1335.

[40] Herr P M, Kardes F R, Kim J. Effects of word – of – mouth and product – attribute information on persuasion: An accessibility – diagnosticity perspective [J]. Journal of Consumer Research, 1991, 17 (4): 454 – 462.

[41] Banerjee A V. A simple model of herd behavior [J]. The Quarterly Journal of Economics, 1992, 107 (3): 797 – 817.

[42] Foster A D, Rosenzweig M R. Learning by doing and learning from others: Human capital and technical change in agriculture [J]. Journal of Political Economy, 1995, 103 (6): 1176 – 1209.

[43] Wind Y, Claycamp H J. Planning product line strategy: A matrix approach [J]. Journal of Marketing, 1976, 40 (1): 2 – 9.

[44] Chen Y, Wang Q, Xie J. Online social interactions: A natural experiment on word of mouth versus observational learning [J]. Journal of Marketing Research, 2011, 48 (2): 238 – 254.

[45] Bikhchandani S, Hirshleifer D, Welch I J. Learning from the behavior of others: Conformity, fads, and informational cascades [J]. Journal of Econnomic Perspectives, 1998, 12 (3): 151 – 170.

[46] 杜学美, 丁璟好, 谢志鸿等. 在线评论对消费者购买意愿的影响研究 [J]. 管理评论, 2016, 28 (3): 173 – 183.

[47] 牛更枫, 李根强, 耿协鑫等. 在线评论数量和质量对网络购物意愿的影响: 认知需要的调节作用 [J]. 心理科学, 2016, 39 (6): 1454 – 1459.

[48] 江晓东. 什么样的产品评论最有用? ——在线评论数量特征和文本特征对其有用性的影响研究 [J]. 外国经济与管理, 2015, 37 (4): 41 – 55.

[49] 蔡淑琴, 秦志勇, 李翠萍等. 面向负面在线评论的情感强度对有用性的影响研究 [J]. 管理评论, 2017, 29 (2): 79 – 86.

[50] 朱丽叶, 袁登华, 张静宜. 在线用户评论质量与评论者等级对消费者购买意愿的影响——产品卷入度的调节作用 [J]. 管理评论, 2017, 29 (2): 87 – 96.

[51] 胡倩,林家宝,李蕾等. 社交商务特性和社会支持对水果消费者购买意愿的影响 [J]. 管理学报, 2017, 14 (7): 1095.

[52] Kim Y A, Ahmad M A. Trust, distrust and lack of confidence of users in online social media – sharing communities [J]. Knowledge – Based Systems, 2013 (37): 438 – 450.

[53] Hawkins D I, Mothersbaugh D L, Best R J. Consumer behavior: Building marketing strategy [M]. NY: McGraw – Hill Irwin, 2013.

[54] 符国群. 消费者行为学 [M]. 北京: 高等教育出版社, 2010.

[55] Webster J, Watson R T. Analyzing the past to prepare for the future: Writing a literature review [J]. MIS Quarterly, 2002, 26 (2).

[56] Laroche M, Habibi M R, Richard M O, et al. The effects of social media based brand communities on brand community markers, value creation practices, brand trust and brand loyalty [J]. Computers in Human Behavior, 2012, 28 (5): 1755 – 1767.

[57] Lee D, Kim H S, Kim J K. The role of self – construal in consumers' electronic word of mouth (eWOM) in social networking sites: A social cognitive approach [J]. Computers in Human Behavior, 2012, 28 (3): 1054 – 1062.

[58] Li C. A tale of two social networking sites: How the use of Facebook and Renren influences Chinese consumers' attitudes toward product packages with different cultural symbols [J]. Computers in Human Behavior, 2014 (32): 162 – 170.

[59] Li Z, Li C. Twitter as a social actor: How consumers evaluate brands differently on Twitter based on relationship norms [J]. Computers in Human Behavior, 2014 (39): 187 – 196.

[60] Pentina I, Zhang L, Basmanova O. Antecedents and consequences of trust in a social media brand: A cross – cultural study of Twitter [J]. Computers in Human Behavior, 2013, 29 (4): 1546 – 1555.

[61] Zhang K Z, Benyoucef M, Zhao S J. Consumer participation and gender differences on companies' microblogs: A brand attachment process perspective [J]. Computers in Human Behavior, 2015 (44): 357 – 368.

[62] Lin K Y, Lu H P J. Why people use social networking sites: An empirical study integrating network externalities and motivation theory [J]. Computers in Human Behavior, 2011, 27 (3): 1152 – 1161.

[63] Amichai – Hamburger Y, Vinitzky G. Social network use and personality [J]. Computers in Human Behavior, 2010, 26 (6): 1289 – 1295.

[64] Correa T, Hinsley A W, De Zuniga H G J. Who interacts on the Web?: The intersection of users' personality and social media use [J]. Computers in Human Behavior, 2010, 26 (2): 247-253.

[65] Muscanell N L, Guadagno R E. Make new friends or keep the old: Gender and personality differences in social networking use [J]. Computers in Human Behavior, 2012, 28 (1): 107-112.

[66] Samaha M, Hawi N S. Relationships among smartphone addiction, stress, academic performance, and satisfaction with life [J]. Computers in Human Behavior, 2016 (57): 321-325.

[67] Bareket-Bojmel L, Moran S, Shahar G J. Strategic self-presentation on Facebook: Personal motives and audience response to online behavior [J]. 2016 (55): 788-795.

[68] Valkenburg P M, Koutamanis M, Vossen H G. The concurrent and longitudinal relationships between adolescents' use of social network sites and their social self-esteem [J]. Computers in Human Behavior, 2017 (76): 35-41.

[69] Sun Y, Jiang H, Hwang Y, et al. Why should I share? An answer from information management motivation and organizational citizenship behavior perspectives [J]. Computers in Human Behavior, 2018 (87): 146-154.

[70] Lien C H, Cao Y, Zhou X. Service quality, satisfaction, stickiness, and usage intentions: An exploratory evaluation in the context of WeChat services [J]. Computers in Human Behavior, 2017 (68): 403-410.

[71] Zadeh A H, Sharda R. Modeling brand post popularity dynamics in online social networks [J]. Decision Support Systems, 2014 (65): 59-68.

[72] Lee A J T, Yang F C, Lai YY. Discovering content-based behavioral roles in social networks [J]. Decision Support Systems, 2014 (59): 250-261.

[73] Zhang K Z, Benyoucef M. Consumer behavior in social commerce: A literature review [J]. Decision Support Systems, 2016 (86): 95-108.

[74] Pöyry E, Parvinen P, Malmivaara T, et al. Can we get from liking to buying? Behavioral differences in hedonic and utilitarian Facebook usage [J]. Electronic Commerce Research and Applications, 2013, 12 (4): 224-235.

[75] Sharma S, Crossler R E, Applications. Disclosing too much? Situational factors affecting information disclosure in social commerce environment [J]. Electronic Commerce Research and Applications, 2014, 13 (5): 305-319.

[76] Wang J C, Chang C H, Applications. How online social ties and product-

related risks influence purchase intentions: A Facebook experiment [J]. Electronic Commerce Research and Applications, 2013, 12 (5): 337-346.

[77] Wang J J, Wang L Y, Wang M M, et al. Understanding the effects of eWOM social ties on purchase intentions: A moderated mediation investigation [J]. Electronic Commerce Research and Applications, 2018 (28): 54-62.

[78] Zhang K Z, Benyoucef M, Zhao S J, et al. Building brand loyalty in social commerce: The case of brand microblogs [J]. Electronic Commerce Research and Applications, 2016 (15): 14-25.

[79] Huang Z, Benyoucef M. The effects of social commerce design on consumer purchase decision-making: An empirical study [J]. Electronic Commerce Research and Applications, 2017 (25): 40-58.

[80] Kim H, Kim J, Huang R. Social capital in the Chinese virtual community: Impacts on the social shopping model for social media [J]. Global Economic Review, 2014, 43 (1): 3-24.

[81] Park M S, Shin J K, Ju Y. The effect of online social network characteristics on consumer purchasing intention of social deals [J]. Global Economic Review, 2014, 43 (1): 25-41.

[82] Bahmani-Oskooee M, Harvey H. Bilateral trade balances of malaysia with her 11 largest trading partners: New evidence from asymmetry cointegration [J]. Global Economic Review, 2017, 46 (2): 143-161.

[83] Nguyen K T, Ramstetter E D. Wage differentials among ownership groups and worker quality in Vietnamese manufacturing [J]. Global Economic Review, 2017, 46 (3): 232-250.

[84] Kang S, Kim S, Lee J W. Reexamining the exchange rate exposure puzzle by classifying exchange rate risks into two types [J]. Global Economic Review, 2016, 45 (2): 116-133.

[85] Kim H-W, Gupta S, Koh J, et al. Investigating the intention to purchase digital items in social networking communities: A customer value perspective [J]. Information & Management, 2011, 48 (6): 228-234.

[86] Ng C S P. Intention to purchase on social commerce websites across cultures: A cross-regional study [J]. Information & Management, 2013, 50 (8): 609-620.

[87] Zhang H, Lu Y, Gupta S, et al. What motivates customers to participate in social commerce? The impact of technological environments and virtual customer ex-

periences [J]. Information & Management, 2014, 51 (8): 1017-1030.

[88] McCoy S, Everard A, Galletta D F, et al. Here we go again! The impact of website ad repetition on recall, intrusiveness, attitudes, and site revisit intentions [J]. Information & Management, 2017, 54 (1): 14-24.

[89] Shiau W L, Chau P Y. Understanding behavioral intention to use a cloud computing classroom: A multiple model comparison approach [J]. Information & Management, 2016, 53 (3): 355-365.

[90] Wang W-T, Wang Y-S, Liu E-R, et al. The stickiness intention of group-buying websites: The integration of the commitment-trust theory and e-commerce success model [J]. Information & Management, 2016, 53 (5): 625-642.

[91] Lin X, Featherman M, Sarker S, et al. Understanding factors affecting users' social networking site continuance: A gender difference perspective [J]. Information & Management, 2017, 54 (3): 383-395.

[92] Chan T K, Cheung C M, Lee Z W, et al. The state of online impulse-buying research: A literature analysis [J]. Information & Management, 2017, 54 (2): 204-217.

[93] Liu Z, Min Q, Zhai Q, et al. Self-disclosure in Chinese micro-blogging: A social exchange theory perspective [J]. Information & Management, 2016, 53 (1): 53-63.

[94] Qi J, Zhang Z, Jeon S, et al. Mining customer requirements from online reviews: A product improvement perspective [J]. Information & Management, 2016, 53 (8): 951-963.

[95] Seol S, Lee H, Yu J, et al. Continuance usage of corporate SNS pages: A communicative ecology perspective [J]. Information & Management, 2016, 53 (6): 740-751.

[96] Oh C, Roumani Y, Nwankpa J K, et al. Beyond likes and tweets: Consumer engagement behavior and movie box office in social media [J]. Information & Management, 2017, 54 (1): 25-37.

[97] Goh K-Y, Heng C-S, Lin Z. Social media brand community and consumer behavior: Quantifying the relative impact of user- and marketer-generated content [J]. Information Systems Research, 2013, 24 (1): 88-107.

[98] Rishika R, Kumar A, Janakiraman R, et al. The effect of customers' social media participation on customer visit frequency and profitability: An empirical investigation [J]. Information System Research, 2013, 24 (1): 108-127.

[99] Chatterjee P J. Drivers of new product recommending and referral behaviour on social network sites [J]. International Journal of Advertising the Review of Marketing Communications, 2011, 30 (1): 77-101.

[100] Chu S-C, Kim Y. Determinants of consumer engagement in electronic word-of-mouth (eWOM) in social networking sites [J]. International Journal of Advertising, 2011, 30 (1): 47-75.

[101] Araujo T, Neijens P, Vliegenthart R. Getting the word out on Twitter: The role of influentials, information brokers and strong ties in building word-of-mouth for brands [J]. International Journal of Advertising, 2017, 36 (3): 496-513.

[102] Dutt R, Zaheer A, Salim M, et al. Influence of advertising on attitude of young Indian consumers-an empirical study [J]. International Journal of Contemporary Research, 2017, 8 (4).

[103] Dastidar S G, Bhadra K, Marketing R I. Impact of information processing style on advertising effectiveness [J]. PRIMA: Practices & Research in Marketing, 2017, 8 (1).

[104] Ketelaar P E, Bernritter S F, van't Riet J, et al. Disentangling location-based advertising: The effects of location congruency and medium type on consumers' ad attention and brand choice [J]. International Journal of Advertising, 2017, 36 (2): 356-367.

[105] Liu L, Zhang J, Keh H T J. Event-marketing and advertising expenditures: The differential effects on brand value and company revenue [J]. Journal of Advertising Research, 2017 (1): 41-43.

[106] Ramadan Z B, Abosag I, Zabkar V J. All in the value: The impact of brand and social network relationships on the perceived value of customer endorsed Facebook advertising [J]. European Journal of Marketing, 2018, 52 (8): 1704-1726.

[107] Agarwal, Ashish and Lee, Shun-Yang and Whinston, Andrew B., Word-of-Mouth in Social Media Advertising: 'Likes' on Facebook Ads (April 28, 2019). Available at SSRN: https://ssrn.com/abstract=3065564 or http://dx.doi.org/10.2139/ssrn.3065564.

[108] Grau S L, Zotos Y C. Gender stereotypes in advertising: A review of current research [J]. International Journal of Advertising, 2016, 35 (5): 761-770.

[109] Pentina I, Gammoh B S, Zhang L, et al. Drivers and outcomes of brand

relationship quality in the context of online social networks [J]. International Journal of Electronic Commerce, 2013, 17 (3): 63 – 86.

[110] King R C, Schilhavy R A, Chowa C, et al. Do customers identify with our website? The effects of website identification on repeat purchase intention [J]. International Journal of Electronic Commerce, 2016, 20 (3): 319 – 354.

[111] Fang J, Wen C, George B, et al. Consumer heterogeneity, perceived value, and repurchase decision – making in online shopping: The role of gender, age, and shopping motives [J]. Journal of Electronic Commerce Research, 2016, 17 (2): 116.

[112] Tan J, Ludwig S. Regional adoption of business – to – business electronic commerce in China: Role of e – readiness [J]. International Journal of Electronic Commerce, 2016, 20 (3): 408 – 439.

[113] Bilgihan A, Kandampully J, Zhang T, et al. Towards a unified customer experience in online shopping environments: Antecedents and outcomes [J]. International Journal of Electronic Commerce, 2016, 8 (1): 102 – 119.

[114] Pang J, Qiu L J. Effect of online review chunking on product attitude: The moderating role of motivation to think [J]. International Journal of Electronic Commerce, 2016, 20 (3): 355 – 383.

[115] Kang J, Tang L, Fiore A M. Enhancing consumer – brand relationships on restaurant Facebook fan pages: Maximizing consumer benefits and increasing active participation [J]. International Journal of Hospitality Management, 2014 (36): 145 – 155.

[116] Lee W, Xiong L, Hu C. The effect of Facebook users' arousal and valence on intention to go to the festival: Applying an extension of the technology acceptance model [J]. International Journal of Hospitality Management, 2012, 31 (3): 819 – 827.

[117] Ye Q, Law R, Gu B. The impact of online user reviews on hotel room sales [J]. International Journal of Hospitality Management, 2009, 28 (1): 180 – 182.

[118] Hur K, Kim T T, Karatepe O M, et al. An exploration of the factors influencing social media continuance usage and information sharing intentions among Korean travellers [J]. Tourism Management, 2017 (63): 170 – 178.

[119] Leung X Y, Sun J, Bai B. Bibliometrics of social media research: A co – citation and co – word analysis [J]. International Journal of Hospitality Management,

2017 (66): 35-45.

[120] Liu S Q, Mattila A S. Airbnb: Online targeted advertising, sense of power, and consumer decisions [J]. International Journal of Hospitality Management, 2017 (60): 33-41.

[121] Habibi M R, Laroche M, Richard M O. Brand communities based in social media: How unique are they? Evidence from two exemplary brand communities [J]. International Journal of Hospitality Management, 2014, 34 (2): 123-132.

[122] Hajli N. Social commerce constructs and consumer's intention to buy [J]. International Journal of Hospitality Management, 2015, 35 (2): 183-191.

[123] Laroche M, Habibi M R, Richard M O. To be or not to be in social media: How brand loyalty is affected by social media? [J]. International Journal of Information Management, 2013, 33 (1): 76-82.

[124] Wang T, Duong T D, Chen C C. Intention to disclose personal information via mobile applications: A privacy calculus perspective [J]. International Journal of Information Management, 2016, 36 (4): 531-542.

[125] Ozturk A B, Bilgihan A, Nusair K, et al. What keeps the mobile hotel booking users loyal? Investigating the roles of self-efficacy, compatibility, perceived ease of use, and perceived convenience [J]. International Journal of Information Management, 2016, 36 (6): 1350-1359.

[126] Liu L, Cheung C M, Lee M K. An empirical investigation of information sharing behavior on social commerce sites [J]. International Journal of Information Management, 2016, 36 (5): 686-699.

[127] Bronner F, de Hoog R. Social media and consumer choice [J]. International Journal of Market Research, 2014, 56 (1): 51-71.

[128] Hajli M N. A study of the impact of social media on consumers [J]. International Journal of I Market Research, 2014, 56 (3): 387-404.

[129] Hajli N, Lin X, Featherman M, et al. Social word of mouth: How trust develops in the market [J]. International Journal of Market Research, 2014, 56 (5): 673-689.

[130] Alarcón-del-Amo M-d-C, Lorenzo-Romero C, Gómez-Borja M-á. Cultural influence on the adoption of social networking sites [J]. International Journal of Market Research, 2016, 58 (2): 277-300.

[131] Şahin A, Kitapçi H, Altindag E, et al. Investigating the impacts of brand experience and service quality [J]. International Journal of Market Research, 2017,

59 (6): 707-724.

[132] Hogan S, Romaniuk J, Faulkner M. Comparing approaches to elicit brand attributes both face-to-face and online [J]. International Journal of Market Research, 2016, 58 (1): 57-78.

[133] Wirth N. Hello marketing, what can artificial intelligence help you with? [J]. International Journal of Market Research, 2018, 60 (5): 435-438.

[134] Won E J, Oh Y K, Choeh J Y. Perceptual mapping based on web search queries and consumer forum comments [J]. International Journal of Market Research, 2018, 60 (4): 394-407.

[135] Chang Y T, Yu H, Lu H P. Persuasive messages, popularity cohesion, and message diffusion in social media marketing [J]. Journal of Business Research, 2015, 68 (4): 777-782.

[136] Kim A J, Ko E. Do social media marketing activities enhance customer equity? An empirical study of luxury fashion brand [J]. Journal of Business Research, 2012, 65 (10): 1480-1486.

[137] Zaglia M E. Brand communities embedded in social networks [J]. Journal of Business Research, 2013, 66 (2): 216-223.

[138] Hapsari R M, Indriani F, Sutopo S. Quality analysis of support marketing and quality of sales training on sales performance capability on performance sales performance [J]. Jurnal Sains Pemasaran Indonesia, 2018, 16 (3): 145-166.

[139] Putra R A, Hartoyo H, Simanjuntak M, et al. The impact of product quality, service quality, and customer loyalty program perception on retail customer attitude [J]. Independent Journal of Management, 2017, 8 (3): 1116-1129.

[140] Pramudya A K, Sudiro A, Sunaryo S. The role of customer trust in mediating influence of brand image and brand awareness of the purchase intention in airline tickets online [J]. Jurnal Aplikasi Manajemen, 2018, 16 (2): 224-233.

[141] Adila S A, Shamsi M I. The impact of logistics support on building trust in online shopping [C]. Pakistan 14th International Conference on Statistical Sciences, 2016: 355.

[142] Harris L, Dennis C. Engaging customers on Facebook: Challenges for e-retailers [J]. Journal of Consumer Behaviour, 2011, 10 (6): 338-346.

[143] Heinonen K. Consumer activity in social media: Managerial approaches to consumers' social media behavior [J]. Journal of Consumer Behaviour, 2011, 10 (6): 356-364.

[144] Kang J-Y M, Johnson K K. How does social commerce work for apparel shopping? Apparel social e-shopping with social network storefronts [J]. Journal of Consumer Behaviour, 2013, 12 (1): 53-72.

[145] Papista E, Chrysochou P, Krystallis A, et al. Types of value and cost in consumer-green brands relationship and loyalty behaviour [J]. Journal of Consumer Behaviour, 2018, 17 (1): 101-113.

[146] Vanwesenbeeck I, Ponnet K, Walrave M. Young adolescents' advertising literacy and purchase intention in social network games: Influence of perspective taking and need for cognition [J]. Journal of Consumer Behaviour, 2017, 16 (1): 23-33.

[147] Green T, Allen A M, Peloza J. The influence of retailer size on consumer responses to social responsibility initiatives [J]. Journal of Consumer Behaviour, 2018, 17 (4): 439-446.

[148] Veer E, Ozanne L K, Hall C M. Sharing cathartic stories online: The internet as a means of expression following a crisis event [J]. Journal of Consumer Behaviour, 2016, 15 (4): 314-324.

[149] Chu S C, Choi S M. Electronic word-of-mouth in social networking sites: A cross-cultural study of the United States and China [J]. Journal of Global Marketing, 2011, 24 (3): 263-281.

[150] Sung Y, Kim Y, Kwon O, et al. An explorative study of Korean consumer participation in virtual brand communities in social network sites [J]. Journal of Global Marketing, 2010, 23 (5): 430-445.

[151] Manrai A K. New emerging business models, frameworks, and trends in global marketing [J]. Journal of Global Marketing, 2016, 29 (4): 171-173.

[152] De Mooij M. Global marketing and advertising: understanding cultural paradoxes [M]. London: SAGE Publications Limited, 2018.

[153] Lim J-S, Heinrichs J H, Lim K-S. Gender and hedonic usage motive differences in social media site usage behavior [J]. Journal of Global Marketing, 2017, 30 (3): 161-173.

[154] Liat C B, Mansori S, Chuan G C, et al. Hotel service recovery and service quality: Influences of corporate image and generational differences in the relationship between customer satisfaction and loyalty [J]. Journal of Global Marketing, 2017, 30 (1): 42-51.

[155] Rialti R, Zollo L, Pellegrini M M, et al. Exploring the antecedents of

brand loyalty and electronic word of mouth in social - media - based brand communities: Do gender differences matter? [J]. Journal of Global Marketing, 2017, 30 (3): 147 - 160.

[156] Alvino L, van der Lubbe R H, Constantinides E. Investigating individual preferences and brain activity in a wine tasting experience: A neuromarketing approach [C]. 2018 Global Marketing Conference at Tokyo, 2018: 559 - 564.

[157] Gassler B, von Meyer - Höfer M, Spiller A. Exploring consumers' expectations of sustainability in mature and emerging markets [J]. Journal of Global Marketing, 2016, 29 (2): 71 - 84.

[158] De Vries L, Gensler S, Leeflang P S. Popularity of brand posts on brand fan pages: An investigation of the effects of social media marketing [J]. Journal of Interactive Marketing, 2012, 26 (2): 83 - 91.

[159] Hollebeek L D, Glynn M S, Brodie R J. Consumer brand engagement in social media: Conceptualization, scale development and validation [J]. Journal of Interactive Marketing, 2014, 28 (2): 149 - 165.

[160] Labrecque L I. Fostering consumer - brand relationships in social media environments: The role of parasocial interaction [J]. Journal of Interactive Marketing, 2014, 28 (2): 134 - 148.

[161] Smith A N, Fischer E, Yongjian C. How does brand - related user - generated content differ across YouTube, Facebook, and Twitter? [J]. Journal of Interactive Marketing, 2012, 26 (2): 102 - 113.

[162] Wang X, Yu C, Wei Y. Social media peer communication and impacts on purchase intentions: A consumer socialization framework [J]. Journal of Interactive Marketing, 2012, 26 (4): 198 - 208.

[163] Shankar V, Kleijnen M, Ramanathan S, et al. Mobile shopper marketing: Key issues, current insights, and future research avenues [J]. Journal of Interactive Marketing, 2016 (34): 37 - 48.

[164] Belanche D, Flavián C, Pérez - Rueda A. Understanding interactive online advertising: Congruence and product involvement in highly and lowly arousing, skippable video ads [J]. Journal of Interactive Marketing, 2017 (37): 75 - 88.

[165] Martí - Parreño J, Bermejo - Berros J, Aldás - Manzano J J. Product placement in video games: The effect of brand familiarity and repetition on consumers' memory [J]. Journal of Interactive Marketing, 2017 (38): 55 - 63.

[166] Boerman S C, Willemsen L M, Van Der Aa E P. This post is sponsored:

Effects of sponsorship disclosure on persuasion knowledge and electronic word of mouth in the context of Facebook [J]. Journal of Interactive Marketing, 2017 (38): 82 – 92.

[167] Goodrich K, De Mooij. How "social" are social media? A cross – cultural comparison of online and offline purchase decision influences [J]. Journal of Marketing Communications, 2014, 20 (1 – 2): 103 – 116.

[168] Tsai W – H S, Men L R. Consumer engagement with brands on social network sites: A cross – cultural comparison of China and the USA [J]. Journal of Marketing Communications, 2017, 23 (1): 2 – 21.

[169] Babić Rosario A, Sotgiu F, De Valck K, et al. The effect of electronic word of mouth on sales: A meta – analytic review of platform, product, and metric factors [J]. Journal of Marketing Research, 2016, 53 (3): 297 – 318.

[170] Patti C H, Hartley S W, van Dessel M M, et al. Improving integrated marketing communications practices: A comparison of objectives and results [J]. Journal of Marketing Research, 2017, 23 (4): 351 – 370.

[171] Schivinski B, Dabrowski D. The effect of social media communication on consumer perceptions of brands [J]. Journal of Marketing Communications, 2016, 22 (2): 189 – 214.

[172] Moran G, Muzellec L. eWOM credibility on social networking sites: A framework [J]. Journal of Marketing Communications, 2017, 23 (2): 149 – 161.

[173] Taecharungroj V. Starbucks' marketing communications strategy on Twitter [J]. Journal of Marketing Communications, 2017, 23 (6): 552 – 571.

[174] Anderson K C, Knight D K, Pookulangara S, et al. Influence of hedonic and utilitarian motivations on retailer loyalty and purchase intention: A facebook perspective [J]. Journal of Retailing and Consumer Services, 2014, 21 (5): 773 – 779.

[175] Davis R, Piven I, Breazeale M, et al. Conceptualizing the brand in social media community: The five sources model [J]. Journal of retailing and consumer services, 2014, 21 (4): 468 – 481.

[176] Lajante M, Ladhari R, Services C. The promise and perils of the peripheral psychophysiology of emotion in retailing and consumer services [J]. Journal of Retailing and Consumer Services, 2018 (23): 235 – 246.

[177] Chaouali W, Yahia I B, Souiden N, et al. The interplay of counter – conformity motivation, social influence, and trust in customers' intention to adopt in-

ternet banking services: The case of an emerging country [J]. Journal of Retailing and Consumer Services, 2016 (28): 209 - 218.

[178] Yeo V C S, Goh S K, Rezaei S J, et al. Consumer experiences, attitude and behavioral intention toward online food delivery (OFD) services [J]. Journal of Retailing and Consumer Services, 2017 (35): 150 - 162.

[179] Ladhari R, Souiden N, Dufour B, et al. The role of emotions in utilitarian service settings: The effects of emotional satisfaction on product perception and behavioral intentions [J]. Journal of Retailing and Consumer Services, 2017 (34): 10 - 18.

[180] Chatterjee P, Kumar A, Services C. Consumer willingness to pay across retail channels [J]. Journal of Retailing and Consumer Services, 2017 (34): 264 - 270.

[181] Bassano C, Piciocchi P, Pietronudo M C, et al. Managing value co-creation in consumer service systems within smart retail settings [J]. Journal of Retailing and Consumer Services, 2018 (45): 190 - 197.

[182] Díaz A, Gómez M, Molina A, et al. A comparison of online and offline consumer behaviour: An empirical study on a cinema shopping context [J]. Journal of Retailing and Consumer Services, 2017 (38): 44 - 50.

[183] Hajli M N J T F, Change S. The role of social support on relationship quality and social commerce [J]. Journal of Retailing and Consumer Services, 2014 (87): 17 - 27.

[184] Xu - Priour D - L, Truong Y, Klink R R F, et al. The effects of collectivism and polychronic time orientation on online social interaction and shopping behavior: A comparative study between China and France [J]. Technological Forecasting and Social Change, 2014 (88): 265 - 275.

[185] Duczynski G J T F, Change S. Investigating traffic congestion: Targeting technological and social interdependencies through general morphological analysis [J]. Technological Forecasting and Social Change, 2018 (126): 161 - 167.

[186] Laurell C, Sandstrom C. The sharing economy in social media: Analyzing tensions between market and non - market logics [J]. Technological Forecasting and Social Change, 2017, 125 (dec.): 58 - 65.

[187] Hynes N, Wilson J J T F, Change S. I do it, but don't tell anyone! Personal values, personal and social norms: Can social media play a role in changing pro - environmental behaviours? [J]. Technological Forecasting and Social Change,

2016 (111): 349-359.

[188] Hudson S, Roth M S, Madden T J, et al. The effects of social media on emotions, brand relationship quality, and word of mouth: An empirical study of music festival attendees [J]. Tourism Management, 2015 (47): 68-76.

[189] Munar A M, Jacobsen J K S. Motivations for sharing tourism experiences through social media [J]. Tourism Management, 2014 (43): 46-54.

[190] Xiang Z, Du Q, Ma Y, et al. A comparative analysis of major online review platforms: Implications for social media analytics in hospitality and tourism [J]. Tourism Management, 2017 (58): 51-65.

[191] Koritos C, Kaminakis K, Karadinou K, et al. Hospitality servicescape effects on customer-employee interactions: A multilevel study [J]. Tourism Management, 2019 (72): 130-144.

[192] Fang B, Ye Q, Kucukusta D, et al. Analysis of the perceived value of online tourism reviews: Influence of readability and reviewer characteristics [J]. 2016 (52): 498-506.

[193] Mariani M M, Di Felice M, Mura M. Facebook as a destination marketing tool: Evidence from Italian regional destination management organizations [J]. Tourism Management, 2016 (54): 321-343.

[194] Kim M J, Lee C K, Bonn M. The effect of social capital and altruism on seniors' revisit intention to social network sites for tourism-related purposes [J]. Tourism Management, 2016 (53): 96-107.

[195] Sparks B A, So K K F, Bradley G L. Responding to negative online reviews: The effects of hotel responses on customer inferences of trust and concern [J]. Tourism Management, 2016 (53): 74-85.

[196] Liu Z, Huang S S, Hallak R, et al. Chinese consumers' brand personality perceptions of tourism real estate firms [J]. Tourism Management, 2016 (52): 310-326.

[197] Bilgihan A, Peng C, Kandampully J. Generation Y's dining information seeking and sharing behavior on social networking sites: An exploratory study [J]. International Journal of Contemporary Hospitality Management, 2014, 26 (3): 349-366.

[198] Davis R, Piven I, Breazeale M, et al. Conceptualizing the brand in social media community: The five sources model [J]. Journal of retailing and consumer services, 2014, 21 (4): 468-481.

[199] Mikalef P, Giannakos M, Pateli A, et al. Shopping and word-of-mouth intentions on social media [J]. Journal of Theoretical and Applied Electronic Commerce Research, 2013, 8 (1): 17-34.

[200] Cvijikj I P, Michahelles F. Online engagement factors on Facebook brand pages [J]. Social Network Analysis and Mining, 2013, 3 (4): 843-861.

[201] Raacke J, Bonds Raacke J. MySpace and Facebook: Applying the uses and gratifications theory to exploring friend-networking sites [J]. Cyberpsychology & Behavior, 2008, 11 (2): 169-174.

[202] Jung T, Youn H, McClung S J C, et al. Motivations and self-presentation strategies on Korean-based "Cyworld" weblog format personal homepages [J]. Cyberpsychology & Behavior, 2007, 10 (1): 24-31.

[203] Chung N, Koo C. Knowledge sharing in social networking sites for e-collaboration: Identity and bond theory perspective [C]. AMCIS2012Proceeding, 2012: 5.

[204] Kim Y, Sohn D, Choi S M. Cultural difference in motivations for using social network sites: A comparative study of American and Korean college students [J]. Computers in Human Behavior, 2011, 27 (1): 365-372.

[205] 徐健, 赵新蕊. 社交网站成员参与动机的实证研究 [J]. 现代管理科学, 2011 (10): 64-66.

[206] 常亚平, 朱东红. 社交网络用户参与动机的测量 [J]. 图书情报工作, 2011, 55 (14): 32-35.

[207] Oum S, Han D. An empirical study of the determinants of the intention to participate in user-created contents (UCC) services [J]. Expert Systems with Applications, 2011, 38 (12): 15110-15121.

[208] Markman K M. Doing radio, making friends, and having fun: Exploring the motivations of independent audio podcasters [J]. New Media & Society, 2012, 14 (4): 547-565.

[209] 孟健, 姜燕. 社交商务环境下用户生成内容的动机研究——以"大众点评网"为例 [J]. 现代情报, 2015 (11): 31-37.

[210] 谢佳琳, 张晋朝. 用户在线生成内容意愿影响因素研究 [J]. 信息资源管理学报, 2014, 4 (1): 69-77.

[211] Trammell K D, Tarkowski A, Hofmokl J, et al. Rzeczpospolita blogów [Republic of Blog]: Examining polish bloggers through content analysis [J]. Journal of Computer-mediated Communication, 2006, 11 (3): 702-722.

[212] 柳瑶, 郎宇洁, 李凌. 微博用户生成内容的动机研究 [J]. 图书情

报工作, 2013, 57 (10): 51 - 57.

[213] Ajzen I. The theory of planned behavior [J]. Organizational Behavior and Human Decision, 1991, 50 (2): 179 - 211.

[214] Pavlou P A, Fygenson M. Understanding and predicting electronic commerce adoption: An extension of the theory of planned behavior [J]. MIS Quarterly, 2006, 30 (1): 115 - 143.

[215] Pelling E L, White K M. The theory of planned behavior applied to young people's use of social networking web sites [J]. Cyber Psychology & Behavior, 2009, 12 (6): 755 - 759.

[216] Horng S - M, Lee Y - Y, Wu C - L. A study of the paying behavior for subscribing social network sites [J]. Computer Communications, 2016 (73): 282 - 290.

[217] Davis F D. Perceived usefulness, perceived ease of use, and user acceptance of information technology [J]. MIS Quarterly, 1989 (5): 319 - 340.

[218] Sledgianowski D, Kulviwat S. Using social network sites: The effects of playfulness, critical mass and trust in a hedonic context [J]. Journal of Computer Information System, 2009, 49 (4): 74 - 83.

[219] Shin D H. User experience in social commerce: In friends we trust [J]. Behaviour & Information Technology, 2013, 32 (1): 52 - 67.

[220] 左文明, 王旭, 樊尝. 社会化电子商务环境下基于社会资本的网络口碑与购买意愿关系 [J]. 南开管理评论, 2014 (4): 140 - 150.

[221] Coleman J S. Social capital in the creation of human capital [J]. American Journal of Sociology, 2003 (6): 57 - 81.

[222] Kim S, Park H. Effects of various characteristics of social commerce (s - commerce) on consumers' trust and trust performance [J]. International Journal of Information Management, 2013, 33 (2): 318 - 332.

[223] Zhang X M, Zhu F. Group size and incentives to contribute: A natural experiment at Chinese Wikipedia [J]. American Economic Review, 2011, 101 (4): 1601 - 1615.

[224] Burtch G, Ghose A, Wattal S. An empirical examination of the antecedents and consequences of contribution patterns in crowd - funded markets [J]. Information Systems Research, 2013, 24 (3): 499 - 519.

[225] Lee M K, Shi N, Cheung C M, et al. Consumer's decision to shop online: The moderating role of positive informational social influence [J]. Information &

Management, 2011, 48 (6): 185 - 191.

[226] 肖璇. 基于社会影响理论的社交网络服务持续使用机理与模型研究 [D]. 哈尔滨工业大学博士学位论文, 2016.

[227] 胡曦. 社交购物情境下消费者冲动购物行为研究: 社会影响的作用 [D]. 中国科学技术大学博士学位论文, 2016.

[228] Latané B. The psychology of social impact [J]. American Psychologist, 1981, 36 (4): 343.

[229] 吴江, 胡斌, 鲁耀斌. 实证驱动的信息系统扩散与组织互动模拟研究 [J]. 管理科学学报, 2010, 13 (10): 21 - 31.

[230] 史楠, 王刊良. 在线推介激励中推介双方社会距离对其行为的影响 [J]. 管理科学, 2013, 26 (6): 94 - 104.

[231] 周涛, 鲁耀斌. 基于社会影响理论的虚拟社区用户知识共享行为研究 [J]. 研究与发展管理, 2009, 21 (4): 78 - 83.

[232] 黄京华, 金悦, 张晶. 企业微博如何提升消费者忠诚度——基于社会认同理论的实证研究 [J]. 南开管理评论, 2016, 19 (4): 159 - 168.

[233] Bitner M J. The impact of physical surroundings on customers and employees [J]. The Journal of Marketing, 1992 (3): 57 - 71.

[234] Namkung Y, Jang S C. Effects of perceived service fairness on emotions, and behavioral intentions in restaurants [J]. European Journal of Marketing, 2010, 44 (9/10): 1233 - 1259.

[235] 喻昕, 许正良. 网络直播平台中弹幕用户信息参与行为研究——基于沉浸理论的视角 [J]. 情报科学, 2017, 35 (10): 147 - 151.

[236] 徐孝娟, 赵宇翔, 吴曼丽等. SOR 理论视角下的社交网站用户流失行为实证研究 [J], 2017, 36 (7): 188 - 194.

[237] 周涛, 陈可鑫. 基于 SOR 模型的社交商务用户行为机理研究 [J]. 现代情报, 2018 (3): 8.

[238] 邵鹏, 胡平. 社会化网络环境下关键用户识别与产品知识扩散研究 [J]. 科技进步与对策, 2016, 33 (1): 126 - 131.

[239] Bass F M. A new product growth model for consumer durables, mathematical models in marketing [J]. Lecture Notes in Economics, 1976 (132): 253 - 351.

[240] Horsky D, Simon L S. Advertising and the diffusion of new products [J]. Marketing Science, 1983, 2 (1): 1 - 17.

[241] Mahajan V, Muller E, Wind Y. New - product diffusion models [M]. Science & Business Media, 2000.

[242] 黄玮强,姚爽,庄新田.基于复杂社会网络的创新扩散多智能体仿真研究[J].科学学研究,2013,31(2):310-320.

[243] Tripathy R M, Bagchi A, Mehta S. Towards combating rumors in social networks: Models and metrics [J]. Intelligent Data Analysis, 2013, 17 (1): 149-175.

[244] Fishbein M, Ajzen I. Belief, attitude, intention and behavior: An introduction to theory and research [J]. Journal of Business Venturing, 1975 (S): 177-189.

[245] 卢云帆,鲁耀斌,林家宝等.社交商务中顾客在线沟通研究:影响因素和作用规律[J].管理评论,2014(4):111-121.

[246] 程振宇.社交网络下网络互动对购买意愿影响及信任保障机制研究[D].北京邮电大学博士学位论文,2013.

[247] Keeling K, McGoldrick P, Beatty S. Avatars as salespeople: Communication style, trust, and intentions [J]. Journal of Business Research, 2010, 63 (8): 793-800.

[248] Quinton S, Harridge-March S. Relationships in online communities: The potential for marketers [J]. Journal of Research in Interactive Marketing, 2010, 4 (1): 59-73.

[249] Mazaheri E, Richard M-O, Laroche M. The role of emotions in online consumer behavior: A comparison of search, experience, and credence services [J]. Journal of Services Marketing, 2012, 26 (7): 535-550.

[250] Animesh A, Pinsonneault A, Yang S B, et al. An odyssey into virtual worlds: Exploring the impacts of technological and spatial environments on intention to purchase virtual products [J]. Mis Quarterly, 2011 (5): 789-810.

[251] 陈爱辉.社交网络中用户活跃行为度量与购买决策研究[D].华中科技大学博士学位论文,2014.

[252] Huang Z, Benyoucef M. From e-commerce to social commerce: A close look at design features [J]. Electronic Commerce Research and Applications, 2013, 12 (4): 246-259.

[253] 刘兴菊.SNS环境中消费者交互行为对购买意向的影响机制研究[D].华中科技大学博士学位论文,2010.

[254] 朱东红.网络社区交互对消费者购买意愿的影响[D].华中科技大学博士学位论文,2012.

[255] 冯娇,姚忠.基于社会学习理论的在线评论信息对购买决策的影响研

究 [J]. 中国管理科学, 2016, 24 (9): 106-114.

[256] 张明玺, 张璇, 雷明. 在线观察学习信息对产品销售业绩的影响——基于产品参与性与市场年龄的联合调节分析 [J]. 经济科学, 2013 (6): 116-128.

[257] 张明玺, 雷明. 电商服务质量类在线观察学习信息对产品销量的影响 [J]. 商业研究, 2016 (3): 113-123.

[258] Kuan K K, Zhong Y, Chau P Y. Informational and normative social influence in group-buying: Evidence from self-reported and EEG data [J]. Journal of Management Information Systems, 2014, 30 (4): 151-178.

[259] Dimoka A, Davis F D, Gupta A, et al. On the use of neurophysiological tools in IS research: Developing a research agenda for NeuroIS [J]. MIS Quarterly, 2012 (3): 679-702.

[260] 陶晓波, 杨学成, 许研. 社交商务研究述评与展望 [J]. 管理评论, 2015, 27 (11): 75-85.

[261] 张薇. 基于用户自生成内容的社交商务价值共创研究 [D]. 南昌大学博士学位论文, 2016.

[262] Caverlee J, Liu L, Webb S. The social trust framework for trusted social information management: Architecture and algorithms [J]. Information Sciences, 2010, 180 (1): 95-112.

[263] Dennison G, Bourdage-Braun S, Chetuparambil M J W Social commerce defined [R]. White Paper, 2009.

[264] Wang C, Zhang P. The evolution of social commerce: The people, management, technology, and information dimensions [J]. Communications of the Association for Information Systems, 2012, 31 (5): 105-127.

[265] Bresnark R. Talk is cheap: The state of social commerce [J]. Social Mounths, 2016, 16 (5): 12-16.

[266] Marsden P, Social commerce: Monetizing social media [M]. Uniquedigital, 2010.

[267] Kim Y, Srivastava J. Impact of social influence in e-commerce decision making [C]. Proceedings of the Ninth International Conference on Electronic Commerce: ACM, 2007: 293-302.

[268] Zhang P, Wang C. The evolution of social commerce: An examination from the people, business, technology, and information perspective [J]. Communications of the AIS (CAIS), 2012, 31 (5): 105-127.

[269] Huang Z, Benyoucef M. User preferences of social features on social commerce websites: An empirical study [J]. Technological Forecasting and Social Change, 2015 (95): 57-72.

[270] Yadav M S, De Valck K, Hennig-Thurau T, et al. Social commerce: A contingency framework for assessing marketing potential [J]. Journal of Interactive Marketing, 2013, 27 (4): 311-323.

[271] Chen J, Shen X L, Chen Z J. Understanding social commerce intention: A relational view [C]. System Sciences (HICSS), 2014 47th Hawaii International Conference on: IEEE, 2014: 1793-1802.

[272] Noor A D, Sulaiman R, Bakar A A. A review of factors that influenced online trust in social commerce [C]. Information Technology and Multimedia (ICIMU), 2014 International Conference on: IEEE, 2014: 118-123.

[273] Esmaeili L, Mutallebi M, Mardani S, et al. Studying the affecting factors on trust in social commerce [J]. IJASCSE, 2015, 4 (6): 41-46.

[274] Baghdadi Y. A framework for social commerce design [J]. Information Systems, 2016 (60): 95-113.

[275] Hassan S, Toland J, Tate M. From blogosphere to social commerce: A laddering analysis of sellers' motivation [C]. System Sciences (HICSS), 2016 49th Hawaii International Conference on: IEEE, 2016: 2146-2155.

[276] Nicosia F M. Consumer decision processes; marketing and advertising implications [J]. Journal of Marketing Research, 1966 (5): 330-341.

[277] Engel J E, Blackwell R D, Miniard P W. Consumer Behavior [M]. Orlando, Dryden Press, Forth Worth, 1995.

[278] Schiffman L G, Kanuk L L. 消费者行为学 [M]. 北京: 清华大学出版社, 2001.

[279] Engel J F, Blackwell R D, Miniard P W, Consumer Behavior [M]. NY: Harcourt Inc, 2001.

[280] Howard J A, Sheth J N. The theory of buyer behavior [M]. 1969, New York, John Wihey & Sons. Inc.

[281] Kelman H C. Further thoughts on the processes of compliance, identification, and internalization, [J]. Perspective on Social Power, 1974: 125-171.

[282] Kelman H C. Compliance, identification, and internalization three processes of attitude change [J]. Journal of Conflict Resolution, 1958, 2 (1): 51-60.

[283] Deutsch M, Gerard H B. A study of normative and informational social in-

fluences upon individual judgment [J]. The Journal of Abnormal and Social, 1955, 51 (3): 238 - 629.

[284] French J R P, Raven B. The bases of social power [J]. Studies in Social Power, 1959: 150 - 167.

[285] Venkatesh V, Davis F D. A theoretical extension of the technology acceptance model: Four longitudinal field studies [J]. Management Science, 2000, 46 (2): 186 - 204.

[286] Kelman H. Further thoughts on the processes of compliance, identification, and internalization [J]. Social Power and Political Influence, 1974 (5): 47 - 56.

[287] Mochalova A, Nanopoulos A. A targeted approach to viral marketing [J]. Commerce Research and Applications, 2014, 13 (4): 283 - 294.

[288] Schulze C, Schöler L, Skiera B. Not all fun and games: Viral marketing for utilitarian products [J]. Journal of Marketing, 2014, 78 (1): 1 - 19.

[289] Van der Lans R, Van Bruggen G, Eliashberg J, et al. A viral branching model for predicting the spread of electronic word of mouth [J]. Marketing Science, 2010, 29 (2): 348 - 365.

[290] Shulgin B, Stone L, Agur Z. Pulse vaccination strategy in the SIR epidemic model [J]. Bulletin of Mathematical Biology, 1998, 60 (6): 1123 - 1148.

[291] Bei L T, Chen E Y, Widdows R, et al. Consumers' online information search behavior and the phenomenon of search vs. experience products [J]. Journal of Family and Economic Issues, 2004, 25 (4): 449 - 467.

[292] Weathers D, Sharma S, Wood S L. Effects of online communication practices on consumer perceptions of performance uncertainty for search and experience goods [J]. Journal of Retailing, 2007, 83 (4): 393 - 401.

[293] Huang L, Tan C H, Ke W, et al. Comprehension and assessment of product reviews: A review - product congruity proposition [J]. Journal of Management Information Systems, 2013, 30 (3): 311 - 343.

[294] Nelson P. Information and consumer behavior [J]. Journal of Political Economy, 1970, 78 (2): 311 - 329.

[295] Klein L R. Evaluating the potential of interactive media through a new lens: Search versus experience goods [J]. Journal of Business Research, 1998, 41 (3): 195 - 203.

[296] Huang L, Tan C H, Ke W, et al. Do we order product review information display? How? [J]. Information & Management, 2014, 51 (7): 883 - 894.

[297] 王智生,李慧颖,孙锐. 在线评论有用性投票的影响因素研究——基于商品类型的调节作用[J]. 管理评论, 2016, 28 (7): 143-153.

[298] 何有世,李娜. 搜索型商品评论有用性影响因素研究[J]. 情报杂志, 2016, 35 (12): 202-206.

[299] Luan J, Yao Z, Zhao F, et al. Search product and experience product online reviews: An eye-tracking study on consumers' review search behavior [J]. Computers in Human Behavior, 2016 (65): 420-430.

[300] Tucker C, Zhang J. How does popularity information affect choices? A field experiment [J]. Management Science, 2011, 57 (5): 828-842.

[301] Zhao M, Xie J. Effects of social and temporal distance on consumers' responses to peer recommendations [J]. Journal of Marketing Research, 2011, 48 (3): 486-496.

[302] Berenbaum S A. Effects of early androgens on sex-typed activities and interests in adolescents with congenital adrenal hyperplasia [J]. Hormones and Behavior, 1999, 35 (1): 102-110.

[303] Meyers-Levy J. Elaborating on elaboration: The distinction between relational and item-specific elaboration [J]. Journal of Consumer Research, 1991, 18 (3): 358-367.

[304] Eagly A H, Wood W. Explaining sex differences in social behavior: A meta-analytic perspective [J]. Personality and Social Psychology, 1991, 17 (3): 306-315.

[305] Fang Y, Neufeld D. Understanding sustained participation in open source software projects [J]. Journal of Management Information Systems, 2009, 25 (4): 9-50.

[306] Cross S E, Madson L. Models of the Self: Self-construals and gender [J]. Psychological Bulletin, 1997, 122 (1): 5-13.

[307] Cheung C M, Lee M K, Rabjohn N. The impact of electronic word-of-mouth: The adoption of online opinions in online customer communities [J]. Internet Research, 2008, 18 (3): 229-247.

[308] Watts S A, Zhang W. Capitalizing on content: Information adoption in two online communities [J]. Journal of the Association for Information Systems, 2008, 9 (2): 74-94.

[309] Petty R E, Cacioppo J T, Goldman R, et al. Personal involvement as a determinant of argument-based persuasion [J]. Journal of Personality and Social Psy-

chology, 1981, 41 (5): 847-855.

[310] Park D-H, Lee J, Han I. The effect of on-line consumer reviews on consumer purchasing intention: The moderating role of involvement [J]. International Journal of Electronic Commerce, 2007, 11 (4): 125-148.

[311] Chevalier J A, Mayzlin D J. The effect of word of mouth on sales: Online book reviews [J]. Journal of Marketing Research, 2006, 43 (3): 345-354.

[312] Choi J, Hui S K, Bell D R. Spatiotemporal analysis of imitation behavior across new buyers at an online grocery retailer [J]. Journal of Marketing Research, 2010, 47 (1): 75-89.

[313] Mun Y Y, Yoon J, Davis J M, et al. Untangling the antecedents of initial trust in Web-based health information: The roles of argument quality, source expertise, and user perceptions of information quality and risk [J]. Decision Support Systems, 2013, 55 (1): 284-295.

[314] Sussman S W, Siegal W S. Informational influence in organizations: An integrated approach to knowledge adoption [J]. Information Systems Research, 2003, 14 (1): 47-65.

[315] Wang Y, Yu C. Social interaction-based consumer decision-making model in social commerce: The role of word of mouth and observational learning [J]. International Journal of Information Management, 2017, 37 (3): 179-189.

[316] Bonabeau E. The perils of the imitation age [J]. Harvard Business Review, 2004, 82 (6): 45-54.

[317] Chen Y F. Herd behavior in purchasing books online [J]. Computers in Human Behavior, 2008, 24 (5): 1977-1992.

[318] Rogers E M, Bhowmik D K. Homophily-heterophily: Relational concepts for communication research [J]. Public Opinion Quarterly, 1970, 34 (4): 523-538.

[319] Ballantine P W, Martin B A. Forming parasocial relationships in online communities [J]. ACR North American Advances, 2005 (32): 197-201.

[320] Horton D, Richard Wohl R. Mass communication and para-social interaction: Observations on intimacy at a distance [J]. Psychiatry, 1956, 19 (3): 215-229.

[321] Parboteeah D V, Valacich J S, Wells J D. The influence of website characteristics on a consumer's urge to buy impulsively [J]. Information Systems, 2009, 20 (1): 60-78.

[322] Trope Y, Liberman N, Wakslak C. Construal levels and psychological distance: Effects on representation, prediction, evaluation, and behavior [J]. Journal of Consumer Psychology, 2007, 17 (2): 83-95.

[323] Lascu D N, Zinkhan G. Consumer conformity: Review and applications for marketing theory and practice [J]. Journal of Marketing Theory and Practice, 1999, 7 (3): 1-12.

[324] Kilbourne W, Weeks S. A socio-economic perspective on gender bias in technology [J]. The Journal of Socio-Economics, 1997, 26 (3): 243-260.

[325] Mayzlin D. Promotional chat on the Internet [J]. Marketing Science, 2006, 25 (2): 155-163.

[326] Cheung M Y, Luo C, Sia C L, et al. Credibility of electronic word-of-mouth: Informational and normative determinants of on-line consumer recommendations [J]. International Journal of Electronic Commerce, 2009, 13 (4): 9-38.

[327] Ohanian R. Construction and validation of a scale to measure celebrity endorsers' perceived expertise, trustworthiness, and attractiveness [J]. Journal of Advertising, 1990, 19 (3): 39-52.

[328] Bhattacherjee A, Sanford C. Influence processes for information technology acceptance: An elaboration likelihood model [J]. MIS Quarterly, 2006 (7): 805-825.

[329] Zhang K Z, Hu B, Zhao S J. How online social interactions affect consumers' impulse purchase on group shopping websites? [C]. PACIS, 2014: 81.

[330] Bagozzi R P, Davis F D, Warshaw P R. Development and test of a theory of technological learning and usage [J]. Human Relations, 1992, 45 (7): 659-686.

[331] Bhattacherjee A. Understanding information systems continuance: An expectation-confirmation model [J]. MIS Quarterly, 2001 (8): 351-370.

[332] 李怀祖. 管理研究方法论 [M]. 西安: 西安交通大学出版社, 2004.

[333] Mitchell A A. The effect of verbal and visual components of advertisements on brand attitudes and attitude toward the advertisement [J]. Journal of Consumer Research, 1986, 13 (1): 12-24.

[334] Mitchell A A, Olson J C. Are product attribute beliefs the only mediator of advertising effects on brand attitude? [J]. Journal of Marketing Research, 1981 (3): 318-332.

[335] Childers T L, Marketing. Memory for the visual and verbal components of print advertisements [J]. Psychology & Marketing, 1986, 3 (3): 137-149.

[336] Rayner K, Rotello C M, Stewart A J, et al. Integrating text and pictorial information: Eye movements when looking at print advertisements [J]. Journal of Experimental Psychology, 2001, 7 (3): 219.

[337] Kim M, Lennon S. The effects of visual and verbal information on attitudes and purchase intentions in internet shopping [J]. Psychology & Marketing, 2008, 25 (2): 146-178.

[338] Hughes A, Wilkens T, Wildemuth B M, et al. Text or pictures? An eye-tracking study of how people view digital video surrogates [C]. International Conference on Image and Video Retrieval: Springer, 2003: 271-280.

[339] Mudambi S M, Schuff D. Research note: What makes a helpful online review? A study of customer reviews on Amazon. com [J]. MIS Quarterly, 2010 (9): 185-200.

[340] 杜晓梦, 赵占波, 崔晓. 评论效价、新产品类型与调节定向对在线评论有用性的影响 [J]. 心理学报, 2015, 47 (4): 555-568.

[341] 闫强, 孟跃. 在线评论的感知有用性影响因素——基于在线影评的实证研究 [J]. 中国管理科学, 2013 (S1): 126-131.

[342] 王君珺, 闫强. 不同热度搜索型产品的在线评论对销量影响的实证研究 [J]. 中国管理科学, 2013 (S2): 406-411.

[343] 杨颖, 朱毅. 无图无真相? 图片和文字网络评论对服务产品消费者态度的影响 [J]. 心理学探新, 2014, 34 (1): 83-89.

[344] 石文华, 龚雪, 张绮等. 在线初次评论与在线追加评论的比较研究 [J]. 管理科学, 2016, 29 (4): 45-58.

[345] 孙瑾, 王永贵. 是"只见树木"还是"整片森林"——性别对消费者比较信息处理过程的调节作用 [J]. 南开管理评论, 2016, 19 (3): 89-97.

[346] Yeh J C, Hsiao K L, Yang W N. A study of purchasing behavior in Taiwan's online auction websites: Effects of uncertainty and gender differences [J]. Internet Research, 2012, 22 (1): 98-115.

[347] Awad N F, Ragowsky A. Establishing trust in electronic commerce through online word of mouth: An examination across genders [J]. Journal of Management Information, 2008, 24 (4): 101-121.

[348] 郑明赋. 电子口碑对消费者行为影响的研究述评 [J]. 现代管理科学, 2017 (11): 42-44.

[349] 苗蕊. 在线评论有用性研究综述 [J]. 中国管理信息化, 2014 (18): 126-128.

[350] Mandler G. The structure of value: Accounting for taste [M]. Center for Human Information Processing, Department of Psychology, University of California, San Diego, 1981.

[351] Meyers-Levy J, Louie T A, Curren M T. How does the congruity of brand names affect evaluations of brand name extensions? [J]. Journal of Applied Psychology, 1994, 79 (1): 46.

[352] Aggarwal P, McGill A L. Is that car smiling at me? Schema congruity as a basis for evaluating anthropomorphized products [J]. Journal of Consumer Research, 2007, 34 (4): 468-479.

[353] Lewis B, Porter L. In-game advertising effects: Examining player perceptions of advertising schema congruity in a massively multiplayer online role-playing game [J]. Journal of Interactive Advertising, 2010, 10 (2): 46-60.

[354] Wansink B, Ray M L. Advertising strategies to increase usage frequency [J]. The Journal of Marketing, 1996 (7): 31-46.

[355] Goodstein R C. Category-based applications and extensions in advertising: Motivating more extensive ad processing [J]. Journal of Consumer Research, 1993, 20 (1): 87-99.

[356] Renshaw J, Finlay J, Tyfa D, et al. Designing for visual influence: An eye tracking study of the usability of graphical management information [J]. Human-Computer Interaction, 2003 (1): 144-151.

[357] Just M A, Carpenter P A. Eye fixations and cognitive processes [J]. Cognitive Psychology, 1976, 8 (4): 441-480.

[358] Jacob R J, Karn K S. Eye tracking in human-computer interaction and usability research: Ready to deliver the promises [J]. The Mind's Eye, 2003 (7): 573-605.

[359] Wook Chae S, Chang Lee K. Exploring the effect of the human brand on consumers' decision quality in online shopping: An eye-tracking approach [J]. Online Information Review, 2013, 37 (1): 83-100.

[360] Ehmke C, Wilson S. Identifying web usability problems from eye-tracking data [C]. Proceedings of the 21st British HCI Group Annual Conference on People and Computers: HCI, 2007: 119-128.

[361] 王求真, 姚倩, 叶盈. 网络团购情景下价格折扣与购买人数对消费者

冲动购买意愿的影响机制研究［J］．管理工程学报，2014，28（4）：37-47．

［362］Duque A，Vázquez C，Psychiatry E. Double attention bias for positive and negative emotional faces in clinical depression: Evidence from an eye – tracking study［J］. Journal of Behavior Therapy and Experimental Psychiatry，2015（46）：107 – 114.

［363］杨海波．不同类别品牌延伸认知效果的眼动评估［J］．心理与行为研究，2006，4（3）：194 - 199．

［364］Wedel M，Pieters R. Eye fixations on advertisements and memory for brands: A model and findings［J］. Marketing Science，2000，19（4）：297 – 312.

［365］Meyers Levy J，Zhu R. Gender differences in the meanings consumers infer from music and other aesthetic stimuli［J］. Journal of Consumer Psychology，2010，20（4）：495 – 507.

［366］Voss Z G，Cova V. How sex differences in perceptions influence customer satisfaction: A study of Theatre audiences［J］. Marketing Theory，2006，6（2）：201 – 221.

［367］Darley W K，Smith R E. Gender differences in information processing strategies: An empirical test of the selectivity model in advertising response［J］. Journal of Advertising，1995，24（1）：41 – 56.

［368］Nicosia F M. Consumer decision processes: Marketing and advertising implications［J］. Journal of Marketing Research，1966，5（3）：334 – 346.

［369］Chevalier J A，Mayzlin D. Online user reviews influence consumers' decision to purchase［J］. Marketing News，2006，40（8）：17 – 27.

［370］Gu B，Park J，Konana P. Research note: The impact of external word – of – mouth sources on retailer sales of high – involvement products［J］. Information Systems Research，2012，23（1）：182 – 196.

［371］Cai H，Chen Y，Fang H. Observational learning: Evidence from a randomized natural field experiment［J］. American Economic Review，2009，99（3）：864 – 882.

［372］Conley T G，Udry C R. Learning about a new technology: Pineapple in Ghana［J］. American Economic Review，2010，100（1）：35 – 69.

［373］Kassarjian H H. Low involvement: A second look［J］. Advances in Consumer Research，1981（8）：31 – 34.

［374］Engel J. Consumer behavior［J］. Journal of Neuroscience，1982，16（10）：3486 – 3499.

[375] Weinberger M G, Dillon W R. The effects of unfavorable product rating information [J]. ACR North American Advances, 1980 (7): 528-532.

[376] Bikhchandani S, Hirshleifer D, Welch I. A theory of fads, fashion, custom, and cultural change as informational cascades [J]. 1992, 100 (5): 992-1026.

[377] Bikhchandani S, Sharma S. Comportamiento gregario o de rebaño en los mercados financieros: Una reseña [J]. Boletín, 2001, 47 (1): 23-42.

[378] Feldman J M, Lynch J G. Self-generated validity and other effects of measurement on belief, attitude, intention, and behavior [J]. Journal of Applied Psychology, 1988, 73 (3): 421-435.

[379] Hoch S J, Deighton J. Managing what consumers learn from experience [J]. The Journal of Marketing, 1989 (6): 1-20.

[380] Koufaris M, Hampton-Sosa W. The development of initial trust in an online company by new customers [J]. Information & Management, 2004, 41 (3): 377-397.

[381] Santos J. E-service quality: A model of virtual service quality dimensions [J]. Managing Service Quality: An International Journal, 2003, 13 (3): 233-246.

[382] Yang Z. Consumer perceptions of service quality in internet-based electronic commerce [C]. Proceedings of the EMAC Conference, 2001.

[383] Zeithaml V A. Service excellence in electronic channels [J]. Managing Service Quality: An International, 2002, 12 (3): 135-139.

[384] Chang H H, Wang Y-H, Yang W-Y. The impact of e-service quality, customer satisfaction and loyalty on e-marketing: Moderating effect of perceived value [J]. Total Quality Management, 2009, 20 (4): 423-443.

[385] Oliveira P, Roth A V, Gilland W, et al. Achieving competitive capabilities in e-services [J]. Technological Forecasting and Social Change, 2002, 69 (7): 721-739.

[386] Fassnacht M, Koese I. Quality of electronic services: Conceptualizing and testing a hierarchical model [J]. Journal of Service Research, 2006, 9 (1): 19-37.

[387] Cristobal E, Flavian C, Guinaliu M. Perceived e-service quality (PeSQ) measurement validation and effects on consumer satisfaction and web site loyalty [J]. Managing Service Quality, 2007, 17 (3): 317-340.

[388] Parasuraman A, Zeithaml V A, Malhotra A. ES–QUAL: A multiple–item scale for assessing electronic service quality [J]. Journal of Service Research, 2005, 7 (3): 213–233.

[389] Fassnacht M, Köse I. Consequences of web–based service quality: Uncovering a multi–faceted chain of effects [J]. Journal of Interactive Marketing, 2007, 21 (3): 35–54.

[390] Ho C I, Lee Y L. The development of an e–travel service quality scale [J]. Tourism Management, 2007, 28 (6): 1434–1449.

[391] 张茉, 陈毅文. 产品类别与网上购物决策过程的关系 [J]. 心理科学进展, 2006, 14 (3): 433–437.

[392] Mahajan V, Muller E, Srivastava R K. Determination of adopter categories by using innovation diffusion models [J]. Journal of Marketing Research, 1990 (2): 37–50.

[393] Alba J W, Hutchinson J W. Dimensions of consumer expertise [J]. Journal of Consumer Research, 1987, 13 (4): 411–454.

[394] Duan W, Gu B, Whinston A B. The dynamics of online word–of–mouth and product sales—An empirical investigation of the movie industry [J]. Journal of Retailing, 2008, 84 (2): 233–242.

[395] Gu B, Park J, Konana P. Research note—The impact of external word–of–mouth sources on retailer sales of high–involvement products [J]. Information Systems Research, 2012, 23 (1): 182–196.

[396] 吴德胜, 任星耀. 网上拍卖交易机制有效性研究——来自淘宝网面板数据的证据 [J]. 南开管理评论, 2013 (1): 122–137.

[397] Levin A, Lin C F, Chu C S J. Unit root tests in panel data: Asymptotic and finite–sample properties [J]. Journal of Econometrics, 2002, 108 (1): 1–24.

[398] Maddala G S, Wu S. A comparative study of unit root tests with panel data and a new simple test [J]. Oxford Bulletin of Economics and Statistics, 1999, 61 (S1): 631–652.

[399] 孙怡, 鲁耀斌, 魏国基. 社交氛围对朋友群组成员的购买意愿和行为的影响 [J]. 管理学报, 2016, 13 (9): 1392–1399.

[400] 程振宇, 杜惠英, 吕廷杰. 社交网络下网络互动对购买意愿的影响因素研究 [J]. 北京邮电大学 (社会科学版), 2012, 14 (6): 26–31.

[401] 钱颖, 汪守金, 金晓玲等. 基于用户年龄的微博信息分享行为研究

[J]. 情报杂志, 2012, 31 (11): 14-18.

[402] 李枫林, 周莎莎. 虚拟社区信息分享行为研究 [J]. 图书情报工作, 2011, 55 (20): 48-51.

[403] 李力. 虚拟社区用户持续知识搜寻与持续知识贡献意愿关系研究 [J]. 图书馆杂志, 2017, 36 (2): 20-28.

[404] Wang A Q, Wang B Y, Lv C F. Cross-organization workflow research of agile telecom on positive feedback [J]. Cybernetics Information Technologies, 2013, (13): 30-40.

[405] Lampe C, Vitak J, Gray R, et al. Perceptions of facebook's value as an information source [C]. Proceedings of the SIGCHI Conference on Human Factors in Computing Systems: ACM, 2012: 3195-3204.

[406] 夏火松, 李芳, 贺婷婷. 基于R的QQ群组中知识共享行为研究 [J]. 情报杂志, 2016, 35 (5): 195-200.

[407] Susarla A, Oh J-H, Tan Y. Social networks and the diffusion of user-generated content: Evidence from YouTube [J]. Information Systems Research, 2012, 23 (1): 23-41.

[408] Liu-Thompkins Y, Rogerson M. Rising to stardom: An empirical investigation of the diffusion of user-generated content [J]. Journal of Interactive Marketing, 2012, 26 (2): 71-82.

[409] Weick K E. Educational organizations as loosely coupled systems [J]. Administrative Science Quarterly, 1976 (3): 1-19.

[410] Henderson R M, Clark K B. Architectural innovation: The reconfiguration of existing [J]. Administrative Science Quarterly, 1990, 35 (1): 9-30.

[411] DeSarbo W, Ansari A, Chintagunta P, et al. Representing heterogeneity in consumer response models 1996 choice conference participants [J]. Marketing Letters, 1997, 8 (3): 335-348.

[412] Zhang J, Liu Y, Chen Y. Social learning in networks of friends versus strangers [J]. Marketing Science, 2015, 34 (4): 573-589.

[413] 刘电威. 消费者网上购物决策的关键影响因素实证研究——基于创新扩散理论 [J]. 科技管理研究, 2014, 34 (5): 175-179.

[414] Lawson-Body A, Illia A, Willoughby L, et al. Innovation characteristics influencing veterans' adoption of e-government services [J]. Journal of Computer Information Systems, 2014, 54 (3): 34-44.

[415] Venkatesh V, Davis F D. A theoretical extension of the technology accept-

ance model: Four longitudinal field studies [J]. Management Science, 2000, 46 (2): 186-204.

[416] Park D-H, Lee J, Han I. The effect of on-line consumer reviews on consumer purchasing intention: The moderating role of involvement [J]. International Journal of Electronic Commerce, 2007, 11 (4): 125-148.

[417] Cheung C M, Lee M K, Rabjohn N. The impact of electronic word-of-mouth: The adoption of online opinions in online customer communities [J]. Internet Research, 2008, 18 (3): 229-247.

[418] Ballantine P W, Martin B A. Forming parasocial relationships in online communities [J]. ACR North American Advances, 2005 (32): 197-201.

[419] Sun T, Youn S, Wu G, et al. Online word-of-mouth (or mouse): An exploration of its antecedents and consequences [J]. Journal of Computer-Mediated Communication, 2006, 11 (4): 1104-1127.

[420] 段文奇, 陈忠, 惠淑敏. 基于复杂网络的网络市场新产品扩散: 采用网络和初始条件的作用 [J]. 系统工程, 2007, 25 (5): 15-19.

[421] Kimura T, Ikeguchi T, Tse C. Efficient routing strategy with memory information for complex networks [J]. American Journal of Operations Research, 2012, 2 (1): 73-81.

[422] Park Y-J, Tuzhilin A. The long tail of recommender systems and how to leverage it [C]. Proceedings of the 2008 ACM Conference on Recommender Systems: ACM, 2008: 11-18.

[423] Walther J B, Jang J W. Communication processes in participatory websites [J]. Journal of Computer-Mediated Communication, 2012, 18 (1): 2-15.

[424] Johnson D. Polyphonic/pseudo-synchronic: Animated writing in the comment feed of nicovideo [J]. Japanese Studies, 2013, 33 (3): 297-313.

[425] 高峰. 2018年哔哩哔哩活跃用户数量及二次元电子商务行业发展趋势分析 [EB/OL]. http://www.huaon.com/story/408972.

[426] Shteynberg G. Shared attention [J]. Perspectives on Psychological Science, 2015, 10 (5): 579-590.

[427] 朱晓霞, 宋嘉欣, 张晓缇. 基于主题挖掘技术的文本情感分析综述 [J]. 情报理论与实践, 2019 (11): 25.

附录 A

了解强关系社交商务平台基于内容的社交互动对消费者购买行为影响的调查问卷

亲爱的朋友：

您好！

感谢您百忙之中参加本次调查。这是一项关于微信朋友圈社交互动的调查，您的感受和经历对我们的研究至关重要，请您根据实际情况回答问卷中的问题，所有问卷信息仅作为研究之用，对于您的作答我们绝对保密，希望得到您的支持，谢谢！

※※※※※※※※※※※※※※※※※※※※※※※※※※※※※※

注意事项

1. 问卷第一部分为您的基本信息，请您在相应的选项下打"√"；第二部分请在每个题目后面的 1～5 个选项中选取一个您认同的答案，并在方格中打"√"。

2. 全面如实作答，请勿多选。

※※※※※※※※※※※※※※※※※※※※※※※※※※※※※※

第一部分：您的基本信息

1. 您的性别：

A. 男　　　　　　B. 女

2. 您的年龄：
   A. 小于 20 岁   B. 20~29 岁   C. 30~39 岁   D. 40~49 岁
   E. 50~59 岁   F. 60 岁及以上

3. 您的受教育程度：
   A. 高中及以下   B. 大专   C. 本科   D. 硕士及以上

4. 您使用过微信朋友圈吗？
   A. 使用过   B. 没使用过

5. 您是否购买过微信朋友圈朋友推荐的商品？
   A. 是   B. 否

6. 在朋友圈购买活动中，您购买过的印象最深刻产品是_____。

第二部分：回忆您在朋友圈购买的印象最深刻的产品，回答下列问题

序号	题目	1 很不同意	2 不同意	3 一般	4 同意	5 很同意
1	我朋友圈中的朋友对产品的评论是完整的					
2	我朋友圈中的朋友对产品的评论是准确的					
3	我朋友圈中的朋友对产品的评论是可靠的					
4	我朋友圈中的朋友对产品的评论是客观的					
5	我朋友圈中推荐该产品的朋友是值得信任的					
6	我朋友圈中推荐该产品的朋友对该产品具有丰富的知识					
7	我朋友圈的朋友是这方面的专家					
8	我感到我的朋友具有消费该产品的丰富经验					
9	我很容易观察到圈子中的朋友们对该产品的关注和分享情况					
10	我很容易观察到圈子中朋友对该产品点赞人数					
11	我很容易观察到圈子中朋友对该产品感兴趣的情况					
12	朋友的推荐对我的购买决策有很好的促进作用					
13	朋友的评论对我的购买决策有很好的促进作用					
14	朋友的评论丰富了我对这类产品的了解					
15	朋友的购买行为对我的购买决策有促进作用					
16	朋友对该产品的感兴趣程度影响了我的购买行为					
17	我与朋友圈中的朋友共享相同的价值观					
18	我与朋友圈中的朋友有相似的偏好					
19	我与朋友圈中的朋友有相似的兴趣					
通过朋友圈中交流之后，对于这个产品：						
20	我愿意购买该产品					
21	我打算购买这个产品					
22	我将会购买这个产品					

附录 B

了解弱关系社交商务平台基于内容的社交互动对认知行为影响的调查问卷

亲爱的朋友：

您好！

感谢您百忙之中参加本次调查。本次调查旨在了解在线评论对消费者购买态度的影响，您的感受和经历对我们的研究至关重要，请您根据实际情况回答问卷中的问题，所有问卷信息仅作为研究之用，对于您的作答我们绝对保密，希望得到您的支持，谢谢！

※※※※※※※※※※※※※※※※※※※※※※※※※※※※※※

注意事项

1. 本研究中的购买任务分为两种：购买搜索型商品（如笔记本和手机）和购买体验型商品（如衣服和鞋子）。

2. 本研究中的消费者评论类型分为两种：纯文字评论和有图片的评论。

3. 问卷第一部分为您的基本信息，请您在相应的选项下打"√"；第二部分请在每个题目后面的 1~5 个选项中选取一个您认同的答案，并在方格中打"√"。

4. 全面如实作答，请勿多选。

※※※※※※※※※※※※※※※※※※※※※※※※※※※※※※

第一部分：您的基本信息

1. 您的性别：

A. 男　　　　　　　B. 女

2. 您的年龄：

A. 小于 20 岁　　B. 20～29 岁　　C. 30～39 岁　　D. 40～49 岁

E. 50～59 岁　　F. 60 岁及以上

3. 您的受教育程度：

A. 高中及以下　　B. 大专　　　　C. 本科　　　　D. 硕士及以上

4. 您在网购时会查看其他人的购买评论吗？

A. 会　　　　　　B. 不会

第二部分：想象着您打算购买一种商品，依据您以前的经验回答如下问题

序号	题目	1 很不同意	2 不同意	3 一般	4 同意	5 很同意
1	当我购买笔记本电脑或手机时我期望阅读纯文字的评论信息					
2	当我购买笔记本电脑或手机时我喜欢阅读纯文字的评论信息					
3	当我购买笔记本电脑或手机时我觉得纯文字的评论信息更有吸引力					
4	当我购买笔记本电脑或手机时，纯文字的评论信息更能帮助我了解这个产品					
5	当我购买笔记本电脑或手机时，纯文字的评论信息对我做决策更有价值					
6	当我购买笔记本电脑或手机时我期望阅读有图片的评论信息					
7	当我购买笔记本电脑或手机时我喜欢阅读有图片的评论信息					
8	当我购买笔记本电脑或手机时我觉得有图片的评论信息更有吸引力					
9	当我购买笔记本电脑或手机时，有图片的评论信息更能帮助我了解这个产品					
10	当我购买笔记本电脑或手机时，有图片的评论信息对我做决策更有价值					
11	当我购买衣服或鞋时我期望阅读纯文字的评论信息					
12	当我购买衣服或鞋时我喜欢阅读纯文字的评论信息					
13	当我购买衣服或鞋时我觉得纯文字的评论信息更有吸引力					
14	当我购买衣服或鞋时，纯文字的评论信息更能帮助我了解这个产品					
15	当我购买衣服或鞋时，纯文字的评论信息对我做决策更有价值					
16	当我购买衣服或鞋时我期望阅读有图片的评论信息					
17	当我购买衣服或鞋时我喜欢阅读有图片的评论信息					
18	当我购买衣服或鞋时我觉得有图片的评论信息更有吸引力					
19	当我购买衣服或鞋时，有图片的评论信息更能帮助我了解这个产品					
20	当我购买衣服或鞋时，有图片的评论信息对我做决策更有价值					

附录 C

求割点的算法（DFS 算法）

```cpp
const int V = 20;
int dfn [V], low [V], parent [V];
bool vis [V], ap [V];
vector <int> g [V];

void dfs (int u)
{
    static int count = 0;
    //子树数量
    int children = 0;

    // 默认 low [u] 等于 dfn [u]
    dfn [u] = low [u] = ++count;
    vis [u] = true;

    //遍历与 u 相邻的所有顶点
    for (int v: g [u])
    {
        // (u, v) 为树边
        if (! vis [v])
```

}
　　　//递增子树数量
　　　children + + ;
　　　//设置 v 的父亲为 u
　　　parent [v] = u;
　　　//继续 DFS
　　　dfs (v);
　　　//DFS 完毕，low[v]已求出，如果 low[v]<low[u]则更新 low[u]
　　　low [u] = min (low [u], low [v]);

　　　//如果是根节点且有两棵以上的子树则是割点
　　　if (parent [u] = = -1&& children > =2)
　　　　　cout < <" Articulation point:" < <u < <endl;
　　　//如果不是根节点且 low [v] > =dfn [u] 则是割点
　　　else if (parent [u]! = -1&& low [v] > =dfn [u])
　　　　　cout < <" Articulation point:" < <u < <endl;
}
// (u, v) 为回边，且 v 不是 u 的父亲
else if (v! =parent [u])
　　low [u] = min (low [u], dfn [v]);
}
}

附录 D

平稳性检验 STATA 代码

estat imtest, white

White's test for Ho: homoscedasticity

against Ha: unrestricted heteroskedasticity

chi2 (14) = 17.53

Prob > chi2 = 0.2291

Cameron & Trivedi's decomposition of IM – test

Source	chi2	df	p
Heteroskedasticity	17.53	14	0.2291
Skewness	5.01	4	0.2859
Kurtosis	1.34	1	0.2473
Total	23.88	19	0.2007